产学通®职业技能教育培训标准丛书

总策划：
中联集团教育科技有限公司
产学通®职业技能专家组

能力导向 的 职业教育体系构建

（下·课程篇）

李宇红 著

北京大学出版社
PEKING UNIVERSITY PRESS

图书在版编目(CIP)数据

能力导向的职业教育体系构建.下,课程篇/李宇红著.—北京:北京大学出版社,2019.11
ISBN 978-7-301-30871-4

Ⅰ.①能… Ⅱ.①李… Ⅲ.①职业教育—教育体系—体系建设—研究—中国 Ⅳ.①G719.2

中国版本图书馆 CIP 数据核字(2019)第 225872 号

书　　　名	能力导向的职业教育体系构建(下·课程篇)
	NENGLI DAOXIANG DE ZHIYE JIAOYU TIXI GOUJIAN
	(XIA·KECHENG PIAN)
著作责任者	李宇红　著
责 任 编 辑	任京雪　刘　京
标 准 书 号	ISBN 978-7-301-30871-4
出 版 发 行	北京大学出版社
地　　　址	北京市海淀区成府路 205 号　100871
网　　　址	http://www.pup.cn
微信公众号	北京大学经管书苑(pupembook)
电 子 信 箱	em@pup.cn　　QQ:552063295
电　　　话	邮购部 010-62752015　发行部 010-62750672　编辑部 010-62752926
印 刷 者	河北滦县鑫华书刊印刷厂
经 销 者	新华书店
	787 毫米×1092 毫米　16 开本　14.5 印张　275 千字
	2019 年 11 月第 1 版　2019 年 11 月第 1 次印刷
定　　　价	39.00 元

未经许可,不得以任何方式复制或抄袭本书之部分或全部内容。
版权所有,侵权必究
举报电话:010-62752024　电子信箱:fd@pup.pku.edu.cn
图书如有印装质量问题,请与出版部联系,电话:010-62756370

前　言

　　职业教育成为一种教育类型而从学科教育中独立出来，并且能够向上衔接至高等职业教育层次，培养相当于普通教育的本科、硕士层次的高级职业人才，关键在于能够与普通教育的学科体系分离，建立自己独立的、稳定的、有序的内部逻辑关系，能够实现内外部自洽和良性循环。职业教育存在的基础是职业，因此其逻辑起点是职业。职业具有内在的体系，职业体系中的工作体系相对于学术体系而独立存在。职业教育与学科教育的主要区别在于一个是工作结构化的，另外一个是知识结构化的。职业知识与能做什么紧密关联在一起，在实践中存在大量的过程性知识，比如技术性、默会性、创设性知识，是具有工作载体和工作情境的知识。职业知识的运用程度往往体现在个人的专业技术、工作技艺和解决实际问题的能力上。因此，能力将与知识一样贯穿于职业教育的培养过程当中，并体现出知识的职业性。在这方面，德国、澳大利亚、加拿大、美国、英国等经济发达国家已经构建较先进、较系统和较完善的职业教育理论与标准体系，积累了丰富的职业教育理论和教学实践经验，其形成的一整套独立而完整的职业教育及教学体系已经经过它们的成功实施在实践中得到验证。近些年，这些理论在中国受到理论界的高度关注，其流行的一些理念与方法，如"双轨制""CBE""TAFE 模式"及其"DECOM 课程模式""学徒制"等，在一些职业院校进行了试验实施和推广。

　　如今中国职业教育迎来了历史性变革和大发展机遇，特别是近年来，中国职业教育不断吸收借鉴国际职业教育经验和探索中国职业教育体系化实践，进入了关键性的变革时期。其标志包括教育制度变革、职业教育法出台、办学模式体制创新、产教深度融合、职业教育体系成形、终身教育体系构建等。同时，与中国社会经济迅速发展相辅相成，中国职业教育培养出大批工

作在国家经济、产业发展、企业一线的高技术技能建设者,支撑着中国制造到中国创造转型、互联网创新、"一带一路"倡议实施。中国职业教育正在摸索出具有中国特色的人才培养之路,在激光、通信、农作物、模具、建桥及道路工程方面具有技术领先和人才优势,逐渐取得职业教育教学的先进经验和模式。

目前,职业教育正在推进大的变革,需要真正形成以行业企业为主、基于"雇主需求"的职业教育体系;还需要全面而清晰地把握职业教育中专业所对应的职业能力素质、职业工作任务、职业工作过程要素,界定它们之间的相互关系及其与职业教学和课程之间的逻辑关系;此外,在职业课程开发方面,还需要建立独立的教学逻辑和体系。目前,职业教育课程内容与实际工作任务和就业岗位技能要求还存在差距,工作过程性知识研发还不够到位,教学改革和课程开发工作中还需要跳出学科体系的藩篱,这些问题都迫切需要行业企业特别是行业龙头企业的深度参与。

中国的职业教育必须结合中国社会经济环境和教育环境背景,融合中国行业职业资格及职业标准,在借鉴国际职业教育先进理念和成功实践经验的基础上,建立基于能力本位而不是学科本位的课程理论和实践体系,解构职业岗位工作任务,建立职业教育的教学标准和课程标准,着手解决教育教学实践中的机制体制创新问题。

中联企业管理集团(以下简称"中联集团")率先开展职业教育理论引领性研究与引导性实践探索,在国家构建职业教育体系的基础性、前沿性研究方面进行了有益的尝试,对于中国构建现代职业教育体系具有重大的理论及实践价值。作为全国首屈一指的"互联网+综合财经"一体化大型服务公司,评估业龙头企业,以及会计、审计、造价、税务、财务顾问等专业服务领域翘楚,中联集团的资产评估、财税服务等专业服务面向绝大多数中央企业、1/3上市公司企业和百万级中小微企业,服务地域遍布全国和境外五大洲40多个国家。中联集团具有会计服务资质、税务服务资质、审计资质、证券期货相关审计资质、资产评估资质、证券期货评估资质、土地评估资质(A级)、矿业权评估资质、一级房地产估价机构资质、甲级工程造价咨询资质等,其业务规模和专业水平在国内财经领域及财经专业服务领域处于领军地位。其下属的中联集团教育科技有限公司(以下简称"中联教育")是中国专门致力于财经领域复合型技术技能人才培养的机构,其将产业前沿技术(如智能会计、智能审计、智能税务、智能评估)引入教育培训,将产业智投教育、融合教育、落地教育,推动产业资源转化为教育资源。

中联教育深耕职业教育理论研究与实践,致力于科学化、系统化、规模化投入职业教育资源,深化产教协同和校企深度融合,与全国近500家职业院校合作开展产业学院、产教基地、专业共建、1+X证书培训评价等一系列职业教育探索性实践。中联教育旗下产学通联盟,携手来自如中石化、中石油、国家电网等龙头企业的重量级行业企业专家80

多人，整合中联集团的全球500强优质客户资源中的企业家、技师、工程师，形成数千人的资深企业专家团队，并联合高等院校、科研院所的优秀的职教专家形成研发队伍，合作开展标准开发、课程设计、专业认证研究，在工作任务与教学任务之间建立有机联系，以构建一种独立于学科体系的职业教育能力标准、教学体系和课程体系。

本系列著作是中联集团联合产业界与教育界，借鉴国际先进职业教育与培训理念和经验，分析数千万字的国内外职业教育研究资料，结合数百家企业案例和职业经验，形成的一套建立在中国职业分析基础上的职业教育系统化研究方法论。其从行业企业角度，阐述怎样基于经济发展和企业需求制定人才培养目标，研究能力导向的职业教育标准、课程内容、教学方法；并从职业分析入手，通过解构职业任务，吸收职业标准，制定职业教育标准，建构职业课程体系。

本系列著作是产教协同、校企融合的产物和标志。

本系列著作总策划、总纂人为中联教育首席专家、北京联合大学李宇红教授。

加拿大多伦多大学的赵晶媛教授和北京联合大学应用科技学院的王丽博士为本系列著作提供了大量理论依据、内容组织、资料调研、案例解析，本系列著作多处引用二位的学术观点及论述。

本系列著作的企业研究团队来自中联教育旗下产学通联盟，一批企业专家深度参与职业教育与教学理论研究与实践探索，他们是和越（北京）网络科技有限公司总裁夏凯先生，北京合思管理咨询有限公司首席顾问逄增钢先生及总经理汤晶琪女士，中科曙光集团人力资源部副总经理肖忠野先生，北京盛辉睿德国际咨询（北京）有限公司总经理尹立新女士。他们在设计开发职业仓模型、职业能力序列模型、职业课程开发方法与流程、典型工作任务提取方法等方面做出卓越贡献，为形成项目成果奠定了扎实的实践逻辑基础。

本系列著作的院校研究团队主要是来自北京联合大学应用科技学院的职业教育研究团队，主要成员包括职业教育学科带头人、经济学教授李慧凤（在职业教育理论与实践综述方面做出贡献），教学管理专家、教务处处长齐再前教授（在职业教育理念、历史变迁以及教学管理方面提供研究论据），科研副院长、IT工程师王廷梅副教授（为课程开发提供研究范例），市场营销专业杨洁副教授（提供国际职业标准研究与课程研究成果，并在职业标准构建方面做出贡献）。

本系列著作还引自前期北京联合大学应用科技学院研究团队主持开发的北京市教委、职业教育学会及国家"十二五"规划教育部重点课题关于分级制的研究成果，其中管理学副教授苏艳芳、管理学讲师姚迪、市场营销学讲师刘军、经济学博士张苏雁进行了大量的市场调研、数据资料挖掘和分析以及内容整理、编辑、校对工作，对本成果所需要的

资源包括外围技术、人员、工具、方法提供了有力的支持和帮助。此外,如无特别说明,书中相关图表均由作者根据相关资料整理绘制。

同时,参与本系列著作的院校研究团队还包括北京林业大学张青副教授,四川财经职业学院杨勇教授及其团队。

在此对上述主要研究者、参与者表示由衷的敬佩和感谢;同时,还对在本项目研究中给予专业技术支持和理论实践指导的所有学者、专家同人表示感谢。

作者
2019 年 1 月于北京

目　录

第1单元　职业教育的课程论 …………………………………… 1
  1.1　职业教育课程的知识论 …………………………………… 3
  1.2　职业教育课程的能力论 …………………………………… 15
  1.3　职业教育课程的人本论 …………………………………… 31

第2单元　职业教育课程的结构与形态 …………………………… 43
  2.1　职业教育课程的工作结构 ………………………………… 45
  2.2　职业教育课程的能力结构 ………………………………… 48
  2.3　职业教育课程的内容结构 ………………………………… 62
  2.4　职业教育课程的形态 ……………………………………… 64

第3单元　职业教育课程的设计与组织 …………………………… 77
  3.1　课程设计的模型 …………………………………………… 79
  3.2　课程目标的确定 …………………………………………… 81
  3.3　课程内容的确定 …………………………………………… 89
  3.4　课程内容组织的确定 ……………………………………… 92
  3.5　教学方法的确定 …………………………………………… 101
  3.6　课程评价的确定 …………………………………………… 103

第 4 单元　职业教育课程开发 …… 107
4.1　开发原理与方法 …… 109
4.2　开发步骤 …… 116
4.3　国际职业教育课程实证分析 …… 121

第 5 单元　国内职业教育课程与教学改革实例 …… 139
5.1　职业教育本科课程开发 …… 141
5.2　职业教育专科课程方案 …… 169

参考文献 …… 207

第 1 单元

职业教育的课程论

职业教育改革发展至今仍然面临"办学实力不强,服务产业发展能力不足,针对行业企业参与办学的体制机制不顺,学校办学的生机与活力不足"等若干问题(鲁昕,2012),致使职业院校的教学改革受到阻力。造成这些问题的主要原因是职业教育依赖"学术体系"。现代职业教育所要求的从培养目标、专业设置、课程开发到教学标准及评价体系建设的一整套独立体系还没有形成,不能真正从职业出发、遵循面向职业任务的职业教学逻辑规律,无法实现职业教育按照产业、企业需求与产业、企业对接培养人才,为产业、企业服务。以"工作体系"构建教学基础、组织教学是建立职业教育独立体系的关键。建立工作体系的基础结构、形成工作体系下的课程结构理论,基于工作体系设计课程内容和教学组织方式,形成一整套建立在职业基础上的职业教育独立系统,是当前职业教育界迫切需要研究和解决的问题。

1.1 职业教育课程的知识论

1.1.1 学科知识与职业知识

职业知识包括工作过程中存在的大量知识。职业知识的形成主要有两个来源:一是在工作实践中"产生"出来的,这部分知识即工作诀窍;二是学科知识在工作过程中应用的结果,应用过程可能会产生新知识,也可能继续保持原来的内容不变。

职业知识与学科知识存在交叉,但二者存在的形式完全不同:职业知识依附于工作过程,其特征是以工作过程为载体,即知识的职业性,是按照任务的相关性被表征的;学科知识以学科为载体,是按照知识的相关性被表征的。

1.1.1.1 学科知识

所谓"学科知识",是指支撑整个学科的基本逻辑体系,其与教学知识不同。教学知识是指那些促进教师专业成长和学生健康、全面发展成长的知识技能方法论规律。教学知识应建立在学科基础之上。

美国教育心理学家李·舒尔曼(Lee Shulman)发现美国教师教育存在对学科知识和一般教学法割裂的倾向,故而提出了学科教学知识的概念。他认为,学科教学知识是超越学科知识本身的、具有特定形式的内容知识,它综合运用专业学科知识与教育教学知识去理解特定教学主题习得的难易程度,并针对不同年龄和背景学生的不同兴趣与能力加以组织、调整和呈现,帮助学生进入该学科。教学内容中的知识与学科特点、学生特点、学科教学特点、学校教学条件等密切相关。一般教学法等教育教学知识是条件性知识，显示学科教育教学的基本规律和基本规范，介于"专"与"能"之间，这是教师生成学科教学知识的关键。教师需要平衡各门课程的关系，梳理专业标准和课程标准规定的教育教学知识。

教师在校内外获得的实践性知识是学科教学知识形成的现实基础，重心在于"能"的发展，教育教学技能在实践中形成，使教师的执教能力和教育情怀得以提升，其研究视域在实践教学环节有了拓展。

学科知识是"食材"，教育教学知识是"厨艺"，二者耦合发生在具体的教育教学情景中。教师在掌握基本的教学要件和学科知识的基础上，通过教育见习等实践，修正和完善自身的学科教学知识结构，研磨出适合自己的教学规程，终以教学反思和教学研讨，形成当下自身最高水平的学科教学知识。

1.1.1.2 职业知识

Brolin(1995)提出了生活中心的生涯课程模式，即涵盖日常生活技能、个人-社会技巧、职业向导及准备等知识和能力，其中职业向导特别强调：了解和探索职业，选择和计划职业机会，建立适当的工作习惯和行为，寻找、搜寻和维持就业，建立充分的工作技能，获得特定的工作技能和知识等核心能力。① 美国劳工部就业技能委员会(Secretary's Commission on Achieving Necessary Skills，SCANS)于2000年的研究报告强调了三项基础技能(学科技能、思考能力、个人特质)以及五种基本能力(资源的掌握、组织、计划和统整的能力；人际关系能力，能与他人一起工作的能力；信息的获得与使用的能力；系统概念以了解复杂的关系的能力；科技能力，运用不同的科技协助工作)的重要性。上述职业教育的内容与着重的职业导向并非工作职场中某一工作特定的工作技能，而是涵盖多种工作习惯与态度，以及工作职场中社会互动的知识和能力。

职业知识是指在灵活且不断更新的各类岗位环境下工作、劳动所需要的，具有整体性、有效性，在解决问题过程中建构、融合理论知识与经验知识所重组的知识体系，如智力知识、事物认知、技术和功能知识、个人知识、人际和沟通知识、组织和企业管理知识等。

一般可以把职业人应具备的职业知识划分为三种：技术知识、人际关系知识和解决问题知识。

(1) 技术知识

许多企业提供的培训主要是针对提高员工的技术技能，既包括最基本的技能——

---

① Brolin, D. E. (1995). *Career Education: A Functional Life Skills Approach*. Englewood Cliffs, NJ: Prentice-Hall.

阅读、写作和数学计算技能,也包括与特定职务相关的技能。随着科技的进步、商业的发展,绝大多数职位的技术要求与以前相比都变得更加复杂。物联网、大数据、云计算、人工智能、机器学习在产业、行业的应用,构成了交叉复合的多元化科学技术知识系统。

（2）人际关系知识

人际关系知识是职业人职场能力的重要体现。人际关系知识是涉及一个人如何建立信任、如何有效交流、如何影响他人、如何形成合力、如何化解矛盾、如何避免冲突的知识,这部分知识的应用能力反映了职业人的综合素质素养。

（3）解决问题的知识

职业人面临大量的不确定性问题,需要创造性地工作,需要不断地解决新问题,对于那些非常规的、富于变化的工作更是如此。这部分知识不仅需要理论支撑,同时也需要具有理论结合实践进行应用的能力。

1.1.1.3 基于"工作体系"的知识系统

（1）教育观的比较

是基于"学科体系"还是基于"工作体系"设计教学是职业教育两种不同的教育观。学科体系和工作体系的教学特征比较如图1-1所示。

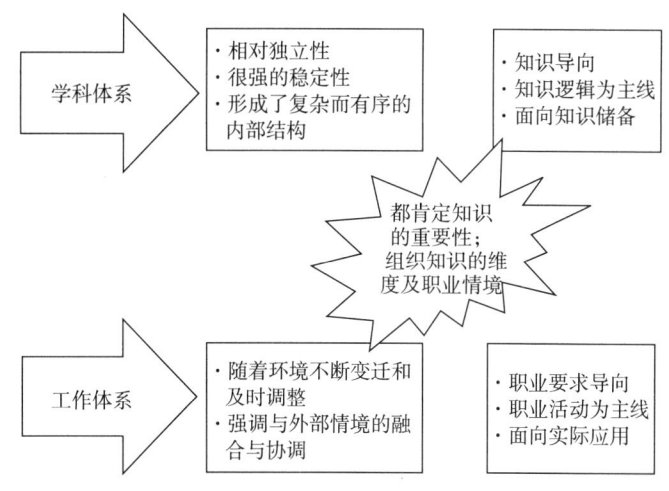

图1-1 学科体系与工作体系

学科体系以知识逻辑为主线组织教学,具有知识体系完整、系统和独立,内部结构有序而稳定的特点,其培养目的是知识储备,主要是提升人的理论认知能力。

工作体系从职业工作分析出发,以职业活动为主线。由于职业随社会经济发展环境不断变化,要求工作过程知识随工作情景变化而不断调整,因此,其结构呈现开放性、动态性和发展性的特点，其培养目的是实际应用，主要是提升人的职业胜任能力和职业迁移能力。

无论是学科体系还是工作体系，二者都承认知识的重要性，但是对知识与行动、理论与实践等问题的观点不同，对知识的内容、结构、组织的观点也不同。

从学科体系中所学的理论知识无法直接转化成具体工作过程中的能力，因为"并非学习的知识越抽象，越有利于能力发展，概念、原理、方法越普适，运用于具体情景越困难。同样，理论知识不一定是实践能力形成的条件，素质能力发展不一定按照从一般到特殊的规律和顺序"（徐国庆，2010）。单纯的学科课程教学形式在"脱离职业情景条件下让学习者孤立地学习知识，是难以培养其职业能力的，更不能使学习者在学习学科课程后就立即具备职业能力"（徐国庆，2010）。

因此，学科体系培养模式虽然能够提供较好的理论基础，逻辑性强，知识全面，但是不重视社会经验的获得和职业能力的形成，学习内容和过程无法直接转化为学习者的职业成长和职业发展能力，无法满足企业需求，也无法满足学习者的职业发展需求。由于人的职业能力提高需要情景化、具象化的学习环境，因此，职业学习必须将"工作过程中的学习"和"课堂上的学习"整合为一个整体，将学习过程、工作过程与学习者的能力和个性发展联系起来，把知识点、技能点按照工作任务整合并建立有机联系，将职业工作作为一个整体化的行为过程进行分析，构建"工作过程完整"而不是"学科完整"的学习过程。

（2）教学体系的比较

职业教育较普通教育在教学设计上更为复杂，原因在于职业教育价值具有二元性。职业教育不仅担负着普通教育发展的使命，更担负着使人获得一技之长的任务。职业教育存在的基础是学科体系与工作体系的二元并存状态。学科体系的理论基础包括学术宏微观论、思维逻辑论和知识结构论，是一种知识结构下的学术系统化教育，按照学科构建课程结构，组织专业教学。

职业教育的培养目标决定了其以培养职业能力为主，理论基础是职业论、工作结构论、工作过程论、结果论，是一种从职业出发，以工作系统下的职业能力养成为主的教育。其课程结构对应于工作结构，工作中的知识依附于工作过程而存在，工作过程以工作结构为基础，工作结构决定了课程结构，工作内容决定了课程内容，工作任务成为教学的载体，通过学习工作过程中的知识，提升职业能力，如图 1-2 所示。

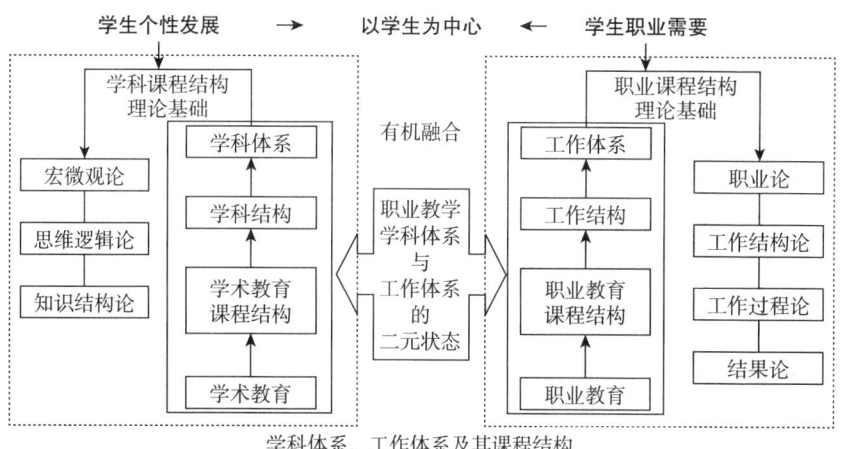

图 1-2　学科体系、工作体系及其课程结构

资料来源:改编自徐国庆.(2010).职业教育课程论.上海:华东师范大学出版社,第76页图3-1 学术体系、工作体系及其课程体系。

1.1.2　职业知识分类理论

1.1.2.1　知识分类理论

在当代教育心理学界,对学习与知识的分类贡献最大的教育心理学家,应首推 D. P. 奥苏伯尔(D. P. Ausubel)和罗伯特·加涅(Robert Gange)。奥苏伯尔提出了有意义学习理论,加涅首次提出了系统的学习结果分类理论。这两个理论都诞生于 20 世纪 60 年代,至 70 年代更为系统化,在教育实践中产生了重要影响。

(1) 奥苏伯尔的有意义学习分类

奥苏伯尔从学生学习的角度区分了人类知识包含的两种意义:一种为材料的逻辑意义,另一种为个体的心理意义。有意义学习过程就是材料的逻辑意义转化为个体的心理意义的过程。在奥苏伯尔的学习理论中,这种个体的心理意义也就是我们所说的知识,即个体的知识。所以,奥苏伯尔根据心理意义的复杂程度对有意义学习的分类,也就是对作为学习结果的知识的分类。

奥苏伯尔把知识学习分为表征学习、概念学习、命题学习、解决问题与创造五类。表征学习包括记住事物的符号及其代表的个别事物,获得的是一种孤立的信息。概念学习是指理解符号代表的一般意义,也就是认识一类事物的共同本质特征。在概念学习的基础上,进行命题学习,命题是知识的基本单元。在概念学习与命题学习的基础上,运用已有的概念与命题知识解决复杂问题进行创造,这是最高级的有意义学习,其中不仅可以获得新的概念或命题,而且可以获得解题策略。奥苏伯尔的有意义学习理论实则为知识学习论。他在其学习论中仔细区分了不同类型的知识的学习过程与条件,从而加深了人们对知识的性质及其习得过程的认识,为知识的理解与保持的教学设计提供了重要的心理学依据。

（2）加涅的学习结果分类

加涅从认知的角度来研究学习结果的分类。加涅在对学习结果进行分类时,兼用了行为和认知双重标准,将学习结果分为言语信息、智慧技能、认知策略、动作技能和态度学习五类。他认为,学生在学习之后,如果其行为变化是仅能根据所学材料"陈述什么",那么我们只能做出他们获得了言语信息的推测;如果其行为变化是"会做什么",那么我们可以进一步做出他们已经获得某些技能的推测;如果学生所做的事"是以智力为主",则可以认为,其所获得的技能为智力技能(有时也称智慧技能或心智技能);如果其中还要求复杂的肌肉协调,则其所获得的技能为动作技能。由此可见,加涅的五类学习结果除态度之外,其余四类所指的是不同性质的能力。但从知识的角度来看,这四种能力也就是我们广义上所说的知识与技能。

在知识分类问题上,加涅的突出贡献是:第一,根据外显的行为和学习的不同条件明确区分了三种认知能力,即陈述信息的能力、运用符号办事的能力(智慧技能)和控制自己认知行为的能力(认知策略);第二,明确提出了智慧技能是由辨别能力、运用概念、运用规则和运用高级规则这样一些由低级到高级的能力构成的。

（3）现代知识分类理论

① 安德森的知识分类理论。长期以来,知识只是在哲学和教育学研究中被涉及。现代认知心理学兴起以后,知识成了心理学的一个重要概念。约翰·罗伯特·安德森(John Robert Anderson)对"知识"这一概念做了深入研究,他明确区分了两种类型的知识:一类叫陈述性知识,是个体具有有意识地提取线索,能用语言陈述的知识,是用来描绘世界是什么的知识;另一类叫程序性知识,是个体不具有有意识地提取线索,但可以通过其作业而间接推测出来的知识,是关于如何做的知识。前一类知识又可被称为记忆性知识;后一类知识也就是我们所称的技能(安德森的程序性知识),包括智慧技能和动作技能(有人称为操作技能)。

至20世纪80年代,许多认知心理学家把学生的知识概括为三大类:

- 陈述性知识(declarative knowledge)——相当于加涅所说的言语信息;
- 程序性知识(procedural knowledge)——相当于加涅所说的智慧技能;
- 策略性知识(strategically knowledge)——相当于加涅所说的认知策略。

② 野中郁次郎的知识分类理论。野中郁次郎对知识进行的分类,采用了迈克尔·波兰尼(Michael Polanyi)从可转移性角度对知识所做的划分。这种划分最常用,即将知识

分为明晰知识（explicit knowledge，显性知识）和隐含知识（tacit knowledge，默会知识）。所谓"明晰知识"，是指可以通过书面和系统化的语言表达出来的，并且以诸如数据、科学公式、说明书、手册等形式在组织中共享的知识。所谓"隐含知识"是指深藏于人的实践之中、难以言明和模仿、尚未编码化的内隐性知识。在没有知识携带者参与的情况下，这类知识很难被理解、交流和共享。这类知识要通过对人类行为的观察和知识诱导活动才能获得。

在此基础上，野中郁次郎提出了四种被称为"知识变换"的知识创造转化模式，即群化（socialization）、外化（externalization）、融合（combination）和内化（internalization），它们共同组成了 SECI 模式。这四个方面不断相互作用与转化，最终实现了知识的创造。

教学设计是运用系统方法对各种课程资源进行有机整合，对教学过程中相互联系的各个部分做出整体安排的一种构想，即为达到教学目标，对教什么、怎样教、达到什么结果所进行的策划。而科学的知识分类在良好的教学设计中起着举足轻重的作用。因此，教师在进行教学设计时，首先应辨别知识的类型，然后根据其特点进行科学、合理的设计，以提高学习效率。

综上所述，教师在教学工作中要注意区分知识的类型，针对不同知识的特点，使用相应的教学策略，设计出科学、合理的教学模式，使课堂教学丰富多彩。不管针对哪种类型的知识，教师在进行教学设计时都应以学生为主体，启发学生独立思考，培养他们独立分析问题、解决问题的能力，训练其口头表达能力，这是教学的宗旨，也是知识分类理论对教学设计工作的启示。

1.1.2.2 职业知识分类

知识是课程内容的主要构件，知识论是课程内容设计的重要理论基础。职业教育课程内容设计的知识理论基础主要三个：分类理论、排序理论和组织理论。

那么职业知识有哪些类别呢？美国劳工部就业技能委员会（SCANS）区分了在工作中获得成功所需要的能力和技能，包括资源能力、信息能力、交往技能、系统能力和技术能力，如表1-1所示。

表1-1 美国 SCANS 提出的工作世界中获得成功所需要的能力和技能

能力和技能	内容
资源能力	分配时间、金钱、材料、空间和人员的能力
信息能力	获得、组织、维持和评估资料，并使用计算机处理信息的能力
交往技能	在小组中工作，并且领导、协商以及和来自不同文化背景的人协作的能力
系统能力	对社会、组织和技术系统的理解，应当能够监控任务执行情况以及设计和改善工作系统
技术能力	能够把技术手段应用到特定任务中，并且进行维护和检修设备的能力

1.1.3 职业知识价值理论

大卫·普瑟尔(David Pucel)和乔治·罗杰斯(George Rogers)是对技术教育课程内容进行过系统研究的为数不多的学者中的两位。普瑟尔提出了技术教育课程的十项内容:技术方法、普通工具的使用、普通设备的使用、基本的技术过程、材料、术语、环境、社会价值观、科学原理和经济因素。① 按照普瑟尔的观点,前面六项内容是技术教育课程首先必须关注的,而这六项内容实际上都是技术实践知识。罗杰斯在普瑟尔研究的基础上,用德菲尔技术对技术教育 27 项课程内容的重要性进行了研究,结果如表 1-2 所示。② 研究结果显示,技术教育课程情感方面的内容比能力方面的内容更重要,应用科学原理的重要性同样排在测量、使用工具等技术实践知识之后,并且这一结果在不同行业之间没有多大差异。由于罗杰斯的研究所采用的是德菲尔技术,因此他的研究结论实际上是多数权威学者观点的综合。他们的研究有力地支持了技术实践知识应当是职业教育课程内容的主体这一观点。

表 1-2 职业教育课程内容的重要性排序

条目陈述	按照课程内容重要性的平均数排序					
	汽车	建筑	绘图	电子商务	机械	焊接
听从指挥的能力	4.94	5.00	5.00	5.00	4.90	4.62
在工作团队中的自豪感	4.97	4.90	4.90	5.00	4.80	4.75
尽责、诚实	4.90	4.90	5.00	4.96	4.90	4.88
合作	4.97	4.90	4.90	4.96	4.80	4.75
注意安全	5.00	4.90	4.50	4.92	5.00	4.88
测量能力	4.81	4.85	4.90	4.76	4.80	4.75
区分普通手工工具	4.41	4.40	3.50	4.28	4.00	4.25
使用普通手工工具	4.35	4.45	3.30	4.44	4.00	4.13
关注情景	4.34	4.30	4.30	3.96	3.90	3.63
技术术语	4.26	3.95	4.20	4.36	4.10	3.88
操作普通设备	4.38	4.25	3.60	4.20	4.00	4.25
基本加工知识	4.19	4.50	4.00	3.60	4.30	4.00
区分设备	4.32	3.80	3.90	4.16	3.70	4.13
基本材料知识	3.97	4.40	3.90	3.68	4.00	4.25

---

① 李继中.(2016).工学结合教学的有效性探索.北京:清华大学出版社.

② Rogers, G. E. (1995). Technology education curricular content: A trade and industrial education perspective. *Journal of Industrial Teacher Education*, 32 (03), 59-74.

（续表）

条目陈述	按照课程内容重要性的平均数排序					
	汽车	建筑	绘图	电子商务	机械	焊接
完成基本加工	4.00	4.45	3.70	3.75	4.30	4.00
应用科学原理	4.06	3.60	4.30	4.50	3.50	3.62
计算机应用	3.87	3.75	4.40	4.24	4.20	3.62
解释图纸	3.42	4.35	4.60	4.12	4.20	4.00
知道科学原理	3.84	3.53	4.50	3.92	3.70	3.75
未来技术	3.94	4.05	3.90	3.92	3.50	3.62
使用基本材料	3.68	4.30	3.50	3.68	3.70	4.00
考虑经济因素	3.66	3.85	3.90	3.72	3.50	3.25
绘图	3.07	3.95	4.50	3.92	3.70	3.75
水力学/气体力学	3.97	3.25	3.40	3.52	3.60	3.13
高技术应用	3.39	3.10	3.60	3.72	3.10	3.25
发明	3.03	3.05	3.50	3.20	2.90	2.87
使用台式印刷系统	2.74	2.75	3.30	3.04	2.30	2.50
样本数量	32	20	10	25	10	8

1.1.4 默会知识

默会知识是波兰尼于 1958 年在其名著《个体知识》中提出的。[①] 波兰尼之所以提出默会知识，是因为自近代科学革命以来，人们用客观主义的科学观和知识观来看待知识，认为知识都是明确的、可表达的，这是对传统的实证主义将知识看成完全客观的、静态的的一种挑战。

默会知识包含认知及技能两种面向，前者为个人的信仰、价值观、心智模式，是个人对现实及未来愿景的意象，即"是什么"和"应该是什么"，它帮助个人感受与解读世界；后者则是因应特定情景下的不断练习而获取的纯熟技艺，由做中学而习得。

野中郁次郎与竹内弘高于 1995 年采纳了波兰尼的分类观点，应用于诠释知识创造的两个构面，提出了组织知识转换的群化、外化、融合、内化等四种模式，用以说明内隐与外显知识间的转换过程，对近代知识管理研究具有重大影响。

默会认识论在教育领域引起了广泛的关注。教育心理学家及教学设计专家试图依据知识的默会本质，以及默会知识对情景和实践的依赖，设计出能支持内隐学习的真实

---

① Polanyi, M. (1966). *The Tacit Dimension*. New York: Doubleday.

学习环境,以革新传统的课堂学习环境;在教师专业发展方面,默会知识论启发教师改变以往师资培训注重系统知识进修的狭窄途径,发展教师学习共同体,通过观摩、叙事等质的方法促进默会知识的显性化,促进教师共享教学实践中的知识与经验。

默会知识论对知识学习和教育教学研究的价值在于如下几点。

(1) 知识具有默会的本质

波兰尼的默会知识论把显性知识和默会知识作为一对对应的基本概念,识别和论证了默会知识的存在。但是我们更应关注的是,波兰尼的哲学旨趣并不仅在于对知识进行了分类,而在于揭示了显性知识的默会根源,证明了默会知识在人类知识中的决定性作用。波兰尼指出,默会知识本质上是一种理解力,是一种领会、把握经验、重组经验,以期达到对它的理智的控制的能力。心灵的默会能力在人类认识的各个层次上都起着主导性的、决定性的作用,即默会维度相对于显性知识具有理论上的优先性。默会知识是自足的,而显性知识则必须依赖于被默会地理解和运用。因此,所有的知识不是默会知识就是植根于默会知识(Polanyi and Grene,1969)。

(2) 默会认识与显性知识存在相互作用

尽管波兰尼强调了显性知识对默会知识的依赖性,甚至提出在语言拓展人类智力使之大大地超越纯粹默会领域的同时,语言的逻辑本身——语言的运用方式——仍然是默会的(Polanyi and Grene,1969),但是,这并不意味着就贬低了名言符号(口头的和书面的语言、公式、图表等)在人类知识的积累和知识结构中的地位与作用。波兰尼指出,虽然动物和人在尚未掌握语言的婴儿时期已经具有原始的默会认识能力,而借助于语言符号为媒介和工具,人对自身的经验可以不断地进行重组,使得人的默会能力得到了质的飞跃,达到了前语言层次上难以企及的高度。

因此,我们同样获得启示,我们所要修正的是完全漠视默会知识的存在和优先性,仅仅关注脱离学生经验和理解的符号、公式、文字的传输的教学方式,这绝非要摒弃显性知识的授受以及以明确的方式进行授受的教学设计。默会知识和显性知识的辩证关系所提示的是,恰当地运用明确的语言及其他符号表征方式来引导和支持学习者的理解,使显性知识的学习根植在默会的理解之中,使默会的知识可以以适当的形式得以表征,从而可能在协商与交流中增进对默会知识的理解。

(3) 默会知识论凸显了作为认识者的人的主体性

在客观主义知识观、科学观的支配下,人们强调知识的客观性、非个体性、完全的明确性等,与此相对应,在20世纪西方认识论研究中,明确的、形式化的知识和理论成为认识论分析的主题,我们看到的是作为认识主体的人的淡出。而波兰尼反其道而行之,有关知识默会维度的论证充分表明,作为人的最根本的认识能力,默会认识和认识主体须臾不可分离。如果说,和完全的显性知识理想相联系,客观主义的知识观强调了知识普遍的、公共的特征;而在波兰尼那里,和默会认识相联系的,是他的个体知识的概念。个体知识的概念充分表明了知识和认识者个体之间的内在联系,默会知识的获得必须经过"寓居于身体"的论述,这更是凸显了认识主体的重要地位。

(4) 默会知识还具有显著的情景性和文化性

所谓"情景性",是指默会知识的获得总是与某一特定问题或任务情景联系在一起,是对这种特定问题或任务情景的一种直觉综合或把握。所谓"文化性",是指默会知识比显性知识具有更强烈的文化特征,与一定文化传统中人们所分享的概念、符号、知识体系是分不开的。① 明确的知识往往传达的是一些显性的社会规范,而支配人们实际行为的往往是那些深深根植于社会文化传统的潜规则,只有生活在这种生活实践中,才能掌握这种以默会知识形式存在的真正规则。从这个意义上来说,默会知识的文化性也可以理解为默会知识的实践性。

顺乎这一逻辑,真正的学习一定是发生在特定的情景之中的,与学习者所处的社会生活实践密切关联。因此学习的组织设计,应考虑到与学习者已经拥有的大量前概念——多数以默会知识的形式隐含在头脑当中——建立联系,新的学习活动应与学习者的生活实践密切相关。在有目的的教学之外,这种默会的或内隐的学习如何发生、怎样促进这种学习的成效,是从事学习与教学研究的人们所关心的问题。

1.1.5 职业教育课程:理论知识与实践知识的衔接

1.1.5.1 理论知识与实践知识

按照知识的抽象程度把知识分为理论知识与实践知识,更多地体现为一种外在形态上的区分标准,逻辑上的严谨性不强。就知识本身而言,二者并无本质区别,均为人类对客观世界的主观认知。前者主要指经过收集、整理、归纳,最终体系化的知识;后者主要指尚未经过整理、归纳,非体系化的知识,往往存在粗放、不稳定、难以控制而易为教学过程所排斥的特点。前者主要存在于书本当中,以文字的形式保存,后者则主要体现在具体的生产实践中,以经验的形式保存。从职业教育的角度,把知识分为理论知识与实践知识的意义主要有两点:

第一,职业教育与产业链紧密联系,而产业链中生产、传播、创新了大量的实践知识。如有观点认为,职业网络形成的技术链具有创新效应,可以促进知识的创新和扩散,提高知识利用的效率。技术链的学习效应和创新效应表明技术链具有某种程度的自主性,能

---

① Brown, J. S., Collins, A., & Duguid, P. (1989). Situated cognition and the culture of learning. *Educational Researcher*, (18), 32-42.

够生产、传播、共享知识,使之成为产业知识的重要来源。这些知识包括理论知识,但主要是实践知识。当前,这些知识因未能得到有效的整理与归纳,难以被广泛、便捷、规模化地交流与使用。

第二,实践知识主要以技能的形式存在。伴随信息技术推动下知识、技术、技能的交叉与复合趋势,传统的低端技能蕴含的知识与技术越来越多,从而形成了较高的智慧含量和市场价值。这必然推动实践知识从传统的边缘化逐渐走向主流,逐渐被收集、整理、归纳,最终形成体系。

1.1.5.2　理论知识与实践知识的衔接

有效的学习是学生在真实的工作情景中对工作任务、过程和环境进行的整体化的感悟和反思,必须进行整体化的课程设计,让学生不但能够学习专业知识技能,而且能够在工作过程中获得职业认知,并最终形成对工作和技术的设计能力。这需要手脑并用的做中学和行动导向的学习,需要在更高层面建构理论与实践的关系。① 从 20 世纪末开始,人们在理论知识与实践知识的衔接方面做了大量尝试。

高素质应用型和技术技能型人才需要在专业能力、方法能力和社会能力方面满足职业和社会的更高要求,理论知识与实践知识的衔接以培养这种综合素质为目标,其基本特点是"工作过程系统化"(或称"工作过程导向"),即课程目标是发展综合职业能力,学习内容是职业的典型工作任务,学习过程具有工作过程的整体性,学生在综合的行动中思考和学习。将理论知识与实践知识进行衔接,从整体化的工作世界出发认识知识与工作的联系,由此获得背景意识和"工作过程知识"②,这符合建构主义和情境学习原则。为了在职业教育课程中进行理论知识与实践知识的衔接,课程分为两个发展阶段:低级的是"理论实践一体化课程",高级的是"工学结合一体化课程",后者强调学习内容包含技术、社会和环境等与工作有关的全部要素。工学结合一体化课程开发的核心是"把职业工作作为一个在主观和客观上一体化的行为进行分析",这需要对课程开发的各个环节进行质量控制,包括行业和职业分析、任务分析、课程设计以及考核评估等,这对课程开发方法提出了两个要求:一是职业分析要关注"技术发展""职业活动"和"职业教育"间的相互关系,关注整体化的工作情景;二是要保证课程内容有一定的开放性,以满足经济、技术和社会发展不断变化的要求。

随着有关工作过程系统化课程讨论的开展,人们开始寻找更加科学的方法对现代职业工作的特征进行描述,并反映职业学习的规律。通过引入发展性任务、发展性结构课

---

① 赵志群.(2018).我国职业教育课程模式的发展.职教论坛,(01),52—57.
② 赵志群.(2009).职业教育工学结合一体化课程开发指南.北京:清华大学出版社.

程、从初学者到专家发展范式①等理论,实现了职业教育课程从学科范式向能力范式的转变,把对实践性知识的认识提高到了一个新的水平。

典型工作任务分析中采用的"实践专家研讨会"与教学计划开发(DACUM)专家座谈会不同,它把"工作"作为一个整体来对工作任务进行筛选、分析和区分,并按照职业发展规律进行排序,关注工作的整体性和关联性,其结果是一系列综合化的职业的典型工作任务,使工作过程完整的职业教育成为可能。② 由于对职业生涯和工作环境等职业的"次级因素"进行了系统化处理,实践专家研讨会能够对职业工作进行深层次和整体化的定位,可以满足对现代职业进行科学描述的要求,即确定"由工作对象、工作条件和工作要求所决定的典型工作任务以及相应的行动空间"。③

将理论知识与实践知识进行衔接,是一项系统性工程,它在传统的学校教学管理制度下(如班级制度、理论与实训教学各自独立管理等)无法实现,对教学管理提出了很大挑战:

① 对教学、管理和服务理念发生的变化,参与人员需要在理念和行动上达成一致,这在实践中会遇到很多困难;

② 新课程开发增加了开发成本,小班教学的运行成本和管理成本也会增加;

③ 新课程对教师的要求超越了当前教师的实际水平,多数院校缺乏具有足够实践经验的教师;

④ 需要面对来自教师(特别是文化课和基础课的教师)、管理者、学生甚至学生家长的不理解,需要做很多解释性工作。

1.2 职业教育课程的能力论

1.2.1 职业教育课程的能力观

1.2.1.1 能力的概念对职业教育课程的意涵

(1) 能力是知识、技能、态度(情意)的综合体

能力涵括生活的根本知识、技能与态度。经济合作与发展组织(OECD)在界定基本能力时,特别强调知识、技能与情意三位一体的重要性,说明学生除了学习知识与技能,

---

① Dreyfus, H. L., & Dreyfus, S. E. (1986). *Mind Over Machine*. Oxford: Blackwell.
② 赵志群.(2018).我国职业教育课程模式的发展.职教论坛,(01),52—57.
③ Dostal, W. (2008). Occupational research. In F. Rauner, & R. Maclean (Eds.), *Handbook of TVET Research*. Dordrecht: Springer.

也必须培养自主、自发、自我导向、自我学习和对行动负责任的态度、动机与价值观。

因此,当能力作为课程目标时,不应该持传统的知识、技能与态度的目标观念,否则将难以体现能力的意义,同时可能误解能力导向课程,是不重视知识且缺乏情意的课程。

(2)能力概念的适用性不限于职业与工作,能力的培养不限于特定的教育阶段与教育类别

倡导能力导向课程极易被误以为是教育职业化,特别是高等教育近来颇重视就业能力的培养,引人发出大学教育职业化的忧虑。实际上,早期的能力观确实是以职业为出发点①,但后期关于能力的讨论,早已超越职业/工作的框架,进而扩及至终身学习、社会参与、公民责任等广泛范畴。例如,欧盟 2002 年提出的八项关键能力:母语沟通能力,外语沟通能力,数学素养、科学与技术能力,数位能力,学习能力,人际社会与公民能力,企业与创新能力,文化表现能力,以及 2001 年欧盟所属的经济合作与发展组织(OECD)完成的 DeSeCo 研究计划所提出的三项关键能力:自主行动能力,适当使用工具的能力,在异质性社群中发挥功能的能力。

由上可知,能力概念已不限于职业与工作,关键能力的建构也不是单独地针对特定的教育阶段与教育类别,而是整个教育体系、职业训练、人力发展的共同架构,着眼于个人终身学习、生活适应、生涯发展、社会参与、公民责任等方面所需要的能力养成与更新。

(3)能力概念强调表现

Mansfield(1989)说明,能力是指包含"①能够扮演完成整体工作表现的角色;②能够达成职场工作所预期的标准;③在真实的工作情景中施行"等三要素的综合体,若将能力视为表现,则可分为输入模式、表现内容模式与表现结果模式等不同表现模式。② Hoffmann(1999)表示,能力的内涵包括可观察的表现、个人行为表现结果的标准或质量、个人的潜在属性,其中仅有个人的潜在属性是难以利用观察的方式加以确认的。Sawardekar(2002)、Delamare-Le Deist and Winterton(2005)也表示,能力是以工作任务或工作责任为基础的能力。

由前可知,能力强调可见的表现,且由评价的观点进行说明时,更显见其重要性。正如 Sawardekar(2002)所表示的那样,评价者会希望能力是可观察的、清楚且容易理解的、与社会生活相关的、可以具体陈述的。因此,当探讨能力的概念时,若涉及能力的定义与评价观,表现的重要性就不言而喻。

---

① Mansfield, B. (1989). Competence and standards. In J. W. Burke (Ed.), *Competency Based Education and Training* (pp. 26–38). London, UK: Falmer Press.

② Ibid.

(4) 情景因素是培养能力或检视能力不可或缺的要件

Wolf(1989)表示,若将能力视为有才能并足以表现,则能力被视为一个结构体但难以直接观察。因为有能力的个体拥有许多内在的才能,但不是每一项才能都能适应问题情景的需要,而可以表现出来。① 因此若要对能力有越精确的描述与厘清,情景要素就越显重要。Hoffmann(1999)则说明,能力概念及其教育意义的探讨若将能力以表现为重要内涵,则工作或任务的情景特殊性,以及在过程中回馈对表现的影响及其对效率的要求不容忽视。能力表征的课程设计应包含四项要素:知识、情景、表征内涵与智能活动,情景要素的意义在于观察与评价能力的展现,以及通过问题情景的挑战使知识转化成能力。

早期对能力定义的界定与内涵的陈述,较为忽略情景因素的重要性,导致能力概念的理论发展与实务工作的推行产生隔阂,使以能力为导向的课程陷入被视为空谈或老生常谈的两个极端,较为可惜。今日已有多位学者指出情景的重要性,同时也可由此引出能力概念的动态性,是日后有意探究能力概念者须特别注意之处。

(5) 能力是动态的、具有多元面向的概念

能力是一种动态概念,是不断成长与改变的。能力可因经验、指导而改进。因此,培养能力的重点不在于设定能力框架,而倾向于设定学习目标、方向,重视学习情景,增进与环境的互动,形成一种交互作用的、批判的、动态的能力互动观点。McClelland(1998)指出,不同职业要求不同的能力内涵,即使利用对某专业领域的优秀人士进行研究以建立能力标准,也不能代表实务现场的真实表现状况,同时其所得的内容是过去的表现,未必能符合未来该职业的需求。② 这更可说明动态能力观的重要性,并与前述的情景因素相互呼应。Delamare-Le Deist and Winterton(2005)也指出,英国、法国、德国与奥地利等国家,对能力的诠释途径不尽相同,可窥见能力观念的多元性(见表1-3)。③ 而Hoffmann(1999)更明确指出,能力应该以复数形式表现,方可表达多元面向的概念本质。④ 以上皆是支持能力观具多元性特质的例证。

---

① Wolf, A.(1989). Can competence and knowledge mix? In J. W. Burke (Ed.), *Competency Based Education and Training* (pp. 39-53). London, UK: Falmer Press.

② McClelland, D. C. (1998). Identifying competencies with behavioral-event interviews. *Psychological Science*, 9 (05), 331-339.

③ Delamare-Le Deist, F., & Winterton, J. (2005). What is competence? *Human Resource Development International*, 8(01), 27-46.

④ Hoffmann, T. (1999). The meanings of competency. *Journal of Eueopean Industrial Training*, 23(06), 275-285.

表 1-3 能力的诠释途径

国家	英国	法国	德国与奥地利
内容	注重个人的特质,强调行为能力(behavioural competence)以发展更上阶层的表现	注重职业的价值,强调功能性能力(functional competence)的标准建立以及其实际工作场所的应用性	强调多元面向的能力观,兼重行为能力和功能性能力,注重潜在知识和行为,不再以特定的职业要求为建立标准的基准

资料来源:Delamare-Le Deist, F., & Winterton, J. (2005). What is competence? *Human Resource Development International*, 8(01), 27-46。

(6) 培育人才不应只关注个人能力,也应培养团体能力

众所周知,整体大于部分的总合,因为整体除各个部分之外,还包括各部分之间的互动关系。同理,团体不只是个体的集合,还包括个体之间的互动关系。社会学家阐述个人能力是由团体历程建构而成,而并非个人行为经验的积累。① 能力有个人能力与团体能力之分,Weick and Robert(1993)曾提供研究成果证明了团体能力(collective competence)的概念。以沟通能力为例,个人取向的表现强调个人理念的表达、信念的维护、对他人的说服;团体取向的表现则强调如何尽快通过沟通了解彼此、建立共识、形成规范。② Boreham(2004)则主张通过通识课程培养个人的团体能力,而有能力的团体则需具备三项特质:①能建立对工作事项的团队意识;②能发展与应用集体知识;③能发展相互依存的意识。③ 在注重个人能力培养的同时,如何兼顾团体能力的发展,是目前能力导向课程需特别关注的议题。

因此,当论及培养能力的教育目标时,除关注个人能力外,也必须兼顾个人参与团体,在异质性团体中发挥效能的能力。有能力的个人,如果都是自我中心的个人英雄主义者,则优秀人才的集合也未必能成为有能力的团体。不论是学习、生活还是职场上的需要,不单是个人有在异质性团体中发挥效能的需求,其所属的团体也有如何使异质性组合发挥效能的挑战。所以,只强调个人能力是不够的,如何共组一个有能力的团体、建立优质团体、发挥团体效能的能力也是必要的。

(7) 能力目标的达成需要分类与分层的实践

就能力的养成历程而言,涉及各领域教育与人才训练的特殊任务,课程目标的设定、

---

① Mead, G. H. (1967). *Mind, Self and Social: From the Standpoint of a Social Behaviorist*. Chicago, IL: University of Chicago Press;Berger, P. T., & Luckmann, T. (1967). *The Social Construction of Reality: A Treatise in the Sociology of Knowledge*. New York, NY: Anchor Books.

② Weick, K. E., & Robert, K. H. (1993). Collective mind in organizations: Heedful interrelating on flight decks. *Administrative Science Quarterly*, (38), 357-381.

③ Boreham, N. (2004). A theory of collective competence: Challenging the Neo-Liberal individualization of performance at work. *British Journal of Educational Studies*, 52(01), 5-17.

教学历程的规划以及能力评量指标的建立等实际需求,都必须将各项能力加以分层、分类方能得以实践。Delamare-Le Deist and Winterton(2005)经由对英国、法国、德国与奥地利等国家对能力一词解释的分析,提出了所谓的"整体观能力类型"(见图1-3),据此发展出了整体观能力模式(见图1-4),并以英国为例说明了若依职业需求建立能力标准,则在标准建立后必须再依序细分为更小的能力与表现分析单位,如能力单位、能力要素、表现水平,进而再建立指引原则。① 而Javidan(1998)则由企业管理的概念,提出能力的阶层关系由上而下分别为核心能力、能力、本领、资源,如图1-5所示。② 因此,若由课程与教学的观点思考能力导向课程的理论与实务,则将能力进行分类与分层是必要的,不仅能让课程目标的明确性、核心性、统整性显而易见,更可让各个教育阶段及教育活动具体可行,并得以检视理论与实务之间关系的合理性。

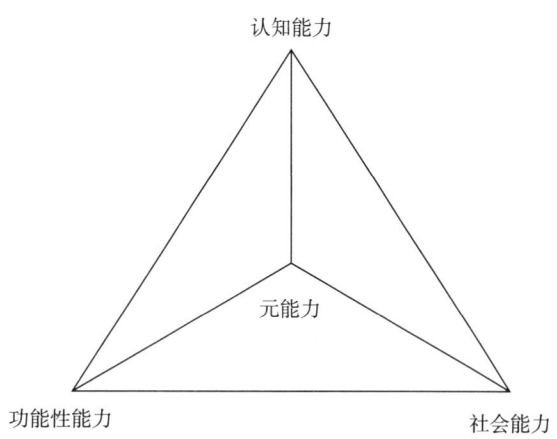

图1-3　整体观能力类型

资料来源:Delamare-Le Deist and Winterton (2005)。

	职业的 (occupational)	个人的 (personal)
概念的 (conceptual)	认知能力 ·知识和理解	元能力 ·学习如何学习
操作的 (operational)	功能性的能力 ·肢体动作和应用技巧	社会能力 ·行为和态度

图1-4　整体观能力模式

资料来源:Delamare-Le Deist and Winterton (2005)。

---

① Delamare-Le Deist, F., & Winterton, J. (2005). What is competence? *Human Resource Development International*, 8(01), 27-46.

② Javidan, M. (1998). Core competence: What does it mean in practice? *Long Range Planning*, 31(01), 60-71.

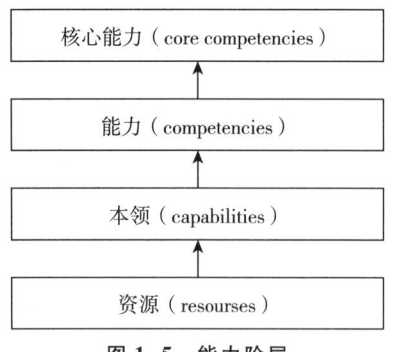

图 1-5 能力阶层

资料来源：Javidan, M. (1998). Core competence: What does it mean in practice? *Long Range Planning*, 31(01), 60-71。

总之，能力概念导入教育领域，意味着能力导向教育目标的兴起，与学术导向教育目标相比，它更重视知识的习得与应用，更强调以整体、多元、动态的观点关照学生的学习成效表现，而且不只是看到个人能力的表现，也须顾及团体能力的表现。由于能力表现总是涉及知识、技能与情意的综合表现，因此课程与教学实践需要力求统整观念，评价方面则应强调个人或团体在问题解决或任务达成上的适应性与表现性，需要的是真实性与情景化的设计。

1.2.1.2 基于职业能力设计课程

基于职业能力的课程设计可以说是职业教育中十分重要的一种课程设计方式，其主要原理在于采用以终点为导向的对准方式，设计学习者的学习内容，通常是以学习者未来所要从事的职业为目标，设定好其毕业后所可能从事的主要职业后，据此分析这一职业所包含的能力，再依据其能力内涵，设计学习者几年之中所应学习的课程，而课程学习的目的，就是让学习者在学习几年的课程之后，能够具备所设定的专业能力，以期顺利地进入职场工作。依据"国家教育研究院"双语词汇、学术名词暨辞书资讯网的解释，能力本位课程是指职业教育或训练机构发展能力本位训练方案的一种课程设计方式，以学生毕业后所要从事的职业为起点，进行特定职业与任务的确认、工作能力的分析，然后设计学习内容与测验方式，最后帮助学习者达到技术的精熟。学者 W. E. 布兰克（W. E. Blank）提出的一般能力本位模式，即为其中一例。布兰克的模式指出，发展能力本位课程要注意12项要点，前4项代表课程设计的第一个层次，以描述称职的工作者为主；后8项代表课程设计的第二个层次，即发展实际的授课内容。这12项要点是：

① 确认与描述学习者所要从事的职业；

② 确认学习者的基本先备条件；

③ 确认及核对职业中所需的能力（较细项的任务）；

④ 分析职业所指任务及其必要的知识；

⑤ 设定学习终点的表现目标；

⑥ 安排期望培育的职业能力与终点表现目标的先后次序（也就是将来课程出现的学期顺序）；

⑦ 发展可量测职业工作相关表现的测验（实习课程的评量）；

⑧ 发展纸笔测验；

⑨ 发展学习指引草案；

⑩ 试验、实地试验与修正学习指引；

⑪ 发展管理学习的系统（实务上的实践尚待充实）；

⑫ 实施与评价课程内容。

以职业能力为本位的课程设计的中心理念有两点：

第一，能够表现出来的能力才是真正的能力，空有知识、态度而无表现结果，则是不具有价值的；

第二，精熟学习是可行的，大多数人在良好的教导与充足的时间下，均能领会大部分事物。

以职业能力为本位的课程的特色为：学习目标具体明确、学习过程可循序渐进、注重即时回馈、实作与纸笔测验相结合，而达到精熟标准者即获得从事事前设定的职业的工作能力。然而以职业能力为本位的课程也有其限制，例如对职业的设定、基本任务的确认、由任务至课程内涵的认定等，均将影响实务或实作课程的设计。

职业能力最终须能展现绩效，如图1-6所示。在图中，职业能力由下而上越来越显性。各种课程应逆向由上而下设计，顺向由下而上行动。

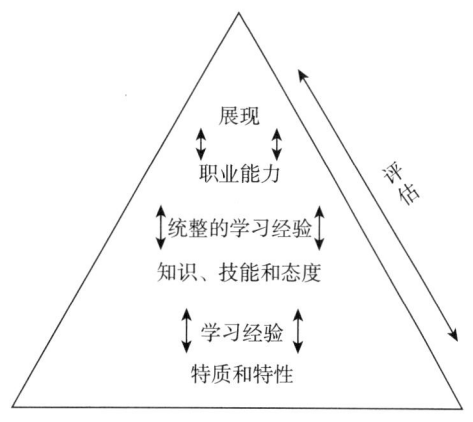

图1-6 职业能力的特性

资料来源：U. S. Department of Education.(2001). No child left behind act。

1.2.2 能力的层级理论

个体能力显示出分级状态。职场表现的综合职业能力按高低依次为执行性思维和行动、决策性思维和行动、设计性思维和行动、反思性思维和行动;其完成的工作依次为:完成确定性工作任务、完成不确定性工作任务、完成需要设计开发的工作任务、完成创造性的工作任务。个人职业生涯成功程度(或职场绩效高低)大致由能力、意愿和机会交织而定(即成功=能力×意愿×机会)。① 例如通用(GE)公司前总裁杰克·韦尔奇(Jack Welch)所说,如果你选对了人而且给他们施展才能的机会及合理的薪酬,那么你几乎不必去管理他们。从事职业所需的能力可称为职业能力。国际劳工组织(International Labour Organization,ILO)发布的《40 个劳动职能问题》(40 questions on labour competency)认为,劳动职能(labour competency)是已被完全认同、可成功执行劳动活动的有效能力。② 职业能力是与执行工作所需具备的知识、技能和态度等相关的行为表现,是指和工作或职务相关的能力,包括职业的知识、职业的技能及职业的态度三个方面,因而职业能力是为求能成功地完成任务所不可或缺的重要因素,是个人在知识、技能与态度三个领域中能成功地履行任务的行为特质,并能达到某一精通水平。通常职业能力与个人职务有关,也就是各专门行业人员必须具备各该专门行业领域所需的能力,才可能胜任职务。Butler(1978)认为,职业专业能力系任何人在其个人或专业生涯中,成功地完成每一项工作所需的知识、技术及价值观。学者们将职业能力指标分为显性能力与隐性能力:显性能力包括专业能力、管理能力、人际能力及态度;而隐性能力则包括价值及心智能力,其中工作表现的好坏与专业能力指标有关,工作态度等能力与个人心智能力有关。

国际上对职业能力的诠释主要有以下几种:

第一,国际劳工组织(ILO)将"有效的职业能力"定义为能成功地完成被认定的工作,其并不是指成功执行某项工作应该达到的能力,而是一个真正具备的和可证明的能力。

第二,美国劳工部(U. S. Department of Labor)曾将就业所需的职业能力,除基本能力外,依其性质分为三大范畴:数据(data)、人员(people)和事物(things)。每种工作皆需数种能力来完成:数据方面,包含综合运用能力、统整规划能力、分析运用能力、汇集运用能力、计算运用能力、撰写处理能力、核对比较能力等七种能力;人员方面,包含顾问能力、协商能力、指导能力、管理能力、娱乐能力、说服能力、说明与指示能力、服务能力、遵从指

---

① 赖春金,李隆盛.(2011).职能分析的方法与选择.T&D 飞讯,(18),8—32.
② Vargas Zuñiga, F. (2004). 40 questions on labour competency.

导能力等九种能力;事物方面,包含组装建构能力、精密工作能力、操作与控制能力、发动与操作能力、操纵作业能力、供输及切断原料能力、接触处理能力等七种能力。

美国政府重视基本素质和能力的培养,其测评认证体系完善,推进有力。美国于1995年设置国家技能标准委员会,推动全国与各州技能标准的发展,为了达成标准的一致性,并使技能标准可以作为教育训练与工作市场的桥梁,特别提供两个向度的信息,一为工作导向(work-oriented)的信息,也就是完成工作需要的技能标准,属于专业能力的范畴;二为工作者导向(worker-oriented)的信息,也就是工作者本身所需要的知识、技能或个人属性等,属于关键能力的范畴,因此美国国家技能标准架构整合了专业能力与关键能力。

工作导向的能力包括:

① 重要工作功能。职业领域内的主要工作或功能,最多以15项重要工作功能为原则。② 关键活动。为了完成一个重要工作功能,所需要执行的任务或活动,每一个重要工作功能通常以3—6个关键活动为原则。③ 表现指标。评量是否完成关键活动的标准,每一个关键活动以3—6个表现指标评量。

在工作者导向方面,工作者需要具备的知识和技能可以分成三个范畴:

① 学术知识与技能。指一般学科能力,是进一步学习的基础,包含读、写、数学与科学四种。② 就业知识与技能。指一般工作场所共同需要的知识与技能,相当于澳大利亚的七项关键能力,包括听、说、应用信息与通信科技、搜集与分析信息、分析与问题解决、决策与判断、组织与计划、运用社交技能、适应能力、团队工作、领导他人、建立共识、自我与生涯发展等13项能力。③ 职业技术知识与技能。指与职业相关的技术知识与技能,由于职业或工作的不同,会有不同的项目与内涵,因此没有固定的格式,但大致不出下列几项:工具设备、环境条件、安全卫生、信息资源、维护制造、库存管理与企业政策等。

进入21世纪后,美国劳工部就业技能委员会(SCANS)在《关于美国2000年的报告》中提出,为适应明天的发展,为明天准备的劳动者应具备三个基本素质,拥有五种基础能力。所谓"三个基本素质",即听说读写算的基本素质、思维素质和道德素质。所谓"五种基本能力",即合理利用与支配各类资源的能力、处理人际关系的能力、获取信息并利用信息的能力、系统分析的能力、运用多种技术的能力。美国联邦教育部研究局以及23个州的教育部于1966年联合成立了全美职业技能测评协会(NOCTI),几十年来,其通过十多个行业的论证,开展了16大类职业的上岗技能测评,其中包括8项"软技能"测评,即①沟通;②解决问题及思辨能力;③信息技术应用;④系统;⑤安全、健康和环境;⑥领导力、管理和团队工作;⑦道德或法律责任;⑧就业能力和职业生涯发展。这 8 项软技能作为就业必备的技能,也正是美国劳工部 2000 年报告中提出的三个基本素质和五种基础能力的具体体现。目前,该协会提供的职业技能测试已经在美国 50 个州中的 49 个州广泛采用,其中 30 余个州将其测试认证作为职高和职业技术学院学生毕业必须达到的要求之一,或者承认其折合的学分。随着该协会在国际上影响力的增强,该协会还为南美洲一些国家、韩国和法国提供职业技能测试题库。

美国劳工部(U. S. Department of Labor)的就业与训练局(Employment and Training Administration, ETA)认为,职业能力标准界定了特定工作或角色所需的工作能力及其层级,只有企/产业、地区或雇主参与制定的职业能力标准,才能作为职业教育与培训的能力标准基础。

美国劳工部的就业与训练局一直和产业伙伴合作,持续追踪产业动态发展带来的职业岗位变化,不断更新职业标准,其目的在于交流对具有全球竞争力人才的教育与训练。这种职能模式旨在作为下列活动所需的资源:辨认特定雇主的能力需求,发展职能本位课程和训练模式,发展特定产业绩效指标、职能标准和鉴定要求,发展职涯试探和辅导资源(CareerOneStop,2010a)。ETA 推动的职能积木模式包含表 1-4 所列的 3 组 9 层职能。

表 1-4　ETA 推动的职能积木模式内含 3 组 9 层职能

基础职能	产业相关职能	职业相关职能
1. 个人效能职能 2. 学术职能 3. 职场职能	4. 产业全局技术职能 5. 产业部门技术职能	6. 职业专门知识领域职能 7. 职业专门技术职能 8. 职业专门要求 9. 管理才能

资料来源:CareerOneStop. (2010a). Technical assistance guide for developing and using competency models? One solution for a demand-driven workforce system。

第三,英国国家职业资格委员会(National Council for Vocational Qualifications, NCVQ)提出,职业能力通过能力要素(工人有能力把工作完成)、行为表现标准(工作完成的质量),及其应用的领域特性和所需知识的复杂程度来确定,并将职业能力划分为五个等级,五个等级可从自我学习的程度、稳定和变化性、权责、基本知识的应用、能力和技能的广度及深度、工作环境转移的监督管理等方面来鉴定。

第四,德国职业教育管理部门则认为,专业能力是具有专业能力的人在知识(knowledge)、技能(skills)和资质(aptitudes)方面皆须受过职业训练,这样才可能用自动和弹性的方法来解决专业问题,才能在其职业环境和劳工组织中相互合作。

第五,澳大利亚国家训练局认为,职业能力是一个专业的行为表现所必需的特性,是包含知识(knowledge)、态度(attitudes)、价值(values)和技能(skills)等特性的复合体,同时也是任务(tasks)在已决定的工作场所必需的行为表现。广义的能力合并了相关的特性和任务,准许各种有意义的活动同时进行,也考虑到工作地点的脉络和文化,容许加入伦理学和价值作为行为表现的专业能力要素。

第六,加拿大魁北克省发展的能力标准模式(the competency standard model)指出,能力由社会人际(social-affective)、认知(cognitive)、心理(psychological)、知觉(sensorial)、迁移(mobile)、适应角色(role)、职务(function)、工作活动(activity)、任务(task)等要素构成。

第七,阿根廷在《文化和教育联盟报告》(Federal Advisory on Culture and Education)中提出,职业能力是可验证和可评价的,并建立在人际关系、价值、知识和技能基础之上,以求在实际工作中有良好的行为表现。

第八,墨西哥的国家标准认为,职业能力是个人的生产力,有效的行为表现(performance)需要包括知识(knowledge)、能力(ability)、技术(skill)和态度(attitudes),且是清晰和可被测量的。

第九,西班牙职业教育主管部门指出,职业能力是有效工作能力的训练,且需考虑到职业的行为表现及其工作所需要达到的等级,它远超过信息知识和技术。职业能力不仅包括职业活动中的工作能力(abilities),还包括行为(behaviors)、活动(function)、决策(decision-making)、信息传递(transmission of information)等能力。

第十,新加坡劳动力发展局(WDA)推动劳动力技能资格鉴定(Singapore Workforce Skills Qualifications,WSQ)制度。WSQ职能标准是各职能单元的参考文件,所以职能单元像科目名称,职能标准则像科目教材。职能标准内含下列职能要素(competency element,即职能的行动说明):①被期望的工作表现(或称工作绩效)结果;②员工在职场有效执行工作其表现可被接受的等级;③工作表现的行为描述;④胜任员工必须具备的知识;⑤员工必须展现以证明具有职能的佐证类别;⑥员工应该展示其被期望的工作表现层级的条件与情景;⑦经雇主审查通过及经产业验证符合工作表现的最低标准。[1]

---

[1] Singapore Workforce Skills Qualification (WSQ). (2017). Intepretation of WSQ competency standards for training and assessment.

我国学者徐国庆认为,职业能力由专业能力、方法能力、社会能力构成。① 专业能力与职业直接相关,具有职业特殊性;方法能力和社会能力具有职业普遍性,并非某种职业所特有的能力,能在不同职业之间广泛迁移,如表1-5所示。

表1-5 职业能力的内容

职业能力	内涵
专业能力	在专业知识和技能的基础上,有目的的、符合专业要求的、按照一定方法独立完成任务、解决问题和评价结果的热情与能力。如计算能力、编程能力、实际的技能和知识。专业能力与职业直接相关,具有职业特殊性,是通过专业教育获得的
方法能力	是个人对在家庭、职业和公共生活中的发展机遇、要求和限制做出解释、思考、评判并开发自己的智力、设计发展道路的能力和愿望。它特别指独立学习、获取新知识的能力,如决策能力、自学能力
社会能力	处理社会关系、理解风险与矛盾、与他人负责任地友好相处和相互理解的能力,包括人际交往、公共关系处理、劳动组织、群体意识和社会责任心等

根据能力的性质,可得职业能力划分为基本职业能力和关键职业能力。

基本职业能力指个体从事某一职业所必需的能力,是个体胜任职业工作、赖以生存的核心本领。包括单项的技能与知识、综合的技能与知识。它要求合理的知识结构和能力结构,强调专业的应用、针对性,注重专业技能的掌握。

关键职业能力指学生为完成今后不断发展变化的工作任务而应获得的跨专业、多功能和不受时间限制的能力,以及终身学习的能力。它是方法能力和社会能力的进一步发展,也是具体专业能力的进一步抽象,是现代劳动者的基本素质。关键职业能力包括专业关键职业能力、方法关键职业能力、社会关键职业能力,如表1-6所示。

表1-6 关键职业能力的内容

关键职业能力	内涵	能力目录
专业关键职业能力	从事各专业都必须具有的基础能力,如外语能力、数据处理能力	跨职业的知识和能力(如外语) 新技术的知识和能力(如数据处理) 工作程序和过程方法的知识 译码和解码能力 系统思维能力 在实践中运用理论知识的能力 ……

---

① 徐国庆.(2007).职业教育原理.上海:上海教育出版社.

（续表）

关键职业能力	内涵	能力目录
方法关键职业能力	从事职业活动所需要的工作方法和学习方法，包括制订工作计划的步骤、解决实际问题的思路、独立学习新技术的方法、评估工作结果的方式及方法等，具体包括分析与综合、逻辑思维与抽象思维、联想与创造、获取信息、目标与定位及问题解决的能力	综合和系统思维 抽象能力 创造能力 解决问题能力 学习能力 获取信息能力 决策和创造能力 掌握学习技术 分析能力 学习方法 系统工作方法 ……
社会关键职业能力	包括社会责任感、参与能力、小组工作中与人合作的能力、交流与协商的能力、自信心、成功感、诚实守信、乐于助人、环境意识、职业道德及批评与自我批评的能力等	追求目标 学习的决心和成就感 自我掌握 认真仔细 集中专心 忍耐 诚实、负责、开朗 愿意交往 体谅他人 耐心 坦率 乐于助人 约束、共同负责、真诚 团结 合作能力 社会责任感 表达能力 环境适应能力 工作责任心 纪律性 职业道德 自我批评能力 ……

资料来源：徐国庆.(2007).职业教育原理.上海：上海教育出版社。

1.2.3 现代职业能力的开发

现代职业能力的开发,从个人的现实层面和发展层面来看,需要从学习岗位技能逐渐向解决问题的能力、适应灵活多变的环境的能力、学习能力等这些发展能力扩展。从企业的现实层面和发展层面来看,需要兼顾工作胜任力和新技术的能力要求。从职业课程的现实层面和发展层面来看,设计中强调跨工作任务及未来工作情景所需要的知识、关键能力和素质也非常重要,而不只是针对当前工作任务的完成。从职业教育的现实层面和发展层面来看,能力导向的教育目标不论其类别与层次为何,其能力概念都是指可教导的、必须经由学习的过程加以培养的能力。例如,使学习者拥有能够达成某项任务的本领。

教学设计需要由习得知识导向解决问题。外显的能力表现通常需要以知识为基础,但人们习得了知识,却未必代表能将知识转化为有效解决问题或达成任务的能力。Perfetto et al. (1983)的实验研究结果显示,即使人们在长期记忆中已经拥有足够的知识量,也无法保证人们可以在适当的时机,提取和使用这些知识以达成目的。① 因此,在教学过程中,教师的任务应该不只是让学生习得大量的知识,还必须教导他们如何做,以及何时、何地使用所拥有的知识,也就是必须教导学生展现习得知识的方法,并给予实际体验的机会。

由上可知,能力导向课程的目标,并不以知识的习得与精熟为满足,而是希望学生能将知识与方法应用于问题解决的真实情景中。在教学设计上,若以能力表征的观念进行教学活动设计,则教师应将习得知识导向解决问题,先掌握重要知识与方法,再思考此等知识与方法适合应对哪些问题、挑战以及应对的方式——从回答问题到完成任务、解决问题,然后依探讨问题的脉络、程序与情景加以组织、统整,使习得的知识和方法成为学生探索问题、解决问题的工具和资源,进行的是将知识转化成能力的教学。

美国劳工部推动的职业能力体系称为职能积木模式(building blocks competency model,或称积木模型)。此模式的组成像一套积木,每一层定义一个才能领域的关键能力,共包括3组9层职能以金字塔的图形呈现,其内容包括:①基础职能——个人发展及基础就业才能(第1—3层依序为个人效能职能、学术职能、职场职能);②产业相关职能——产业跨领域才能(第4—5层依序为产业全局技术职能、产业部门技术职能);③职业相关职能——职业专属才能(第6—9层依序为职业专门知识职能、职业专门技术职能、职业专门要求/条件、管理职能),如图1-7所示。

---

① Perfettop, G. A., Bransford, J. D., & Franks, J. J. (1983). Constraints on access in a problem solving context. *Memory and Cognition*, (11), 24-31.

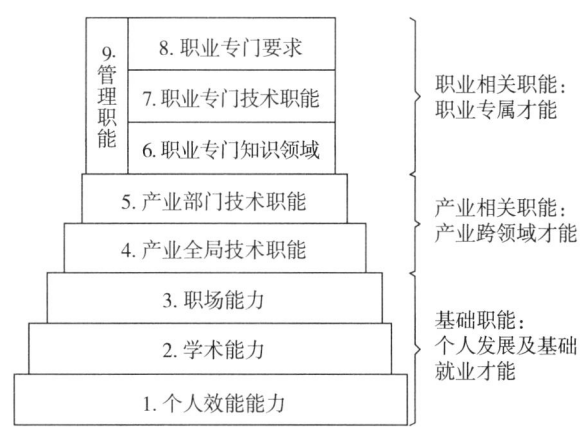

图 1-7 美国劳工部推动的职能积木模式

资料来源：CareerOneStop. (2010a). Technical assistance guide for developing and using competency models? One solution for a demand-drivenworkforce system。

综上所述,美国劳工部推动的职能积木模式涵盖基础职能、产业相关职能及职业相关职能等范围,我们可以通过衔接中职、高职教育教学的模式,培养学生具备稳固的基础职能(例如培养学生的软性技能、基本学术技能等),培养产业所需的知识和技能(例如制造产业的设计与开发、安装与维修等),并充实职业相关职能(例如特定职业的知识、技术证书、督导管理等),以提升我国职业教育体系学生的专业能力及素养。

借鉴美国 ETA 推动的职能积木模式,职业院校进行职业能力导向课程的开发,可以参考图 1-8 所示流程。

美国的能力(或职业能力)本位教育与训练(competency-based education and training, CBET)运动始于 20 世纪 60 年代,先用于职业师资培育,再推广至其他领域及国家。随着胜任力和国家竞争力与生产力的正向关系逐渐被广泛接受,劳动职能从 20 世纪 80 年代起也先后被用在西班牙、智利、英国、澳大利亚和墨西哥等国的国家资历系统或架构(national qualifications system/framework, NQS 或 NQF)中,职能标准与鉴定制度被作为 NQS 或 NQF 要素,用以引导职业教育与训练机构组织教学、制定教学方案、认可与认证人才。

CBET 认可劳动者从教育、训练和经验等多元途径中学到的能力,最成功的模式是颁给有能力者相当于学位价值的能力证书。对企业而言,企业差异化和竞争力的主要来源是人,但是传统的教育与训练只重视受训人次或教育与训练的时间和经费;CBET 则着重培养员工职能,强调员工职能的进展(Vargas Zuñiga,2004)。

CBET 的发展程序,首先是职能的分析,其次是职能的标准化,然后是职能本位教育与训练,最后是职能的鉴定。图 1-9 是职能标准的发展与应用。

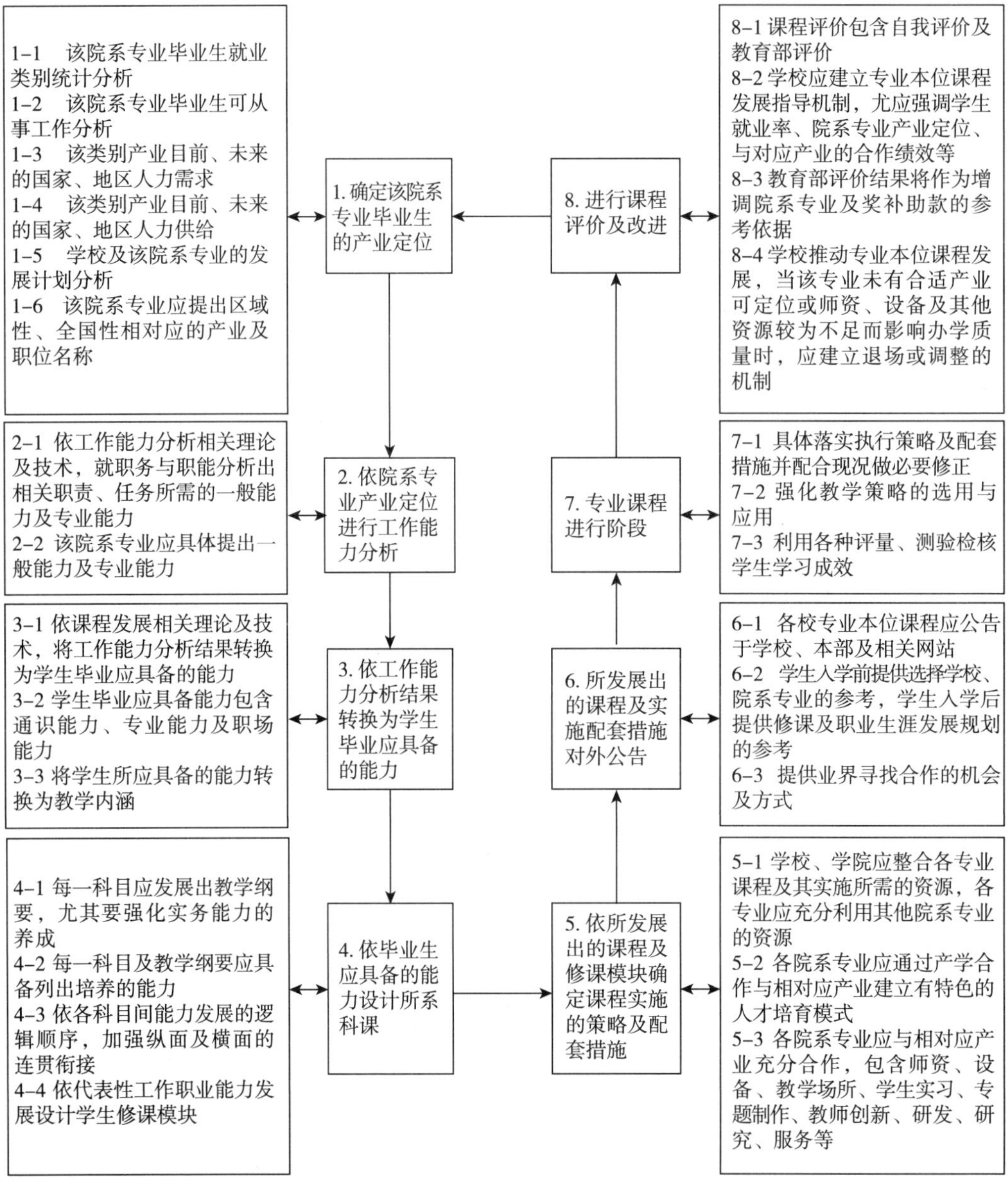

1-1 该院系专业毕业生就业类别统计分析 1-2 该院系专业毕业生可从事工作分析 1-3 该类别产业目前、未来的国家、地区人力需求 1-4 该类别产业目前、未来的国家、地区人力供给 1-5 学校及该院系专业的发展计划分析 1-6 该院系专业应提出区域性、全国性相对应的产业及职位名称	1.确定该院系专业毕业生的产业定位 ↔ 8.进行课程评价及改进	8-1 课程评价包含自我评价及教育部评价 8-2 学校应建立专业本位课程发展指导机制，尤应强调学生就业率、院系专业产业定位、与对应产业的合作绩效等 8-3 教育部评价结果将作为增调院系专业及奖补助款的参考依据 8-4 学校推动专业本位课程发展，当该专业未有合适产业可定位或师资、设备及其他资源较为不足而影响办学质量时，应建立退场或调整的机制
2-1 依工作能力分析相关理论及技术，就职务与职能分析出相关职责、任务所需的一般能力及专业能力 2-2 该院系专业应具体提出一般能力及专业能力	2.依院系专业产业定位进行工作能力分析 ↔ 7.专业课程进行阶段	7-1 具体落实执行策略及配套措施并配合现况做必要修正 7-2 强化教学策略的选用与应用 7-3 利用各种评量、测验检核学生学习成效
3-1 依课程发展相关理论及技术，将工作能力分析结果转换为学生毕业应具备的能力 3-2 学生毕业应具备能力包含通识能力、专业能力及职场能力 3-3 将学生所应具备的能力转换为教学内涵	3.依工作能力分析结果转换为学生毕业应具备的能力 ↔ 6.所发展出的课程及实施配套措施对外公告	6-1 各校专业本位课程应公告于学校、本部及相关网站 6-2 学生入学前提供选择学校、院系专业的参考，学生入学后提供修课及职业生涯发展规划的参考 6-3 提供业界寻找合作的机会及方式
4-1 每一科目应发展出教学纲要，尤其要强化实务能力的养成 4-2 每一科目及教学纲要应具列出培养的能力 4-3 依各科目间能力发展的逻辑顺序，加强纵面及横面的连贯衔接 4-4 依代表性工作职业能力发展设计学生修课模块	4.依毕业生应具备的能力设计所系科课 ↔ 5.依所发展出的课程及修课模块确定课程实施的策略及配套措施	5-1 学校、学院应整合各专业课程及其实施所需的资源，各专业应充分利用其他院系专业的资源 5-2 各院系专业应通过产学合作与相对应产业建立有特色的人才培育模式 5-3 各院系专业应与相对应产业充分合作，包含师资、设备、教学场所、学生实习、专题制作、教师创新、研发、研究、服务等

图1-8　职业院校进行职业能力导向课程开发的流程

职能是在某一产业、职业中成功执行重要工作角色或功能所需的知识、技能与才能（knowledge，skills and abilities，KSA），其组合有时被称为属性（attribute）。职能模式则是某一产业或职业所需职能的组合，每个职能模式内含的职能数量与类型，依职业本质、复杂度和所在场所的文化与价值观而定。①

---

① Wikipedia．（2018）．Competence（human resources）．

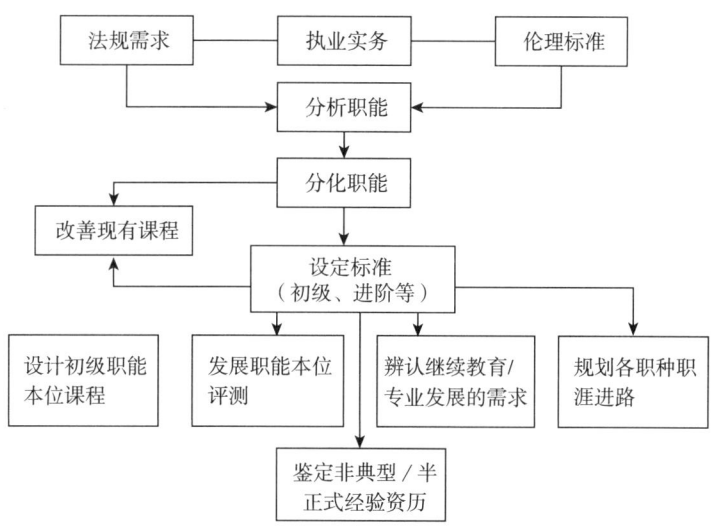

图 1-9 职能标准的发展与应用

资料来源：Gonczi, A., Hager, P., & Oliver, L. (1990). Establishing competency-based standards in the professions. Department of Employment, Education and Training, Australia, 12。

1.3 职业教育课程的人本论

1.3.1 终身教育理论

终身教育是指人们一生当中的教育的总和,包括家庭教育、学校教育、社会教育以及其他一切相关的各种教育培训活动。

终身教育思潮从20世纪60年代起,以一种势不可当的姿态蓬勃发展直至现在。1965年12月,联合国教科文组织"成人教育国际促进委员会"在巴黎召开,会议议长保罗·朗格朗(Paul Lengrand)在会议上呈交了关于终身教育的重要提案,随后1970年联合国教科文组织出版了朗格朗的专著《终身教育引论》,并在该年召开的全体会议上采纳了该书提出的终身教育思想,朗格朗自此成为现代终身教育理念的奠基人,其所倡导的终身教育思想得到了联合国教科文组织的首肯和提倡,并进而在全世界范围内产生了积极的影响。制定终身教育政策,构建终身学习社会,是当今世界教育改革和发展的共识和共同趋势,因而它同时也是衡量一个国家的教育是否普及、社会是否文明、公民的权利是否得到充分保障的一个重要标尺。如今各个国家都在终身教育理念的指导之下,加大力度尤其是通过终身教育政策的制定和立法的实施来实现学习型社会构建的理想。截至目前,已经有许多国家为此立法,将终身教育视为国家责任,例如德国、法国、美国等。我国建设学习型社会,构建全面终身教育体系已经成为大势所趋。我国1993年在教育政策《中国教育改革和发展纲要》中首次提出"终身教育";此后在教育法(1995年)和高等教育法(1998年)中再次提到终身教育问题;1999年以来,我国开始大力推动终身教育的发展和完善;2002年以后,终身教育或终身学习的概念在党的代表大会会议报告或决议文件中出现的频率越来越高,这明确体现了党和政府在推进终身教育与终身学习方面的立场与决心。《国家中长期教育改革和发展规划纲要(2010—2020年)》第六章指出:职业教育要面向人人、面向社会,着力培养学生的职业道德、职业技能和就业创业能力。到2020年,形成适应经济发展方式转变和产业结构调整要求、体现终身教育理念、中等和高等职业教育协调发展的现代职业教育体系,满足人民群众接受职业教育的需求,满足经济社会对高素质劳动者和技能型人才的需要。这是我国职业教育发展史上具有里程碑意义的变革。

构建终身教育体系首先要解决我国中等职业教育、高等职业教育、大学后职业教育、成人继续教育分隔或断档的局面,提供一个中高职衔接并与普通教育、成人教育沟通衔接的具有终身教育功能的另外一种教育类型。北京市2011年下半年正式推出职业教育分级制研究与实践探索。分级制是将原来"镶嵌"于普通教育、学历教育体系之中的职业教育分离出来,按照职业教育的特点和规律加以梳理及重构,建立具有中国特色的现代职业教育体系。① 2011年北京市教委颁布的《职业教育分级制度研究(草案)》,标志着北京市正式启动教育制度改革及现代职业教育体系构建工程。北京市初步构想了这一终身教育体系框架,如图1-10所示。

上述体系框架被称为职业教育分级制度。在该体系中,职业教育体系从普通教育体系中分离出来,并与普通教育体系并行成为独立的一种教育类型。职业教育分级制度需要建立新的开放的职业教育入学制度,其基本框架是:初中后分流,进入职业教育(从1级至5+级)升级学习,建立以职业教育5级架构为基础,纵向可以开放发展,上不封顶的职业教育层次结构,可以与各种类型的继续教育、职业教育和成人教育衔接,即5+X职业教育层次结构模型;而横向可以与普通教育衔接。这个体系面向人人,实现开放式入学标准,采取登记入学,职业教育逐级升学采取直通方式,跨教育类型升学(普通教育进入职业教育)采取考试或测试方式,成人入学采取考试或测试方式。

职业教育分级制度旨在建立一个面向人人、适应终身学习的教育制度,拓宽现有学校职业教育的办学功能,扩大职业教育资源的范围,增强人们接受职业教育的机会和可选择性。它是区别于普通教育的职业教育类型,在教育模式上,按照分级标准设计教学

---

① 柴福洪,陈年友.(2012).高等职业教育名词研究.北京:高等教育出版社.

方案,以学习者的既往经历、知识、能力为基础确定培养方案,以模块化教学和学分制管理为特点,形成柔性化人才培养模式,为受教育者提供职业生涯全过程指导,实施连续学习与弹性学习相结合的学习制度和教学管理模式。

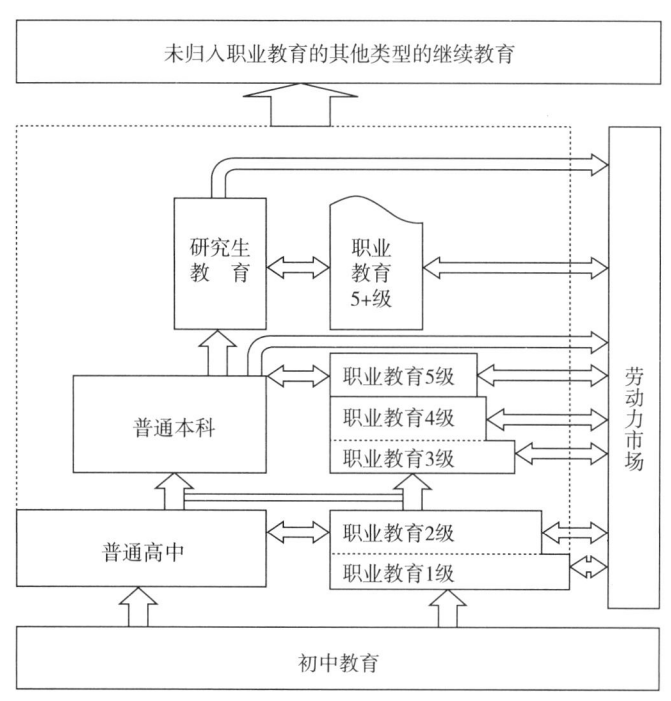

图 1-10 职业教育与其他教育的沟通衔接

资料来源:北京市职业教育分级制度研究课题组.(2010).职业教育分级制度研究(草案),11。

这种教育类型可以为每个人提供终身学习的体系,这个构想使职业教育从职业出发而不是从学科出发创建独立的教育教学体系成为可能。职业教育培养不同层级的人才与经济发展需要不同职业岗位层级的人才相对应,这就意味着职业教育各级培养目标将重点考虑职业岗位胜任力,每个人都可以通过职业教育实现就业,还可以通过选择接受高一级的职业教育获得职业升迁和发展或为其储备后劲,从而完成终身教育,实现个人职业生涯的完美发展;职业教育培养的人才也更能适应用人单位需求,实现用人单位的人力资源优化。

职业教育分级制度及其改革实践借鉴了国际职业教育层次结构划分,参考了职业人才结构理论和现代人力资源理论,同时在对人力资源和社会保障部的国家职业资格层次结构以及现代科学管理有关原理、现代社会组织及企业管理层次结构的一般特征研究的基础上,确定了5级制职业教育分级基本框架,如图1-11所示。

图 1-11 职业教育分级基础框架

职业教育一般从1级到5+级。职业教育1级和2级属"基础性职业教育",培养的是具有一定技能水平的初、中级劳动者。职业教育1级主要为义务教育阶段之后的职业准备教育,目的是帮助社会新增劳动力达到基本的职业资格准入条件,培养具有必要的职业素养和基本技能的初级劳动者,可以胜任非技术类岗位或简单技能型岗位。职业教育2级相当于现行制度下的中等职业教育,主要为生产、服务一线培养具有一定职业素养和技能水平的中级劳动者,可以胜任一般技能型岗位。职业教育3级和4级属"提高性职业教育",培养的是实用型、应用型高素质技能人才。职业教育3级属于高中后的职业准备教育,培养的是具有较好职业素养和一定管理能力的技能型劳动者,可以胜任一般复杂程度的技能型岗位和辅助管理岗位。职业教育4级相当于现行制度下的高等职业教育,为生产、建设、管理、服务等一线培养具有良好职业素养的高技能型专门人才,可以胜任比较复杂的技能型岗位及管理岗位。职业教育5级和5+级属"发展性职业教育"。职业教育5级培养的是具有较高职业素质、文化素质和能力素质的技术应用型专门人才,可以胜任复杂的技术型岗位及重要管理岗位。职业教育5+级培的是养具有职业精神、开拓意识、领导能力、创新能力,能够解决重大生产任务、重大工程项目关键技术问题的拔尖人才,可以胜任设计研发、工程技术及高级管理岗位。其中,5+级为开放级别,对某些专业,随着科学技术的发展,在5级之上,还可能出现6级、7级或更高级别。[1]

基于面向人人开放的学习体系,建立灵活开放的入学制度,以学生的职业经验和能力而不是单纯的学历为入学标准,为人人获得个人成长和职业发展提供享受教育的权利,构建终身教育体系。入学情况分为以下三种:

连续学习型(学校学生):连续在学校接受各级、各类教育的学生。

促进就业型(岗前培训):入职前需要接受技能培训的学员,包括初中毕业生、高中毕

---

[1] 孙善学.(2011)."回到逻辑起点"思考职业教育.中国教育报,09-17.

业生、再就业人员、转岗人员、农村劳动者、转业军人等。

技能发展型(在职学习):为了个人提升或职业升迁的目标而接受专业知识、职业技能和管理水平提高的学员。入学制度设计如表 1-7 所示。

表 1-7 职业教育分级制度开放式入学方法

分级	入学条件	入学方式	学制
1 级	初中或初中以上毕业	免试	1 年
	初中未毕业、初中毕业有工作经验者	测试	1—2 年
2 级	初中毕业	免试	3 年
	职业 1 级	直升	2 年
3 级	普通高中毕业生	免试	1 年
	职业 2 级	直升	1 年
	职业 2 级+1 年以上工作经验	免试	1 年
	职业 3 级+2 年以上工作经验	测试	1 年
4 级	普通高中毕业	考试	3 年
	职业 2 级	测试	3 年
	职业 3 级	直升	2 年
	职业 3 级+1 年以上工作经验	测试	1 年
	职业 2 级+1 年以上工作经验	测试	2—3 年
5 级	普高本科生	测试	1—2 年
	职业 4 级	直升	2 年
	职业 4 级+1 年以上工作经验	测试	1—2 年
5+级	职业 5 级+2 年以上工作经验	测试	2 年
	硕士研究生+2 年以上工作经验	测试	2 年

1.3.1.1 开放灵活的职业教育

信息技术的高速发展,直接影响着职业教育思想、教育模式、教学手段、教学形式、开放教育等方面的创新与变革,职业教育是终身教育的有机组成部分,过去一次性的学校教育正在向着以信息网络为渠道的终身教育发展。

今天,知识、技术的发展和更新大大加快,人们在实际工作岗位上所用到的知识,往往不完全是学校教育所提供和学习的东西。现代计算机和信息网络、数字图书馆及各种信息资料数据库,为终身学习建立了很好的平台。信息网络只是为人们接受终身教育提供了技术硬件条件,但如何针对社会上不同群体的需求,制订全方位、多规格的教学计划,筛选学习内容,对学习过程进行指导、考核等这一系列教育工作,仍然是职业教育院

校的任务。

（1）教育模式——从封闭的学校教育向开放的网络教育转变

信息技术的发展将使我国大学的教育模式发生根本的变化：从封闭的学校教育向开放的网络教育转变。

随着信息技术和网络教育的发展，学生获取知识的途径变得灵活，选择余地扩大，学生的个人学习意识得到了极大的体现，教学双方的地位和作用发生了变化——学生为主体，教师为主导。学生将根据自己的特点和需求安排学习内容和进度，并自我支配学习时间。而学校方的作用就是服务与保障，因人而异进行教学服务，整个教育过程是一种自助式教育模式。学生在任何能上网的地方，按自己的需要开展学习，这就完全突破了封闭的学校教育，使学校教育面向全社会成员，以信息网络为载体，实施开放式教育。

（2）教学手段——面对面教学向数字化教学转变

基于信息技术的职业教育教学手段，其变化反映在如下数据库的建立与使用方面：一是建立数字化、开放式的教育教学资料库；二是建立数字化模拟实验室；三是建立在线的师生互动教学模式。大规模的网络开放课程"慕课"（MOOC）是为了增强知识传播而由具有分享和协作精神的个人组织发布的、散布于互联网上的开放课程，它的出现，改变了整个职业教育的教学方式和手段。

（3）教学形式——从单向教学向多元化教学转变

信息技术的发展使传统大学教育的教学形式发生了根本的变革。教学形式正从教师在课堂上进行的单向灌输式课堂教学向现代网络化、多媒体教学转变。国家精品课程的建设和开放，为全日制在校大学生和成人高等教育学生的学习提供了一个全方位的学习课堂。在学习过程中，学生不受空间、时间的限制，可以听到最权威、最有经验的教师授课；受教育的人数也不受物理空间的限制；教学效能大大提高，能在较短的时间内传授更大的信息量等；教学过程多样，师生实现教学双向互动。

（4）开放教育——一种开放性、网络化的新型教育

信息技术的发展为组建开放大学奠定了技术支撑。英、美等国的开放大学，对世界高等教育战略发展产生了深远的影响。

正在建设的国家开放大学是一个办学实体，它由总部、分部、学院和学习中心等共同组成。开放大学与普通高等学校共同建立"学分银行"，实现"时时、处处、人人"的多元化、个性化自主学习与教育局面。未来的大学，接受全日制高等教育无须在校园内，人们可随时随地通过网络进行学习，移动式教育将首先从成人教育开始普及，逐步吸引全日制高校学生走出大学校园，一边工作一边学习，校园不再有严格的围墙界限，成人高等教育和全日制高等教育不再区分，将真正实现终身教育。

1.3.1.2 伴随职业成长的学习路径

继续教育的范围包括各类型式的有组织的学习,当一个人结束第一阶段的教育(学校教育)以后,通常会接受职业能力的陶冶,这便是第二教育途径。

联合国教科文组织于1976年所提出的成人教育发展的建言(recommendation on the development of adult education)中,将成人学习分为经验的学习、媒介的学习、沟通的学习三方面。

继续教育是终身教育的重要组成部分,它与其他教育有密切的关联。现代社会变迁迅速,为了适应社会的需要,不是一种教育或训练就能满足的,必须是学校教育、职业训练、继续教育三者互相配合,这样才能满足面向人人、随时随地、终身学习的目标。继续教育以成人教育为取向,根据不同的生活情景、教育前提、性向、需要、能力等因素来施教。它包括职业的提升、适应的进修教育、再学习、职业的再教育、职业的分化教育等。继续教育也利用技术的发展,尤其是信息技术,来增加知识、技术与经验等,其最终目标则为人格陶冶,并促进对政治问题与社会问题的解决。

在终身教育理论的倡导下,伴随着职业成长,职业教育也开辟了多元学习路径,包括倡导混合方式学习、强调自我导向学习、重视实践中的学习、贯通学校内外学习、兼顾公私学习空间。[①]

(1) 倡导混合方式学习

在终身教育体系建设过程中,人们的学习方式也须秉持多样化发展的原则。实践表明,传统面授学习和线上数字化学习相结合的混合方式学习正在成为一种全新的潮流。"翻转课堂"融合课外自主学习、课堂辅导、同伴交流等多种形式,有利于提升学习热情、增强学习效果;以微信公众号为发布平台的课程教学则组合了家中自学(书面或视频学习)、家长辅导、网络答疑、群内交流、同伴互学等多种学习方法。在大力倡导教育、学习融入生活、实践的背景下,体验学习也正在成为民众终身学习的全新方式。所有这些,都让终身教育处在对教育教学方式做出重新选择的新的起跑线上,需要人们给予关注与探索、改善与运用。

(2) 强调自我导向学习

培养具有自我导向学习能力和特征的终身学习者是终身教育体系在学习方式上的根本要求。同时,自我导向学习是所有层次教育实践都需要重视并可以加以实行的学习方式。国际上针对教师专业发展需要,研发了一种四步骤(学习准备、目标设定、参与学

[①] 高志敏,朱敏,傅蕾,陶孟祝.(2017).中国学习型社会与终身教育体系建设:"知"与"行"的重温与再探.开放教育研究,23(04),50—64.

习、评估学习)自我导向学习模式,这种学习模式值得在我国大力推进终身教育、终身学习的过程中加以引进、改进和应用。

(3) 重视实践中的学习

对于任何终身学习方式而言,终身教育体系都要引导学习者通过实践进行学习,通过行动达到改进个体、组织和社会的目的。在基础教育领域,研究性学习是需要得到强化的学习方式,即以更多的真实问题将学生引到对生活的关注上来,通过个人或团队合作,提出解决问题的方案或方法。在高等教育和职业教育领域,项目学习应被看成引导学习者关注现实问题的一种有效方式,通过学习、研究,找到问题解决的钥匙。成人教育、职场培训中的行动学习,更应强调对实际问题或组织困境的关注,边学习、边研究,以求对现实问题的解决、发展瓶颈的突破。

(4) 贯通学校内外学习

各级、各类学校是终身教育体系不可或缺的组成部分,但富有教育功能或具备资质开展各类学习活动的社会机构,如图书馆、科技馆、博物馆、美术馆、体育馆、少年宫等,也是不容忽视的重要力量。目前,它们之间在资源建设、资源共享、教学力量配置等方面还过于孤立,不利于终身教育体系整体的发展壮大。大力扶持并调动社会力量、充分整合并利用校外资源,以及加强各类学校和社区的联系、促进大学向校外人员开展校外学位教育、更大程度地打开开放大学之门等,都将成为突破传统学校围墙,促使教育走向社会、走进社区的重要举措。总之,终身教育体系必须打破学校内外相互隔离的格局,构筑具有全时空特征的终身教育空间。

(5) 兼顾公私学习空间

从主体的空间活动情形来看,空间有公共和私人之分。学校以及相关的各类社会机构都属于公共教育空间,群体学习是主要的活动形式,而家庭、网上平台等虽属于私人学习空间,但发生在其中的学习活动,显然也应归属在终身教育体系服务的范畴之内。基于大数据的学习分析技术可以在这方面做出贡献。教育工作者和研究人员应通过分析学习者与在线学习资源、课件、平台的互动,了解和分析其行为特征,确定存在的问题,继而再推送合适的学习资源和技术工具,达到帮助学习者学习的目的。至于有些缺乏网络支持的家中的学习经验,或者个体独自学习的经历,则可以通过先前学习经验鉴别、评价和认定技术得以实现,从而更好地了解学习者的实际学习基础和学习需求,并将这些信息的分析结果和教育机构中的学习经验联系起来。

1.3.1.3 以学生为中心的教学组织

何谓以学生为中心的教学法?教师如何进行以学生为中心的教学活动?在 20 世纪

40年代后期,人本学派心理学(humanistic psychology)逐渐兴起,人本学派认为,人的本身就是行为的主宰,自我经验所感受的意义会影响个人的行为。

美国的心理学家卡尔·罗吉斯(Carl Rogers)是人本学派的代表人物之一。他的人本学习论根植于非指导式咨商理论,在教育方面,他提出了以学生为中心的教学法的主张。

以学生为中心的教学法强调由学生主动参与学习,教师只居于次要地位,因此又被称为非指导式教学。由于整个教学过程较无明显的步骤,教材内容结构较不完整,所要获得的知识、内容、概念也都不具体、不明确,这类教学又被称为不明显的教学。以学生为中心的教学法的教学设计具有以下特性:

① 学生充分自主,从事自己所喜好的学习活动。

② 采取团体讨论及团体活动的方式来解决问题。

③ 采取自我评价的方法或以内在评价标准为评价的依据。

④ 学习内容和现实生活有密切的联系。

⑤ 教师有充分的教学经验应付各种教学情景。

罗吉斯在《学习的自由》(*Freedom to Learn*)一书中,提出人本学习的重要原则如下:

① 人类具有学习的潜能,对环境的好奇会促进学习与发展。

② 教材必须在学生感到与自己的目的相关联时才会产生有意义的学习。

③ 当学习会威胁自我组织及自我知觉的改变时,人们会拒绝学习;当外在威胁降低到最低程度时,学习才会被人们接受与同化,学习才能进步。

④ 许多有意义的学习,都在实作中获得,而错误是学习历程中所必经的,只要检讨改进,就会有所得。

⑤ 当学生能主动参与学习历程时,学习才会进步。

⑥ 自发性的学习,同时包含智能和情意的全人式学习,这种学习最持久。

⑦ 独立性、创造力及自信心的增进,根植于自我批评和自我评价,他人的评价则是次要的。在自由的氛围下,才能绽放创造的花朵。

⑧ 最有用的社会化学习,是学习历程的学习,经由不断地经验统整和自我改变,可以培养独立自主、积极自律的人格。

罗吉斯同时列举了最能促进学习效果的教学策略,具体如下:

① 以生活情景为学习的内容。

② 提供完善及丰富的数据源。

③ 运用学习契约来促进学生设定自己的学习目标与计划。

④ 运用团体决策来确定团体学习的目标和内容。

⑤ 帮助学生学会如何自我提出问题及解决问题。

⑥ 利用启发性活动,帮助学生获得经验性的学习。

⑦ 利用会心团体及敏感性训练,提升学生的思考能力。

⑧ 采用自我评价,增进学生自我检讨及惕厉。

至于以学生为中心的教学模式,运用在课堂教学中的实施步骤如下所述:

① 每个学生设定自己的工作计划,并签订契约。

② 学生针对自己所设定的计划,进行工作或研究。

③ 学生研究学习或实践学习,并与同伴合作学习。

④ 针对个人、团体或班级问题,进行充分讨论。

⑤ 学生自定标准进行自我评价,并为教师信任。

1.3.2 社会人理论

社会人(social man)假设的理论基础是人际关系学说,社会人又称社交人。社会人假设最早来自 G. E. 梅奥(G. E. Mayo)主持的霍桑实验。梅奥认为,人是有思想、有感情、有人格的活生生的"社会人",而不是机器和动物。作为一个复杂的社会成员,金钱和物质虽然对员工积极性的产生具有重要影响,但是起决定因素的不是物质报酬,而是其在工作中发展起来的人际关系。之后这一理论又经英国塔维斯托克学院煤矿研究所再度验证。后者发现,在煤矿采用长壁开采法先进技术后,生产力理应提高,但由于破坏了原来的工人之间的社会组合,生产率反而下降了。后者吸收社会科学的知识,重新调整了生产组织,生产率上升。这两项研究的共同结论是,人除了物质需要,还有社会需要,人们要从社会关系中寻找乐趣。

人际关系学说的独特之处是对人的本性的基本论点,简单地说,其认为员工是"社会人"。这种假设认为人不但有经济方面和物质方面的需求需要得到满足,更重要的是人有社会方面和心理方面的需求需要得到满足。正是基于对人的本性的这种认识,人际关系学说认为,要调动职工的积极性,就应该使职工的社会和心理方面的需求得到满足。人际关系学说的这种认识正好与弗雷德里克·泰勒(Frederick Taylor)的科学管理理论对人的本性的基本认识相反。因此,基于社会人假设建立起来的人际关系学说,正好从与科学管理理论相反的角度研究了如何提高企业生产效率的问题。所以说,人际关系学说的提出,完全改变了管理理论发展的进程。

对于社会人,梅奥认为:对于社会人来说,重要的是人与人之间的合作,而不是人们在无组织的人群中互相竞争;所有的个人主要是为保护自己在集团中的地位而不是为自我的利益而行动;从霍桑实验的结果可以发现,人的思想和行动更多的是由感情而不是由逻辑来引导的。

社会人假设有如下三个特点：

第一，在劳动中同其他人进行交往，紧密地结合在一起。经营管理人员忽视人际关系的调整，必然造成生产中的重大问题。第二，一个工人进入工厂以后与同班组其他人的关系如何，在很大程度上决定了这个工人的工作表现，并直接影响其才能的正常发挥。第三，经营管理人员一旦重视企业内部人际关系的不断调整，就能获得惊人的效果。

1.3.3 经济人理论

经济人理论是西方经济学与管理学对人性的最基本假设，从诞生之日起，其就不断地受到来自各方的评价与批判，但还是异常顽强地逐渐发展并完善起来，更加巩固了其在市场经济理论中的主流地位。理论界公认，亚当·斯密（Adam Smith）首先比较系统地阐明了"经济人"并将其自觉运用于经济学的研究之中，这在其《国民财富的性质和原因的研究》一书中有具体的论述。虽然在该理论基础上产生了"社会人""复杂人""自我实现人"等其他人性理论，但它在现实管理实践中依然表现出旺盛的生命力与理论价值。

众多事实表明，经济人理论不是一个完善的社会分析工具，但它在一定程度上是一个实用性很强的分析视角。特别是在目前我国生产力水平还不高，政治体制、社会体制与经济体制转型对原有利益格局所造成的剧烈冲击使经济人特征深刻表露出来的背景下，有意识地利用经济人理论，对现实社会中组织人力资源活动状况进行经常性的理性反思，会对提高组织人力资源管理效率提供有益启示，并推动现代人本型人力资源管理的发展。[①]

经济人理论在现代社会组织人力资源管理中的现实意义：

（1）经济人理论更加真实地展示了传统人事管理制度中人的表现形式

虽然现代企业对现代人本型的人力资源管理越来越重视，但我国在很多领域的组织中采用的对人的管理模式还带有很强的传统人事管理的痕迹：人是管理对象并为组织创造财富，在地位上服从于组织的战略管理，管理方式单一并力求同一性，所得报酬与级别、资历、社会地位等相关度大，软报酬主要表现为口头表扬和精神鼓励，相对轻视物质报酬激励，并在一定程度上刻意压制人们对物质的追求。从深层次的社会发展关系来看，这种制度设计是不现实的，也不具备可持续发展性。我国的现实社会生产力发展水平决定了劳动仍然是人们谋生的主要手段。个人利益的实际存在与刻意淡化个人利益存在的社会人事制度安排之间的矛盾导致了人们在传统人事管理体制下的两个特殊表现方式：

---

① 李德勇,吴婷,陈谦明.(2013).基于"经济人"理论的人力资源管理效率研究.河南社会科学,21(02),63—65.

第一,在收益相对固定的情况下努力寻求个人成本最小化。在传统人事管理制度下,分配标准主要以身份、职权、等级等固定化因素为参照物,简单地趋于同一化,不能客观地评价劳动贡献的价值尺度。由于个人能力、禀赋差异和贡献大小以及效率高低等都没有较科学地设计为分配的影响因素,从而决定了投入的人力、物力与收益之间不成正比关系。所以,追求相对收益最大化、尽量减少劳动投入则成为人们从人性角度出发的理性选择,"出工不出力,出力不出活"的现象普遍存在。

第二,在职业、职位、职权的变化过程中努力寻求收益最大化。在传统人事管理体制下,个人收益往往与个人贡献大小不成正比,却与一定的职业、职位、职权紧密相连。不同的职业、职位、职权所带来的收益是不同的,即使不同的职业间收益大体相同,但劳动环境、劳动强度等也有差异,从而依靠各种途径来谋求更好的职业、职位、职权,以获取更大收益或相对收益最大化就很容易成为人们的理性选择,人们会事先进行有意识的成本-收益比较。

(2) 经济人理论是发展现代人力资源管理的内在要求

改革开放以来,我国逐步走上了社会主义市场经济的发展道路,使社会生产关系重新回到了与社会生产力大体适应的轨道上来,最主要的就是努力将资源配置方式从政府这只"看得见的手"转交给市场这只"看不见的手"。这极大地限制了身份、等级、职权等替代贡献标准,个人劳动收益必须在市场交换活动中才能得到体现,扭曲的分配方式得到初步纠正,合法的逐利活动得到社会组织与社会成员更大范围的承认,在很大程度上促进了现代人本型人力资源管理的发展,但体制改革空间依然很大。

(3) 经济人理论可以帮助实现现代人力资源管理的终极目标

组织活动效率的提高、人的全面发展是人类社会发展的最终目标,也是现代人力资源管理的终极目标,因为全部人类历史的第一个前提是有生命的个人的存在。"个人的全面发展"是马克思主义学说的重要理论观点之一。经济人理论为个人的全面自由发展创造了基础性条件。商品经济的繁荣将为个人的全面发展提供越来越充裕的物质保障。经济人逐利行为的结果客观上使个人与社会的物质财富都得到了较快增长,社会生产力发展水平得到了更快提高,也有助于激发组织人力资源管理的主动性、积极性与创造性,实现了管理结果的多赢。

第 2 单元

职业教育课程的结构与形态

2.1 职业教育课程的工作结构

2.1.1 行动导向为主的课程结构

职业教育要在教学设计中兼顾二元性,即既要考虑使受教育者获得可持续发展,又要考虑使受教育者获得一技之长,这就必须将"学科体系"和"工作体系"有机融合。这种二者兼而有之的融合不能沿袭传统普通教育下的课程体系的理论加实践的模式,或者基础课程加专业课程的模式,也不能仅在时间顺序或者课程数量比例上进行简单融合或压缩饼干式的模式,而是要建立由"行动导向"为主和"知识导向"为辅构成的职业教育课程结构,如图 2-1 所示。

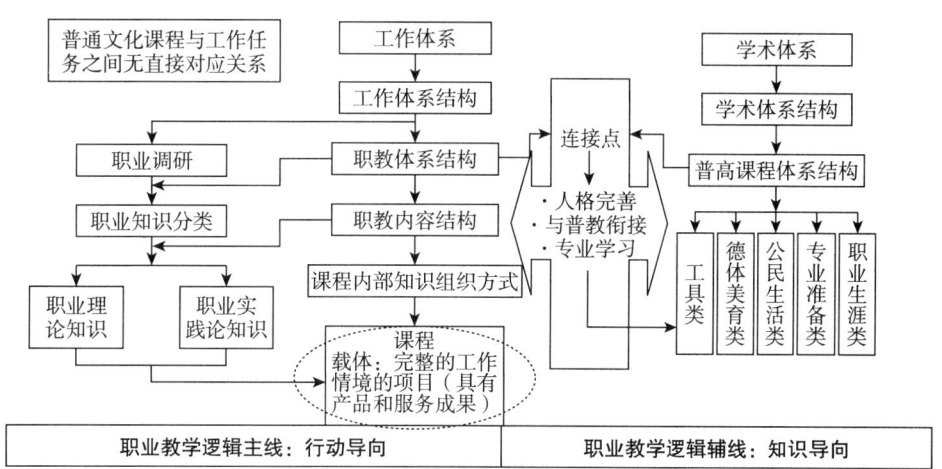

图 2-1 职业教育课程结构设计

资料来源:徐国庆.(2012).职业教育课程论.上海:华东师范大学出版社.

行动导向的意思是为了行动而学习和通过行动来学习,是德国职业教育的理论基础。有关这方面的论述和理论,在德国乃至世界许多国家的职业教育实践中获得了广泛影响,产生了重要作用。德国的职业教育要求职业教育的教学计划要按照企业生产任务的要求来组织教学,将职业行动贯穿于专业教学体系中。行动导向包括三个层面的含义:一是行动导向的教学模式,二是行动导向的课程体系,三是行动导向的教学方法。①

行动导向的课程是职业教育教学的逻辑主线,通过完成工作情景中的任务或项目学

---

① 柴福洪,陈年友.(2012).高等职业教育名词研究.北京:高等教育出版社.

习工作过程中的新知识或者来自学科知识的应用方法,使学科体系下的知识在工作过程中得到学习和应用。

还有一部分不能在工作过程中体现的来自学科体系的知识可能仍然需要学习者学习。职业教育教学中有一部分内容仍然需要来自学科体系,其原因是:

① 从职业教育的二元价值属性,适应未来社会经济发展需要,促进人的自我完善、自我发展而选择更广泛的知识领域和范围的必要;

② 从专业纵深发展的角度,帮助学习者在职业相关领域里进行职业迁移而进一步深化学习,提供专业领域系统知识的必要;

③ 从普职衔接的需要出发,考虑学习者可能未来从职业教育进入普通教育学习需要,提供基础知识的必要。

这类课程包括技术工具类课程、专业基础课程等。这部分知识导向的课程构成职业教育教学的逻辑辅线。这些课程的开设能够帮助学生更好地获得职业能力、更好地拓展社会能力和发展能力,提供个人职业内和突破职业领域进行个人人生设计的思考、规划以及发展的机会,使学生既获得了一技之长,同时也奠定了适应未来社会发展、进一步成就个人未来的必要基础。

由于职业教育讲究应用性和实用性,并且具有终身学习的特点,这就意味着职业教育是一种动态的阶段性教育,每个人在人生发展的不同阶段都可以选择职业学习,比如为了寻找下一个工作而学习新技术,为了职业升迁而学习新领域知识,或者为了兴趣爱好而学习某项技能等。因此,职业教育能够满足受教育者终身职业发展或个人发展的阶段性需要。在职业教育中,学科体系下的基础理论教育内容比例构成一般不超过30%。

2.1.2 基于工作体系的课程系统

工作体系下的课程系统包括课程体系、课程结构、课程标准、课程内容和课程考核、课程评价等。从分析职业入手,职业工作中含有大量的工作过程性知识,按照工作流程和复杂程度进行有序提炼,将职业工作知识转化成教育教学知识,依据教学规律和学生认知规律进行重组和归类,形成课程系统化分析路径,如图2-2所示。

通过对工作体系的分析,建立其与教学体系的对应关系;通过对工作分层、分类、分段、序列化等结构的分析,设计课程结构;通过对典型工作任务的提取及其细化分解,形成职业教育课程的具体内容;通过解构职业标准包括职业资格标准,建构职业教育的教学标准,形成以典型工作任务为载体的职业教育课程设计体系。具体设计路径描述如表2-1所示。

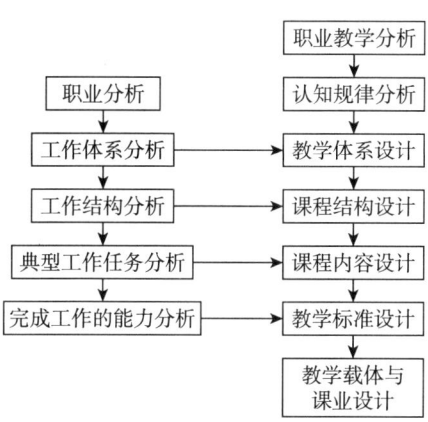

图 2-2　职业教育课程系统化分析路径

表 2-1　职业教育课程系统化分析路径

工作流程	任务要点	主要参加人员	工作方法	工作成果
职业分析	• 提取典型工作任务 • 分析典型工作任务 • 确定完成任务的能力要素 • 能力要素分层、分类	企业一线及管理人员、实践专家、教育专家	重点行业调研、企业部门岗位调研、劳务市场和人才市场调研、国家职业标准调研、国际标准调研	调研报告
工作体系分析	• 分解工作任务 • 罗列工作系统 • 明确工作逻辑关系 • 分析知识、能力、素质	行业专家、人力资源专家、教育专家	专家访谈、企业走访、文献分析、问卷调查、行业企业研讨会	收集相关记录、研讨会记录、分析记录
工作结构分析	• 确定工作范围 • 描述工作内容及难易程度 • 确定课程内容与逻辑关系	行业专家、人力资源专家、教育专家	问卷调查、行业企业研讨会	研究报告
典型工作任务分析	• 确定工作内容、技术、人机互动关系、价值 • 建构教学项目	实践专家、企业一线及管理人员、企业家、教育专家	职位问卷分析、工作日记、工作抽样、面谈、关键事件分析	调研报告、研究报告

（1）职业分析

职业分析，就是对职业教育专业所对应的岗位进行能力要求，进行科学的描述与解析，其本质是一种分析和确定某种职业所需能力的解析方法。[①]

---

① 柴福洪,陈年友.(2012).高等职业教育名词研究.北京:高等教育出版社.

（2）工作体系分析

对工作任务进行分解,对工作流程、工作环境以及工作之间的关系进行描述说明,分析工作体系所包含的知识、素质和能力。

（3）工作结构分析

对工作进行分层、分类,对工作的范围及流程序列进行分析,确定课程相互关系及结构逻辑。

（4）典型工作任务分析

典型工作任务是一项具有系统性、完整性的工作行动,是有明确节点和结果的关键性工作任务或工作项目。

2.2 职业教育课程的能力结构

2.2.1 能力分类结构

职业教育课程学习重在培养学生能力。国际上对能力分类结构已经形成基本共识,以德国的职业能力分类结构为主要代表,它清晰地界定了学习者从事某一项职业所必须具备的能力,统称为职业基本能力。基本能力分为专业能力、方法能力和社会能力。

专业能力是指从事职业活动所需要具备的技能和相关知识,是围绕该职业岗位胜任力的核心本领,通过训练技术技巧实现专业能力的训练和提升。

方法能力是指从事职业活动所需要具备的工作和学习方法,如工作思路、工作路径、工作步骤、解决方法等,通过思维模式训练提升在工作中解决问题的逻辑性和合理性。

社会能力是指从事职业活动所需要具备的个人素质、行为规范能力,是围绕在工作中处理人际关系、积极合作的能力,同时也包括公共社会中的人际交往能力、道德规范自我约束能力、环保等公共意识的遵守和约束能力。

此外,德国的能力分类结构在职业基本能力之外还设定了一个综合能力,称为职业综合能力(有些翻译成关键能力),是指具体的专业能力以外的能力。它是一种跨职业能力,并不针对每个具体职业,而是对职业发展变化的一种适应和变革的能力,它强调个人适应未来社会经济变化所带来的持续发展的挑战。职业综合能力主要是使学习者可持续发展,避免知识和能力结构的单一性和单独化,它在方法能力和社会能力方面进行了有效的拓展,在方法能力方面强化了综合性、整体性创新思维的训练,在社会能力方面强化了更广泛的责任、渴望成功的倾向、自信心与表达能力及影响力的重要性。

德国的职业能力分类结构在20世纪经历了大的调整,其理念一方面强调一技之长,另一方面也强调可持续发展。由于其职业综合能力是由职业基本能力中的社会能力和方法能力拓展而来,因此,在具体的教学和课程内容设计中面临边界模糊和内容重复的问题。

我国职业教育在借鉴德国能力分类结构理论的基础上进行了能力分级的理论与实践探索。在北京市开展的职业教育分级制度研究中,有三个理论观点影响着其能力分级结构框架的形成:其一,职业教育的二元性,即职业教育是获得一技之长和兼顾可持续发展的二元教育;其二,其能力分级标准必须源于职业、高于职业、用于职业,是对职业教育分级教学要求的规范描述;其三,它必须整合学校教育要求和职业岗位工作要求,顺应受教育者职业胜任和未来职业发展的要求。

因此,职业教育各个层次级别的胜任力特征是不同的,对应着不同职业岗位层次级别的具体职业活动,这些职业活动需要的能力是不同的,通过标准篇的分析已经可以看出,职业活动的难易程度不同,对知识、素质和能力的要求也不同,越是层次级别高的职业所需要具备的专业能力以外的能力越多、越高,而专业能力也随着职业岗位层次级别的升高而越来越需要综合、复杂的能力。这与德国的方法能力和社会能力是职业综合能力的分析相同。因此,职业教育分级通过不同层次级别职业岗位的胜任力特征分级,可以清晰地勾勒出职业教育各个级别完成职业活动的基本能力,这些能力可以提炼出素质要求和能力要求,统称为"专业能力"和"社会能力"。另外,对于学习者获得可持续发展的能力统称为"发展能力"。发展能力为个体职业生涯发展、迎接社会发展、进步与变革打造了学习能力、自我挖掘能力和应变能力。发展能力具有状态支撑的作用,所以应从职业人通用的基础素质模型中提炼,因为又具有职业发展动力的作用,所以应添加持续发展、进步的素质能力,如学习能力。支撑要素对当前就业和近期职业发展具有较大影响,在职业素质中占有较大比重;动力要素对当前职业生涯影响较小,但对保障职业生涯顺利、推动职业生涯发展起着不可替代的作用。

2.2.2 能力分类实例

市场营销专业分为三类能力培养,即社会能力、专业能力和发展能力。

以销售方向为例,社会能力包括健康安全、法律责任、职业道德、环境保护、沟通交流和团队合作,如表2-2所示。由于社会能力指标比较抽象,也比较隐性,无法通过知识传授获得,因此必须通过工作载体使其具体化、显性化,学习者只有通过具体的工作过程才得以体验和显现,由此分解能力要素。

表 2-2 社会能力要素

能力类型	能力指标	能力要素（评价标准）
社会能力	健康安全	01.讲述工作现场及人身安全规范 02.讲述产品安全 03.制订身心健康计划 04.调整身心状态
	法律责任	05.讲述基本法律法规教育 06.讲述《中华人民共和国消费者权益保障法》 07.讲述《中华人民共和国合同法》 08.讲述《中华人民共和国刑法》中商业贿赂相关条款 09.讲述《中华人民共和国反不正当竞争法》 10.讲述国际贸易有关法律法规 11.示范一定的社会责任感 12.完成本职工作 13.促进完成团队目标
	职业道德	14.遵守职业道德规范 15.讲解商业惯例、行业惯例及处理流程
	环境保护	16.讲述节约行为规范 17.实践节约行为 18.节约水、电及打印纸等办公用品 19.宣传节约理念，促进节约行动 20.提出节约方面的建议 21.遵守基本环保法规的要求 22.遵守产品环保的有关规定
	沟通交流	23.表达个人想法 24.协调肢体语言与表达本意 25.利用相关的数据、案例、信息支持沟通 26.分享个人经验、知识和案例 27.控制情绪压力 28.倾听并理解对方意图 29.设计冲突解决流程
	团队合作	30.宣扬团队目标 31.鼓励领导团队成员工作 32.提供团队工作、相互学习的机会 33.善于和团队成员沟通

专业能力是与职业岗位技能直接相关的能力,人们基于这种能力独立完成任务、解决工作中的问题和达到绩效结果。

专业能力要素如表2-3所示。

表2-3 专业能力要素

能力类型	能力指标	能力要素(评价标准)
专业能力	挖掘商机	01.讲述产品历史、趋势、技术及通用功能、特性等 02.讲述公司产品型号、架构 03.讲解产品安装、维修、保证等相关事宜 04.讲解产品如何满足客户需求、实现利益 05.演示产品满足客户需求的方法 06.讲述公司产品特性 07.讲解产品独特特征、特性产生的优势 08.演示产品独特优势 09.讲解产品给客户带来的利益 10.应用理想客户模型识别目标客户 11.准备客户信息 12.准备客户问题清单/成功故事/话术 13.自我准备:心态、状态 14.联系目标客户(邮件、电话、拜访) 15.使用问题清单/成功故事/潜在客户目标清单 16.总结客户兴趣点(口述和邮件) 17.询问客户职位/岗位任务 18.询问客户公司采购流程 19.判断客户的采购角色及地位 20.提问客户初始目标类问题 21.分享目标清单 22.探索其他关键人目标 23.建议联系其他关键人 24.讲述目标清单/成功故事 25.确认是否客户关注的目标 26.对照我方产品/方案辨别目标相关性 27.应答礼貌回复并向经理汇报 28.总结沟通内容及共识 29.发送沟通总结邮件 30.询问客户相关信息 31.要求会见关键人或进行调研 32.发送应答邮件

(续表)

能力类型	能力指标	能力要素（评价标准）
	确定需求	33.开放式提问,探寻客户需求/询问客户对关键问题的解决方法 34.讲述SPAR(情景、个人、行动、结果)应用场景 35.确认客户解决关键问题的理想场景和效果 36.初步诊断与需求确认总结 37.选择发展为支持者的目标 38.发展支持者 39.发展流程验证和推进 40.评估及优选验证方式 41.确定验证方式 42.回顾联系人/关键人目标 43.探索关键人目标 44.拓展关键人目标 45.确认关键人目标 46.梳理合作经营过程与共识 47.确认合作经营过程与共识 48.发送确认邮件
	形成方案	49.制订方案制作与评审的初步计划 50.评估方案制作与评审的初步计划 51.组建方案制作小组并分工 52.协调专家、顾问等团队资源 53.收集前期与客户确认的工作记录 54.制作方案简报 55.诊断影响实施成功的可能原因 56.创建实施愿景 57.草拟项目实施计划 58.沟通确认项目实施计划 59.与客户共同填写产品配置清单 60.拟定客户投资效益分析 61.分析有形效益、无形效益 62.绘制成本效益分析图表 63.制作盈亏平衡点分析表 64.建立项目阶段性"成功标准" 65.评审方案内容与实施计划 66.我方项目盈亏分析 67.提议汇报评审会议 68.确定双方参会人员及任务分配 69.确认评审会议程、参会人员、时间、地点等事项

(续表)

能力类型	能力指标	能力要素（评价标准）
		70.汇报解决方案
		71.与客户回顾及确认方案和内容
		72.发送评审总结邮件
		73.重新修订方案并再次召开评审会
		74.提议项目进程计划
		75.发送项目进程计划邮件
		76.与客户共同修订、确认项目进程计划
	商务谈判	77.准备相互确认过的资料
		78.填写谈判准备表
		79.填写谈判策略与过程控制表
		80.避免销售谈判中的常见错误
		81.提交合同文本供客户方预审
		82.与客户共同商讨合同条款
		83.确认合同可确认内容、标明分歧
		84.与客户约定谈判具体日程
		85.控制节奏按既定策略与计划进行
		86.调整并控制心态与情绪
		87.总结谈判内容及成果
		88.签订谈判合同/备忘录
	成交	89.完成签约/开票/收款/发货
		90.按计划和时间进行避免节外生枝
		91.书写销售总结
		92.归档提交相关总结备案
	售后服务	93.提交销售文档及召开内部沟通会
		94.提交实施计划及注意事项
		95.引荐实施团队进驻
		96.制订针对客户的实施跟踪计划
		97.电话、邮件或拜访客户以了解实施及服务情况
	销售策略	98.定期联络（电话、邮件、拜访）
		99.节假日联络表示关怀
	销售管理	100.总结客户实施过程实现的阶段性价值
		101.确认客户实施过程实现的阶段性价值
		102.讲述客户行业趋势、机遇
		103.讲述我们可以帮助客户把握机会的方法
		104.持续经营

发展能力包括基础知识与工具，跨专业知识技能，学习与创新，自我完善与发展，收集、分析组织信息能力，应用技术能力，解决问题能力和经营决策能力，如表2-4所示。

表2-4 发展能力要素

能力类型	能力指标	能力要素（评价标准）
发展能力	基础知识与工具	01.掌握计算机基础知识 02.熟悉网上查询工具 03.熟练掌握PPT技术及商业演讲方法 04.了解Excel基础应用功能 05.了解消费心理学、商品学知识 06.了解多媒体技术
	跨专业知识技能	07.了解企业管理、经济学基础知识 08.熟悉财务报表 09.掌握财会操作实务 10.了解电子贸易、金融基础知识及应用
	学习与创新	11.学会自我学习、独立思考 12.能从不同角度观察事物 13.辩证灵活地看待问题 14.掌握持续不断改进的方法 15.能够辨别问题并设计解决方法 16.了解、接受新事物
	自我完善与发展	17.发展自我兴趣 18.善于从书本和实践中学习 19.及时总结经验教训 20.不断反省、反思 21.促使他人进步和成长
	收集、分析组织信息能力	22.学会利用图书馆 23.应用计算机和互联网信息搜集、处理功能 24.学习拓展收集信息渠道 25.了解信息组织的逻辑化或结构化方法
	应用技术能力	26.掌握数据挖掘软件操作 27.了解网页制作方法 28.掌握网络营销方法 29.学习调研数据分析方法 30.了解金融数据分析方法 31.学习多媒体工具使用方法 32.掌握商务谈判技术 33.了解国际贸易实务 34.运用至少一门外语进行听说

(续表)

能力类型	能力指标	能力要素(评价标准)
	解决问题能力	35.能够界定问题 36.善于组织和利用资源 37.学习判断问题 38.了解分析问题和解决问题的流程
	经营决策能力	39.学习创业 40.了解市场环境 41.学习组织和带领团队 42.学习制定战略的方法 43.能够规划盈利方法

很多专业的高职教育有强烈的意识要摆脱学科体系的束缚,但又陷入"泛职业化"的误区,这种泛职业化主要表现在两个方面:一是过度强调"就业导向",只强调"高技能",忽视"高素质",教学内容、方式、过程与企业岗位培训或职业资格培训"同质化"。二是职业分析静态化、孤立化,忽视了职业是社会经济中的动态组成与发展部分,单纯地看待专业与岗位的一一对应关系,学习领域单一地指向岗位所需要的能力,忽略了社会能力、发展能力的培养。职业教育在设计课程结构和课程内容时,必须将能力体系进行整体考虑,将社会能力、专业能力和发展能力通过基于工作任务的课程设计,在完成工作任务的过程中,形成社会能力、专业能力和发展能力有机融合、不可分割的整体课程系统。

如何实现培养学生的社会能力和发展能力这一教学目标,是职业教育教学设计中的关键问题。社会能力和发展能力是人的综合能力,需要通过设计工作任务,在工作过程中培养和训练,特别是在职业教育高级阶段的学习中,如能手阶段和行家阶段,需要学习系统性知识,这个系统性知识不是学科体系下的知识系统,而是具理论与实践相结合的综合工作系统。工作系统知识需要学生从工作完整性和全面性出发来考虑问题:

① 工作完整性:工作中的人、财、物等资源准备与调配;工作过程中的质量达标以及成本、环保达标;制订工作计划;实施工作计划;工作结果或成果分析和评价反馈;对用户、企业、社会三方价值的评价和反思;持续不断改进的方案。

② 工作全面性:工作的构成及其相关要素的考虑,涉及跨领域、跨学科的知识与任务的应用,在技术、经济、生态、法律等多种内容综合在一个职业行动中的思考能力和行动能力。[①]

因此,在能手阶段设计综合课程,实现系统性思考和行动能力,使学生达到提升专业

---

① 赵志群.(2010).职业教育工学结合一体化课程开发指南.北京:清华大学出版社.

能力、社会能力和发展能力的目的。

2.2.3 能力分级结构

职业教育中专业的层级与职业岗位的层级具有对应关系。通常,中专、大专、本科、专业硕士直至专业博士的课程设置与职业岗位的职位、职责、要求和层级设置具有正相关关系。职业教育课程的开发在各个专业层级具有内在的逻辑内涵,不论是每个层级之间的能力分级,还是一个层级中的能力阶段划分,都遵循职业岗位和工作性质的螺旋式上升规律。

职业岗位具有层级,比如市场营销的职业岗位层级可以通过市场营销专业所对应的职业仓说明(见标准篇的第2单元内容)。

市场营销职业仓如表2-5所示。

表2-5 市场营销职业仓

职业级别层次			1	2	3	4	5	5+
市场营销职业大类	市场公共媒介类	市场调研类				调查分析师、调查项目督导	产品经理、营销服务经理、市场研究经理	市场总监、产品研究高级经理、数据库营销经理、专家
		企划类				促销经理、产品/品牌经理、市场拓展经理		
		广告类				文案策划、广告客户经理		
		……	……	……	……	……	……	……
	销售类	销售业务类	营业员、收银员(门店销售)	电话销售	销售代表	项目销售经理、大客户销售	销售主管、销售经理	销售总监、营销副总裁
		销售管理类			客户主管、售前/售后管理	渠道分销经理、业务拓展经理		
		销售支持类	商务专员、销售行政专员	商务助理、销售行政助理	销售行政主管	销售行政经理、销售培训讲师		
		……	……	……	……	……	……	……

（续表）

职业级别层次		1	2	3	4	5	5+
客户服务类	呼叫中心	一线座席	二线座席、客户服务岗位群专员、客服代表	现场主管、呼叫督导			
	技术支持类			售前/售后技术支持			
	客户关系管理类	客户关系维护与回访专员	客服专员	客服主管、售前/售后管理			
	……	……	……	……	……	……	……

以市场营销职业销售类岗位为例，通过对职业仓中的各个岗位要求进行分析，汇总各级能力要求，形成销售类岗位能力分级结构，如表2-6所示。

表2-6　销售类岗位能力分级结构

分级	能力要素	适用岗位	主要任务
高级	A04、A05、D05、E03、E04、G04、G05、G06、H01、H02、H03、H04、H05	销售总监、营销副总裁	销售数据分析与决策、销售流程设计、销售模式创新、变革管理
	A04、B04、B05、B06、C03、C04、D03、D04、D05、E03、F02、F03、F04、F05、G04、G05、G06、H01、H02、H03、H04	销售主管、销售经理	客户经营与管理、区域销售规划、行业销售规划、销售预测与业绩管理、销售团队管理
中级	A03、A04、B04、B05、B06、C03、C04、D03、D04、E03、F02、F03、F04、F05、G01、G02、G03、G04、G05、H01	项目销售经理、大客户销售	顾问式销售、解决方案销售、大客户维护与发展、销售策略
	A03、B04、B05、B06、C03、C04、D03、D04、E01、E02、F02、F03、F04、F05、G01、G02、G03、G04、H01	项目销售代表	项目管理、项目谈判、简单项目分析与评估
初级	A01、A02、B01、B02、B03、C01、C02、D01、D02、E01、E02、F01、F02、G01、G04、H01	产品直销、销售助理、电话销售	挖掘商机、简单问询、电话销售
	A01、B01、B02、B03、C01、C02、D01、D02、E01、F01、G01、H01	门店销售、营业员、收银员	客户沟通、客户接待、应答话术

销售方向社会能力分级分布如表 2-7 所示。下述相关内容的阐述,可见标准篇的第 4 单元。

表 2-7 社会能力分级分布

销售能力分级	1	2	3	4	5	5+
社会能力汇总	16	18	23	25	26	30
法律责任	4	4	6	7	9	9
职业道德	1	2	2	2	2	2
环境保护	6	6	7	7	4	5
健康安全	4	4	4	4	4	4
团队合作	0	0	2	1	2	4
沟通交流	1	2	2	4	5	6

从表 2-7 中可以看出,销售 1 级社会能力要素共 16 个,越高级别承担的社会责任越多,能力要素数量越多,其他各级依此类推,呈现出级别越高、能力要素数量越多的总体趋势。

销售方向专业能力分级分布如表 2-8 所示。

表 2-8 专业能力分级分布

销售能力分级	1	2	3	4	5	5+
专业能力 (专业及与专业相关能力) 汇总	27	69	82	231	185	204
挖掘商机	23	32	30	23	14	15
需求确认	0	16	8	16	16	16
方案形成	0	0	11	27	23	22
商务谈判	0	0	12	12	11	12
成交	0	4	0	4	0	0
商品争议处理	0	0	1	2	2	5
客户需求规划	0	0	5	37	7	11
客户关系处理	0	0	0	9	9	15
销售策略	0	0	0	62	63	69
经营思维	2	3	4	22	27	25
经营管理	2	7	6	12	10	10
个人特质	0	7	5	5	3	4

从表 2-8 中可以看出,销售 1 级专业能力要素共 27 个,越高级别需要的专业能力分布越广,能力要素数量越多,其他各级依此类推,呈现出级别越高,能力要素广度、深度越高的总体趋势。

销售方向发展能力分级分布如表 2-9 所示。

表 2-9 发展能力分级分布

销售能力分级	1	2	3	4	5	5+
发展能力汇总	12	14	20	27	36	43
基础知识与工具	2	2	3	4	4	6
跨专业知识技能	1	1	1	2	3	4
学习与创新	3	3	4	5	5	6
自我完善与发展	3	3	4	4	5	5
收集分析组织信息能力	1	2	3	3	4	4
应用技术能力	1	2	3	5	7	9
解决问题能力			1	2	4	4
经营决策能力	1	1	1	2	4	5

从表 2-9 中可以看出,销售 1 级发展能力要素共 12 个,随着专业进入高级别,其发展空间加大,职业高阶条件和个人思维结构、知识结构逐渐成熟,发展能力要素数量增多,其他各级依此类推,呈现出级别越高、能力要素数量越多的总体趋势。即使都选择了同一个能力要素,其达到的程度、具体的要求难度以及内容的深度可能是不一样的,往往专业等级越高,难度、深度和复杂程度越高。

2.2.4 能力阶段结构

德国职业教育学家费利克斯·劳耐尔(Felix Rauner)的职业能力发展阶段理论也成为职业教育课程能力分级的基础原理。该理论适用于专业课程设计中的课程层次规律,并规范了专业学制及课程设置的递进逻辑。劳耐尔通过对专业领域新手到专家的职业能力差别的比较,分析得出了从新手到专家所需要经历的过程和条件,其中能力发展过程中每个阶段的能力特征、行动领域及向上一级发展所需要的学习条件各不相同,得出从新手到专家需要经历四个能力发展阶段[①]:

(1)初学者学习阶段(从新手到初学者)

学习的知识是概念性的知识,知识学习围绕"知道是什么"而展开,能力训练主要学习对职业认知与特定任务的理解和行动意识。

---

① 姜大源.(2010).当代德国职业教育主流教学思想研究.北京:清华大学出版社.

（2）提高者学习阶段（从初学者到内行）

学习的知识是功能性的知识，知识学习围绕"知道怎么做"而展开，能力训练主要学习对特定任务进行反思，并具备完成非特定任务的独立意识和能力。

（3）能手学习阶段（从内行到熟练专业人员）

学习的知识是系统性的知识，知识学习围绕"知道为什么"而展开，能力训练包括主动构建完成任务的方法以保证质量，具备承担工作责任、解决工作问题的能力。

（4）行家学习阶段（从熟练专业人员到专家）

学习的知识是设计性的知识，知识学习围绕"知道还能怎样"而展开，能力训练主要学习面对不可预见的任务及创造性地开展工作的能力。

通过第一阶段训练达到初学者应有的能力水平，进入提高者学习阶段，围绕能力渐进提升"怎么做"和"为什么"的课程，通过课程学习达到能手和行家水平，实现教学目标与职业目标的统一，如图2-3所示。这样的逻辑顺序与学科知识结构的课程逻辑顺序有本质的不同。课程打破了"先基础后实践，先理论后应用"的知识学习顺序，新生入学即进入职业学习阶段，知识与实践并行，行动导向体现在学习的全过程，课程顺序强调工作过程及能力提升，而不是知识结构顺序及掌握知识系列。通过课程学习工作过程中的知识、方法、技术，提升素质能力，完成从简单知识和任务到复杂知识和任务的学习过程，而这其中的知识也不是通常意义上所说的含义，而是通过工作过程提炼出来的，经过教育学加工的，以能力提升为目标的具有工作过程系统性、连续性的知识，与原有的知识结构相比，具有跨学科、跨知识体系的特点，由此在职业学习过程中完成了从职业认同、职业承诺到职业成长、职业发展的职业准备路径。

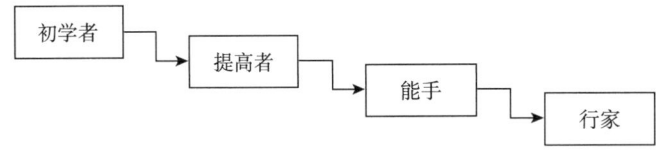

图2-3 人的职业能力发展四阶段

资料来源：〔德〕费利克斯·劳耐尔，赵志群，吉利.（2010）.职业能力与职业能力测评：KOMET理论基础与方案.北京：清华大学出版社，31。

职业教育课程不同于学科课程，由于职业能力是人的从事职业活动的理解力、驾驭力和熟练及控制水平，人的职业成长规律往往是使能力从低到高的形成规律。因此，职业教育课程的逻辑顺序也必须按照人的这种职业成长规律进行构建。职业教育课程的结构按照能力从低到高进行排列，依据能力发展的职业教育课程结构的逻辑就是按照能力发展的阶段理论进行建构。

第一阶段能力为认知能力，建立学生与职业的联系，完成认识职业、认识岗位、认识公司文化、认识产品、认识工作关系及流程，并且通过认识自我建立学生与职业的互动，激发职业认同感和承诺意识，初学者需要完成认知阶段的知识和学习任务，习得基本的素质能力。

第二阶段能力为应用能力，围绕确定条件下的、一般意义上的工作任务开展教学活动，通过将工作过程性知识应用于完成特定任务的行动导向的教学实践，形成应用体验和工作经验，成为具有一般应用能力的提高者。

第三阶段能力为迁移能力，学生不仅应该学会应用，还应该学会运用知识解决不同情景甚至不同工作性质下的问题的方法，将第二阶段的应用经验逐渐形成能够应用于更广泛职业岗位的方法，进入能手的行列。

第四阶段能力为发展能力，教学内容不再局限于某个工作情景、某个具体问题，通过开放性问题的思考和解决方案的设计，训练其工作眼光和职业境界，建立个人发展、职业发展、组织发展甚至社会发展的基本价值观，达到行家的境界。

因此，职业教育课程的结构是将职业能力发展四阶段与职业教育的教学过程四阶段建立有机联系，实现课程内容的序化结构，体现系统的一致性。职业教育在各个级别层次，即不论是三级的中等职业教育还是四级、五级乃至更高级别的高等职业教育，都可以按照四阶段教学原理进行设计，如表2-10所示。

表2-10 能力发展阶段的课程设计

职业教育分级	学习难易程度	工作任务		专业知识		能力要求	实现目标
		内容	特点	知识	特征		
1—5+级	第一阶段 低难度	定向工作任务	指导下执行	定向及概念性知识	企业是什么？职业是什么？任务是什么？岗位是什么？自我是谁？	职业认同、职业承诺	初学者
	第二阶段 中低难度	工作系统性任务	运用规律处理	关联性知识	为什么？什么原因导致？	熟悉工作情景，独立完成工作任务	提高者
	第三阶段 中高难度	带有问题的特殊性任务	具体的攻关任务	功能性知识	准确分析职业性/专业性特征，知道如何做	理论与实践有机结合，综合分析、解决问题	能手
	第四阶段 高难度	不确定性/不可预见性任务	开放/创新/跨领域任务	思维结构化知识	思维性/功能性及关联性知识的创新融合	寻找规律，按照逻辑形成系统	行家

2.3 职业教育课程的内容结构

2.3.1 内容序列结构

职业教育课程的内容结构分为知识序列结构和任务序列结构。

（1）知识序列结构

人的学习规律总是由确定性知识到不确定性知识的认知过程，职业教育课程虽然以工作过程中的知识为主要内容，但是仍然遵循人的这一基本学习规律。在职业教育课程设计中，围绕职业、岗位、工作存在大量的知识需要学生认知，因此学生认识阶段首先学习"是什么"类型的知识；应用阶段学习"怎么做"类型的知识，完成体验，形成经验；迁移阶段学习"为什么"类型的知识，总结归纳形成方法；发展阶段从更高角度思考"还能怎样"，形成"是什么"—"怎么做"—"为什么"—"还能怎样"的知识结构体系。围绕该结构设计"概念性知识""功能性知识""系统性知识""设计性知识"序列知识。

（2）任务序列结构

学生从职业学习初始阶段就应明确职业目标，将职业学习贯穿于学习全过程就必须设计一整套紧贴职业岗位的以工作任务为载体的课程内容体系。对于初学者来说，可以从基础和简单的开始，获得职业有关概念和意识，通过设定认知类型的任务使学生获得"职业认同"；在提高者学习阶段，可以通过变换情景和增加任务条件，从其他角度对这些认同的职业事物进行反思，强化职业意识，提升职业应用能力；在能手学习阶段，不仅能够掌握任务的技术层面，更重要的是方法层面，拓展职业范围、提升职业责任；进入行家学习阶段，学习自我目标设定，自我设计任务，自我实现。按照职业工作任务性质，由简单到复杂、一般到特殊形成"职业认同"—"反思职业认同"—"职业责任"—"能力提升、自我职业发展规划"的任务结构体系。围绕该结构设计"特定任务""非特定任务""系统性任务""不确定性任务"序列任务。

2.3.2 三维课程结构

每门职业教育课程从知识、能力、素质三个维度进行设计，每个维度都依照内在逻辑循序渐进地阶段性提升。

（1）知识维度

即知识是如何建构的。学科体系下的知识建构主要按照知识的内在逻辑，遵循从低到高、从基础到应用、从宏观到微观、从抽象到具体等顺序,其课程内容和课程顺序按照知识、领会、应用、分析、综合、评价的规律进行。职业教育课程的知识建构也遵循教育学的理论,同时按照工作过程中学习知识的阶段性逻辑,分为"是什么""怎么做""为什么""还能怎样"等学习阶段。

(2)能力维度

即任务是如何建构的。职业教育更突出职业能力的培养,以任务为载体,在完成任务过程中学习工作过程、工作方法、技术、工具以及工作情景的相关互动模式。

按照职业工作任务性质,由简单到复杂、一般到特殊形成"职业认同"—"反思职业认同"—"职业责任"—"能力提升、自我职业发展规划"的任务结构体系。围绕该结构设计"特定任务""非特定任务""系统性任务""不确定性任务"序列任务。

(3)素质维度

基于职业能力发展四阶段划分(初学者—提高者—能手—行家)从低难度到高难度进行素质范围和边界的界定;素质培养依据认知—行动—方法—情感的提升顺序进行。

从知识维度、能力维度、素质维度这三个维度来设计课程,界定了课程的内容结构,即职业教育的课程内容设计应该促使学生通过学习该课程获得知识、能力、素质三方面的提升;另外,知识维度、能力维度、素质维度这三个维度都分为四个阶段,如知识维度可分为概括性知识(是什么)、功能性知识(怎么做)、系统性知识(为什么)以及设计性知识(还能怎样)四个阶段。此外,上述三个维度界定了课程的衔接结构,使课程符合从简单到复杂的教学逻辑。职业教育内容结构的三维模型具体如图2-4所示。

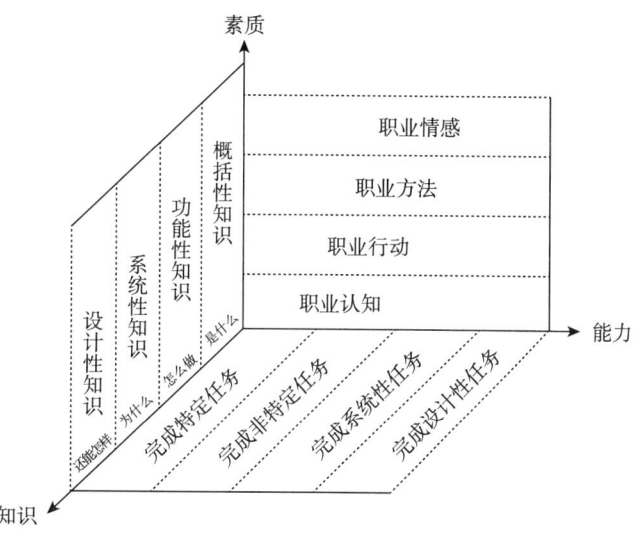

图2-4 职业教育课程内容结构的三维模型

2.4 职业教育课程的形态

2.4.1 职业教育课程的知识形态

人类知识的形态可分为:不可表述的缄默知识→可明确表达的缄默知识→可明确表达的知识→编码知识→形式化的知识。波兰尼认为,缄默知识可以转化为显性知识。

以销售中客户现场拜访为例:

首先,跟随一个拜访经验丰富的销售人员,观察、揣摩拜访客户的一些缄默知识。

其次,将所看到和体会到的这些知识整理成显性的形式,并和同伴分享,如图2-5所示。

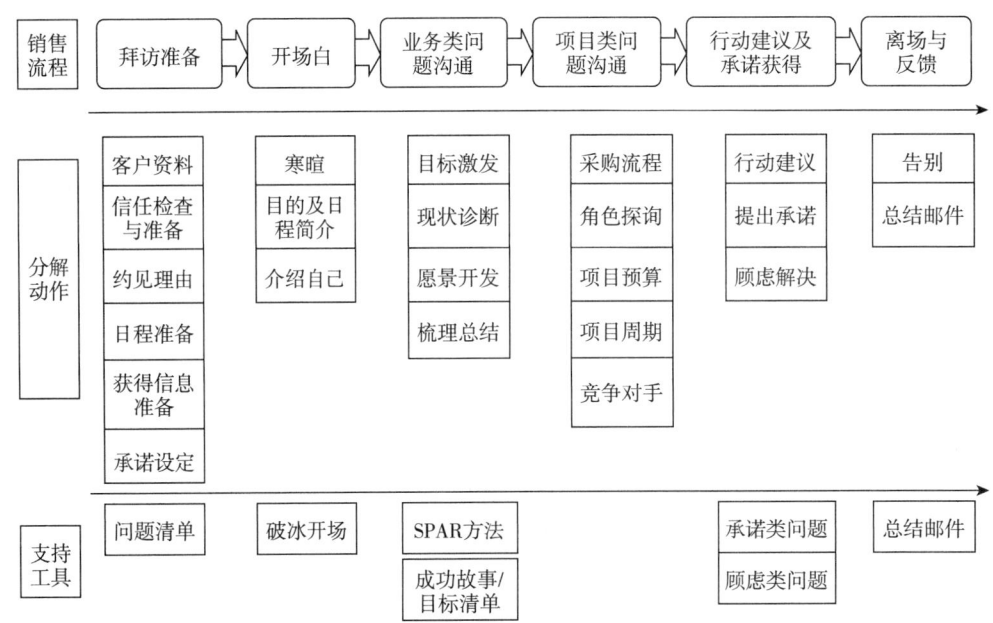

图2-5 "客户拜访"缄默知识显性化过程

再次,组织将这些显性知识标准化,写进操作手册,以供员工培训之用。

最后,和同事们在销售拜访工作中不断丰富经验,最终对拜访成功率达到一种直觉的理会,再也不用像新手一样,按分解动作一步步地操作,准备详细的问题清单。

2.4.1.1 缄默知识与显性知识相互转化的类型

世界著名的"知识管理之父",日本早稻田大学的野中郁次郎教授认为,缄默知识与显性知识之间是可以互动转化的,是一个永无休止的循环过程①,并提出了知识转化的四种模式,简称为"SECI"模型,如图 2-6 所示。

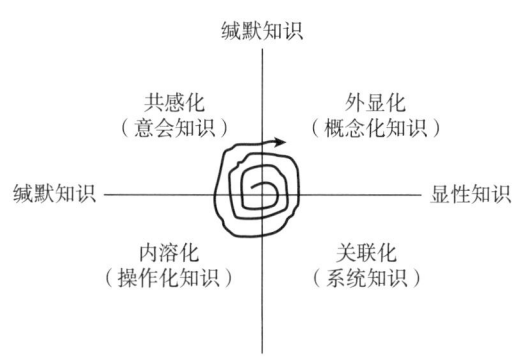

图 2-6　知识转换的 SECI 模型

一是缄默知识转化为缄默知识,称为知识共感化(socialization)。主要是个体在互动交流过程中凭借观察、模仿、体验等方式来亲身实践,以实现缄默知识共享的过程。最常见的就是"师徒制"模式,这种模式就是将师傅的缄默知识转化为徒弟的缄默知识的过程。在这种模式中,知识是不能被清晰地表达的,且其过程也是潜移默化的。

二是缄默知识转化为显性知识,称为知识外显化(externalization)。通过反思、对话,依托一定的技术平台,在一定程度上将缄默知识以比喻、类比、假设和图像等手段转化为显性知识,并将之传授给他人。外显化是知识创造的关键,因为知识的发展过程正是缄默知识不断向显性知识转化和新的显性知识不断生成的过程。

三是显性知识转化为显性知识,称为知识关联化(combination)。显性知识系统化的过程,是知识增加的过程,主要通过培训、学习等方式实现。个体通过学习书本知识,实现知识的联合、补充,从而实现个体知识的增加,这是知识传递最传统的方式。

四是显性知识转化为缄默知识,称为知识内溶化(internalization)。是将外在的理论知识消化吸收、将理论知识结合自身实践获得新的体验和认识、将他人的经验变成对自己有启示意义的见解的过程,主要通过个人工作来完成;这种传递方式主要发生在显性知识分享和内化的过程中,主体不自觉地将其拓宽、延伸和重构为新的缄默知识。比如,在迎宾话术学习中,当学习者完全掌握迎宾话术,通过工作体验,渐渐忘记一些具体的"话术",显性知识已经隐蔽在娴熟的迎宾实践活动中。

2.4.1.2　职业教育活动中,缄默知识与显性知识转化模式

在职业教育活动中,缄默知识与显性知识的转化可分为两个阶段:教学设计阶段和

---

① Nonaka, I. (1995). *The Knowledge-Creating Company*: *How Japanese Companies Create the Dynamics of Innovation*. Oxford: Oxford University Press.

教学实施阶段,具体模式如图2-7所示。

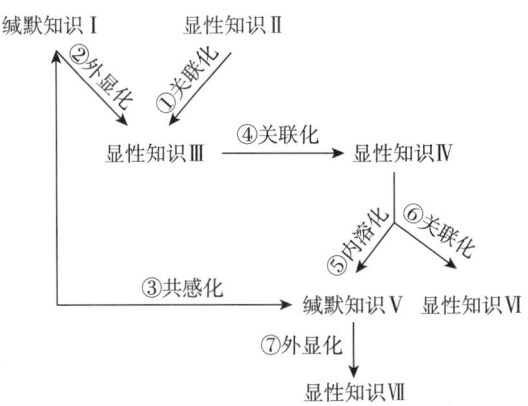

图2-7 职业教育活动中缄默知识与显性知识的转化

以市场营销专业为例:

① 教师将书本显性知识Ⅱ转化为符合教学目标和学生认知水平的显性知识。

② 教师将个人拥有的关于市场营销实践活动的经验感悟等缄默知识Ⅰ部分地通过隐喻、类比或模型等方式进行外显化,与步骤①共同形成显性知识Ⅲ。

③ 教师对未能被外显化的市场营销实践的缄默知识Ⅰ,通过教师示范、学生个人顿悟等方式,转化为学生的个人缄默知识Ⅴ。

④ 显性知识Ⅲ通过课堂或其他面授的方式转化为学生的显性知识Ⅳ。

⑤ 显性知识Ⅳ的技能部分学生经反复练习,掌握相应的技巧,并熟练运用于实践中,延伸为新的缄默知识Ⅴ。

⑥ 显性知识Ⅳ中的概念及理论部分被学生直接学习,成为显性知识Ⅵ。

⑦ 学生所获得的缄默知识Ⅴ,经学生的提炼、总结、编码,形成个人新的显性知识Ⅶ。

其中,步骤①、②属于教学设计阶段;步骤③—⑦属于教学实施阶段。知识的相互转化是一个非常复杂的过程,在这个过程中,教师和学生个人的缄默知识,如思维方式和知觉力发挥着重要作用,知识的转化结果与转化之前的知识无论是质和量都不是简单的一一对应关系。

2.4.1.3 缄默知识论视野下教学设计思路

(1)缄默知识论下的分级制教育目标的设计

在以往的教育理论和实践中,"知识""教材知识""科学知识"等概念就是指"客观知识"。在客观性知识观的支配下,个体从生活中所获得的大量缄默知识也被理所当然地"剥夺"了知识的合法地位。单纯书本知识的教学助长了知识脱离行动、远离行动的倾向,从而使得我们的教育目标越来越脱离现实需要。所以,我们必须重新考虑教育目标。

职业教育更重要的是要掌握缄默知识。

正是基于对市场营销职业活动的理解、缄默知识在市场营销实践中的重要地位的考虑,市场营销专业以"动作/方法(行为标准)"的数量和难度来描述不同职业教育级别的差异,比如市场营销专业职业教育1级有55个动作/方法(行为标准)、2级有101个动作/方法(行为标准)、3级有125个动作/方法(行为标准)、4级有283个动作/方法(行为标准),5级有247个动作/方法(行为标准)。

当然,单靠这些动作培养不出来合格的市场营销人员,正如一位成功的推销员不能教会新手如何做成一笔生意,这种知识只能通过观察和实践来传播。或者,拥有共同经历的人员频繁交流,往往导致发展出一种专门的语言表达方式,通过这种表达而传递的技术对于外人来说,往往难以理解,因而可以被看作难言知识。事实上,由于语言本身是一种技能,这使任何技术知识的表达都带上了缄默的成分。

通过这些动作设计将市场营销职业活动中难言的缄默知识显性化,然后,被显性化的知识通过实践操作重新内溶化为学生个人的缄默知识。内溶化是一个"悟"的过程,借用佛教的概念,悟有两种:一是顿悟,二是渐悟。从心理学的角度来看,顿悟是一种无意识的思维跳跃,不再遵循正常的逻辑推理,顿悟过程是一个"黑箱","顿悟观"是很难用来指导教育实践的。而渐悟是一种逐渐的、依顺序渐次悟出"真理"的过程,这些动作的设计为渐悟奠定了基础,通过市场营销动作实践训练,试图让学生渐悟出市场营销技能的真谛。

(2)把握缄默知识结构,改变传统的实践教学方式

匈牙利著名哲学家、经济学家波兰尼提出了独特的缄默知识(隐性知识)理论,他指出,缄默知识包含辅助意识(subsidiary awareness)和焦点意识(focal awareness):焦点意识是认知者对认识对象或要解决问题的意识,可以近似地理解为"目标意识";辅助意识是认知者对所使用的工具(包括物质的与智力的)以及其他认知的意识(如对结果的期待、个人的信念),大致可以理解为"工具意识"。[①]

对这两种意识的理解是把握缄默知识结构的基本出发点,在波兰尼看来,两种意识既关联又排斥,犹如格式塔心理学中的"部分"和"整体"的关系,如果观察者将注意力固着在"部分"上,则就很难发现"整体"的意义。据此,有学者认为,根据缄默知识的结构,由于人们往往可以在不关注或不彻底认识部分或细节的情况下而认识整体,因此在教学过程中,尤其是在技能培养实践教学上,教师没有必要完全按照传统意义上按部就班的方式先进行一个个的单项技能训练,然后再进行上岗操作。对于许多技能来说,教师完

---

① Polanyi, M. (2009). *The Tacit Dimension*. Chicago: University of Chicago press.

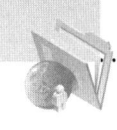

全可以一步到位让学生进行整体技能的操作,让他们在反复的实践中发挥缄默认识能力,从而掌握相关的缄默知识,提高技术水平。对一些技能进行连贯性的学习有利于帮助学生以统整的意识来把握技术知识中的缄默成分,逐渐内化成个人的技术经验。

2.4.2 职业教育课程的载体形态

能力导向的课程强调工作过程,同时也强调工作结果。因此职业教育课程的工作载体非常重要。"以任务为中心组织的职业教育课程,在具体实施时必须有一个把经过抽象的工作任务进行回归的过程。实现任务回归的方法就是加入实施任务的载体,这个载体就是项目。"[①]将学科体系下知识独立性和完备性的课程按照工作任务重新组合,将原来按照学科体系顺序组织的课程按照工作流程顺序设计,就使得原来多门课程的知识内容被打散,形成多项任务组合的多学习单元,分多个阶段学习。每个阶段单元按照工作任务要求组织知识、技能、素质标准,明确教学方式、教学内容、教学考核方法以及教学所需要的资源,将工作任务转化为教学项目。

采用循环递进项目教学模式,将工作任务从简单到复杂按照四阶段(初学者—提高者—能手—行家)展开,以综合项目为载体,每个阶段可以设置一个大综合项目,也可以是几个小综合项目,项目设置的多少所依据的原则是:

① 具有独立的教学主题;

② 具有相对完整的工作过程;

③ 能够形成标志性成果;

④ 具有完整的、阶段性能力要求。

在每个项目中可能包含一个教学任务,也可能包括若干个教学任务;每个项目设计的教学任务可能针对一个典型工作任务,也可能针对几个典型工作任务,还可能涵盖所有典型工作任务。在学习第一、二阶段,即初学者和提高者阶段,主要设计相对简单的项目,如图2-8所示。假如第一阶段设计综合项目1,包括任务1和任务2,初学者通过完成任务1和任务2,实现能力训练目标;在第二阶段的综合项目2中,包括4个任务,任务1和任务2重复第一阶段两个任务的工作过程,然后继续完成难度更高的任务3和任务4。任务1和任务2虽然在第一阶段和第二阶段是重复的,但是由于项目不同,具体内容和教学要求都是不同的。而进入后两个阶段,工作难度逐渐加大,局面更加复杂,需要的综合能力越来越高,项目3和项目4可能涉及跨知识、跨领域的复杂工作情景和全套工作过程,每一个阶段都重复多种任务工作过程。这种模式尽管工作过程是重复的,但由于

---

① 徐国庆.(2010).职业教育课程论.上海:华东师范大学出版社.

项目不同,具体内容和教学要求都是不同的。通过综合项目这个载体,设计不同任务、情景组合训练内容,形成循环递进的项目教学模式。

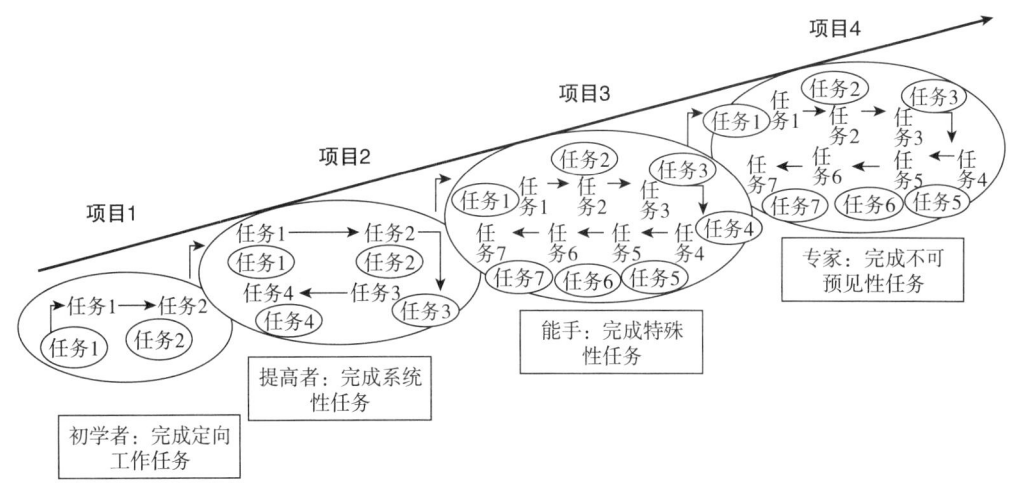

图 2-8 循环递进项目教学模式

需要注意的是,职业教育课程体系的设计不能仅围绕典型工作任务展开,完成工作任务不是最终目标。工作任务是教学载体,通过完成工作任务达到能力提升才是目的。这里的能力不仅指机械地完成某项任务的能力,更重要的是跨任务甚至跨职业领域的综合素质能力。因此,特别是在第三阶段和第四阶段,在大综合项目中,多领域、多条件、多项目的开放性设计是必然选择。

以市场营销专业销售方向为例,教学项目按照销售工作任务进行分级教学设计,销售 3—6 级教学项目设计如图 2-9 所示。

2.4.3 职业教育课程的衔接形态

2.4.3.1 职业教育课程分级衔接逻辑

联合国教科文组织的《21 世纪技术与职业教育:联合国教科文组织建议书》中,第 7 项建议如下:

技术职业教育应建立在有利学生在教育系统中和在学校与工作世界之间水平及垂直衔接的广泛基础上,而能有助于消除所有形式的歧视,并应设计成:①是每个人基本普通基础教育中不可或缺的部分,体现在开展由技术、工作世界、人的价值和负责任公民标准等要素组成的综合项目,并通过项目进行学习;②可被自由和积极地选择作为培养才能、兴趣和技能,以便在各种部门的一种职业就业或作为继续教育的手段;③因学生有稳固的普通教育基础、在所有专精学习阶段中含有普通教育,而能在所有教育阶段转接其他教育管道和领域(含高等院校);④允许学生在职业教育中转换领域;⑤可提供所有人

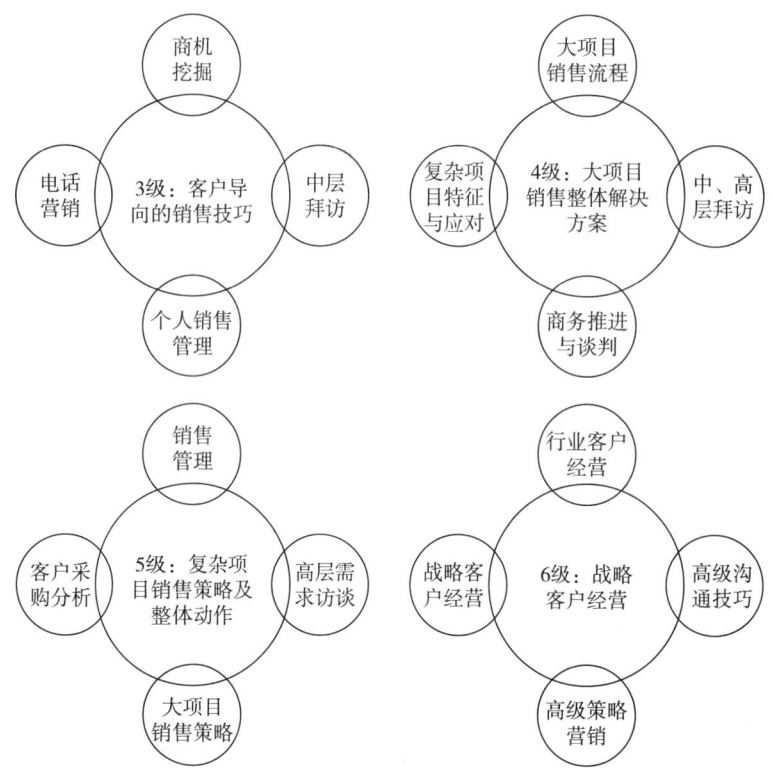

图 2-9 教学项目设计

在正规教育系统内外进行灵活转换学习的渠道,以利于各国接受普通基本教育的青少年在普通教育、职业生涯和工作之间流动选择;⑥可在上述条款下及男女平权的基础上,消除学习和工作环境中显性及隐性的性别偏见、歧视而适合妇女参与,并寻求激励妇女修习技术职业教育兴趣的策略;⑦可提供给有障碍人士、社经不利群体(如移民、难民、含原住民的弱势族裔)、冲突局势后复员士兵以及贫困和边缘化青少年适应性教育以协助其更容易融入社会。① 也就是,广义的技术职业教育含技术职业试探教育、准备教育和继续教育,狭义的技术职业教育专指技术职业准备教育,未做特别声明时技术职业教育通常指职前的技术职业准备教育;学生在技术职业教育与普通教育、训练、职场之间该有转衔的自由度。要让学生有此自由度,课程衔接非常重要。

普通教育着重协助学生为生活而学,职业教育着重协助学生为营生而学。职业教育课程是在职业校院主持或指导下,学生所有学习活动或经验的总和。② 课程衔接的目的是提供每一位学生必要的教育连贯以促进其充分发展潜能,而不致在教学上发生不必要

---

① UNESCO. (2003). Technical and vocational education and training for the twenty-first century: UNESCO recommendations.

② Finch, C. R., & Crunkilton, J. R. (1998). *Curriculum Development in Vocational and Technical Education: Planning, Content, and Implementation* (5th ed.). Upper Saddle River, NJ: Pearson Education.

重复、不当跳脱和/或前后倒置,进而影响其教育和职业目标的达成。职业教育课程衔接是课程提供者就职种(或职类)所欲涵盖的教学内容细节达成协议的程序。

职业教育课程衔接的类型应从多元观点看待,以下是一些常见依据与类型。

(1) 课程依机构划分

① 机构间衔接,例如职业教育院校—大学、校内—校外的课程衔接;

② 机构内衔接,例如通识—专业、大一微积分—大二工程数学的课程衔接。

(2) 课程依方向划分

① 水平(横向)衔接,例如大一微积分或与大一微积分相关专业的课程衔接;

② 垂直(纵向)衔接,例如职业院校机械系—大学机械工程系的课程衔接。

(3) 课程依对象划分

① 专业衔接,例如上述依机构划分的专业课程衔接;

② 院系/部门/班制衔接,例如职业院校电子系—大学电子工程系的课程衔接;

③ 个人衔接,例如某学生的职业技术学校—大学课程衔接。

课程衔接是指学生的学习目标和内容在年级之间、科目之间合乎逻辑的进展。衔接良好的课程才能确保学生学习的连贯性,可获得无缝学习的效益,能避免课程转衔中产生太大落差和过度重叠。各级学校以班制(program,如技专校院中某科系的专升本)为运作单位,讲求其课程的纵向和横向衔接,如图2-10所示。

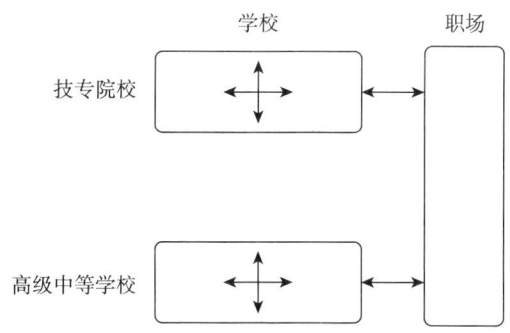

图 2-10 以班制为运作单位的课程衔接

注:↕纵向衔接;↔横向衔接。

学校—职场、年级—年级、科目—科目等各种衔接界面,应以职业能力为彼此之间的共通语言。

2.4.3.2 国外职业教育课程衔接案例

美国的技术职业教育主要在高中的职业学程(occupational program)和社区学院实

施。Zane(1985)曾推崇三种职业教育课程衔接方案①,范例如下:

(1) 美国夏威夷州

这是三年期的全州性高中及社区学院衔接方案,选定的四个职业领域是汽车修护、商业、制图和餐饮服务。方案分下列三个阶段推展:

① 启航和熟悉四个职域。先请学生代表辨认当前课程衔接问题和课题,再由参与者讨论和检视各班制(program)衔接方案初稿。每一位参与者各自在团队中规划衔接方案。团队成员包含召集人、校长、教师、行政人员、学生和业界代表。

② 分享文件和发布阶段成果。召开讨论和研讨会,分享已备妥文件和/或阶段成果,使每门课程的两层次目标(第二层需具体到能据以评审学生的职能精熟程度)都达成共识。团队参与者产出就落实衔接和如何落实的书面协议。本阶段也包含各职业领域的启航活动以及一系列分区的建议书、简报和审查工作坊。团队书面协议包含问题、事实、备案、建议与实施。

③ 书面建议和达成衔接协议。召开讨论和研讨会,进行建议书定稿或各职业领域的衔接协议及信息发布。

以上衔接项目的规划者和执行者致力于下列特别活动:

- 组织人员研究四个职业领域。
- 成员来自夏威夷大学、社区学院、州教育厅、工商业界及学生代表团队,分享发展衔接课程的成功经验。
- 获邀参与的代表们来自夏威夷各分区,所有参与者有明显的责任和意愿针对任一现有情景,寻求可能最有效率的运作方式,以满足高中及社区学院学生需求的衔接技术、程序和装置。他们相信在测试阶段不冒险,则无所获。

(2) 美国达拉斯郡社区学院学区

1978 年,美国达拉斯郡社区学院学区里的 Eastfield 社区学院开始着手一项课程衔接作为,以减免不必要的重复。其衔接程序含下列九个步骤:

① 选择班制。负责中学及大专两层级的职教人员检视班制,选出具有下列特性的两个班制:能吸引很多学生就读;工商业界对所培育学生需求高;在中学阶段有很多学校开设;有负责的教师带领。

② 辨认和知会校长及参与者。项目组提醒变革不会减少教师授课时间,并指出对参与教师会有很多好处,并让校长知道整个程序,因为校长的支持是重要的。

③ 完成工作分析。辨认学生待从事职业的重要职能(除非现有信息尚具时宜性)。

---

① Zane, L. F. H. (1985). Curriculum development and articulation. Is it really necessary? Retrieved from http://files.eric.ed.gov/fulltext/ED255642.pdf(访问时期:2019 年 9 月 16 日)

④ 界定区块、模块、职能和辨认核心职能。核心职能是每一位学生都应具备的职能。

⑤ 发展课程对等。承认一旦区块(block)、模块(module)和职能(competency)被辨清后,需发展大专院校间(有时是中学和大专间)的课程对等承认。此一程序需取得官方咨商与核准。

⑥ 和中学教师分享。步骤①—⑤的课程工作都由大专教师完成。此时,大专和中学必须会商和分享作品。

⑦ 发展目标。一旦每个人都了解和同意已发展职能,则目标须审慎界定。每一个区块由一个小组负责,小组中含中学及大专教师,并由已参与步骤①—⑥的大专教师代表担任召集人。虽然这些目标是大专阶段要用的,但和中学教师一起发展,对两层级的班制和学生都有帮助。

⑧ 发展衔接实施程序。在完成衔接材料前,如果尚无授予各种非传统学分的程序,就须发展和发布这种程序。应组成特定委员会发展通过衔接授予相当学分的程序,在整个程序中会涉及很多人,各方应有适当代表参加委员会。在第一次会议前,应提供委员们有关其工作和其他校院相似作品的丰富信息。委员会需规划学生通过校院间衔接取得学分所需的逐步程序,每位委员应对规划和成果的达成做出贡献。

⑨ 汇总和印发手册。备妥材料付印。

(3) 美国社区学校与初级学院的概念模式

美国社区学院2年制与初级学院2年制在学制上相衔接,即2+2方案,官方名称是"2+2技术准备/副学士方案:美国的工作学位"(2+2 Tech Prep/Associate Degree Program: A Working Degree for America)。此方案倡议超越当前高中/学院衔接协议,关注不在升学轨道上的高中生。方案为近2/3的高中毕业生提供优质的4年班制(2年在高中,2年在社区学院),以协助其发展中阶职涯。方案要求混合普通和职业教育,其根基是数理、沟通和职教基本能力的发展,这些学科都放在应用和衔接的情景中。

以上三种课程衔接方案都发挥了下列功能:第一,通过重复、跳脱和/或倒置的避免及学生兴趣的增进,提高学校产能;第二,促进中学与大专以及学校与业界人员的沟通、协调与合作,促进学生学习和发展;第三,促进校际修课学分的相互采认及抵免。

因此,Zane(1985)提出了下列十项建议[①]:

① 需编列经费改善课程衔接;

② 找到负责任的人主导衔接方案;

③ 可由几个学校先做前导;

---

① Zane, L. F. H. (1985). Curriculum development and articulation. Is it really necessary? Retrieved from http://files.eric.ed.gov/fulltext/ED255642.pdf(访问时期:2019年9月16日)

④ 有学生在其间转衔的学校都该参与;

⑤ 一开始就要制定方案的时间表;

⑥ 当各阶段的职能达成共识后,要进一步确定职能数量与精熟等级;

⑦ 在方案第一回合需选定一个或多个职业班制做前导;

⑧ 教师要在其班制和科目中明辨职能;

⑨ 要通过简讯、会议、访问等渠道确保沟通良好;

⑩ 要请合适的人员参与方案。

美国北卡罗来纳州公共教育部(North Carolina Department of Public Instruction,NCDPI)和北卡罗来纳州社区学院系统(North Carolina Community College System,NCCS)①也致力于发展高中到社区学院的技术职业教育课程衔接协议,以促进学生的无缝转衔。目前约有50个高中的技术职业教育课程符合社区学院相似课程中的知识能力要求。衔接协议确保在高中课程中学会(得B等以上成绩,及在标准化技术职业教育学后评估中得93分以上)的学生在高中毕业两年内升读社区学院时,取得任一北卡社区学院的课程学分。

2.4.3.3　国外职业教育课程衔接经验借鉴

职业教育先进国家也遭遇过(或正遭遇)职业教育课程衔接问题,其解决对策可供参考。例如,美国早期的课程衔接重在学科对学科(course-to-course)方案(如tech prep和衔接协议),晚近则改采贯穿中学—大专两层级的双联学制(dual enrollment)、课程计划(programs of study,POS)和职业进路与群集方案,加强了实用人才培育,扩增了大专技术职业班制生源,促进了课程衔接。②

根据前述职业教育课程衔接概念和范例,可总结值得借鉴的经验如下:

① 衔接什么的问题:固然可着重机构间的垂直衔接,但学校、院系科组之间和之内的课程衔接,都应综合考虑,且应发展学生在班制之间、课程之间和学校—职场之间转衔的共通语言。

② 为什么衔接的问题:为满足学生职业教育与普通教育灵活转换的需要,必须对教学内容和课程结构进行衔接,以避免出现学习内容重复、前后内容脱节或者前后倒置的问题。

③ 谁衔接的问题:对教学内容和课程结构进行衔接主要是方便那些在学校之间、专

---

① N. C. Department of Public Instruction (NCDPI) & N. C. Community College System (NCCCS). (2005). North Carolina high school to community college articulation agreement.

② U. S. Department of Education Office of Vocational and Adult Education. (2012, January). Aligning secondary and postsecondary education: Experiences from career and technical education.

业之间、课程之间具有转换需要的学生,课程衔接通常由全国、地区和学校、院系以及社会伙伴一起参与设计,须关注每一类学生的学习与发展。

④ 衔接的着力点问题:应以班制为衔接的着力点,着手进行课程衔接作业。课程衔接不是一个院校、一个专业的事情,应由院校联盟主导的全国性课程衔接委员会,引领职业院校参与。

⑤ 衔接的时间选择问题:需对现有班制和课程进行梳理,与新设和修订课程统一考虑,由于各班制生源愈趋多元,现有职业教育课程衔接的梳理非常迫切,现有班制和课程需就衔接程度做检视和修订。未来新设和修订时,也须通得过衔接程度的考验。

⑥ 怎么衔接的问题:需借重以终为始、结果导向的程序,讲求沟通、协调和合作,职业教育课程应由各班制确定社会急需职业岗位(或职类)及所需具备职能,然后确定可接受证据及评估方式,再规划学习经验与教学,也就是逆向设计、顺向行动程序。①

---

① McTighe, J., & Thomas, R. S. (2003). Backward design for forward action. *Educational Leadership*, 60(05), 52-55.

第 3 单元

职业教育课程的设计与组织

课程（curriculum）一词最早出现在英国著名哲学家、教育家 H. 斯宾塞（H. Spencer）的《什么知识最有价值》一文中，意指"教学内容的系统组织"。课程是有计划的教学活动。因此对职业教育课程的设计与组织是帮助学习者有效达到预期学习结果的重要途径。

姜大源（2008）认为，职业教育课程应该是根据就业导向的教育目标，将职业和职业岗位（群）工作任务的内容，根据学习主体的心理特点和智力特点，按照工作过程进行基于教学论的组合和序化而构成的教学内容体系，是主体进行学习活动的根本依据。潘懋元和王伟廉教授（1995）认为，课程是指学校按照一定的教育目的所建构起来的各学科和各种教育、教学活动的系统。

3.1 课程设计的模型

3.1.1 课程设计与开发模型

关于课程设计，国内外学者们有不同的认识。奥恩斯坦和汉金斯（2013）认为，课程设计是对课程进行构思和对课程的主要组成部分（学科材料内容、教学方法和资料、学习者的经验或活动）做出安排的方式，借以为编制课程提供定向和指导。[①] 我国学者王策三（2005）认为，课程设计是制定课程，包括制订教学计划，编写教学大纲和教科书。[②]

国内外对课程设计与开发模式的研究非常丰富。拉尔夫·泰勒（Ralph Tyler）的目标模式在课程开发研究中占有极其重要的地位。1949 年，泰勒在《课程与教学的基本原理》一书中提出，设计课程时必须回答四个问题：

① 应该追求哪些教育目标？
② 我们要提供哪些教育经验才能达到这些目标？
③ 这些教育经验如何才能有效地加以组织？
④ 我们如何才能确定这些目标是否已经实现？

这四个问题可被看作课程设计的四个基本步骤，即确定目标、选择经验、组织经验、评价结果，如图 3-1 所示。这四个基本步骤构成了课程设计与开发的基本步骤，其他模式都是在此基础上，对某些细节部分进行调整、细化和创新而来。泰勒原理对职业教育

[①] 〔美〕艾伦·C. 奥恩斯坦，费朗西斯·P. 汉金斯.（2013）.课程：基础，原理和问题.柯森译.南京：江苏教育出版社.
[②] 王策三.（2005）.教学论稿.第 2 版.北京：人民教育出版社.

的课程决策同样具有很好的指导意义。① 辛尔达·塔巴(Hilda Taba)倡导讲授课程的基层教师应该参与课程开发,他在泰勒课程设计四个步骤的基础上,提出了七个步骤的线性设计模式:诊断教学需要,目标程式化,选择教学内容,组织教学内容,选择学习经验,组织学习经验,决定评价对象,选择合适的评价方法。

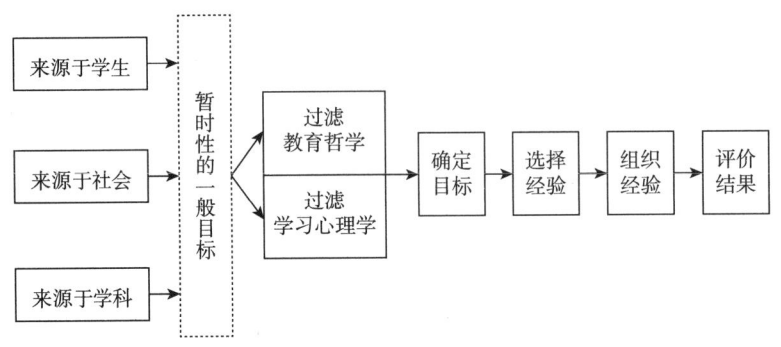

图 3-1　泰勒的目标模式课程设计

1998 年,格兰特·威金斯(Grant Wiggins)和杰伊·麦克泰格(Jay Mctighe)提出了一种课程设计的反向模式(backward design),这种模式得到了人们的广泛关注,主要是因为它抓住了泰勒四个问题的本质要素,又将它们归入三个明显的阶段,提出了课程设计的三个主要因素(结果、评价和学习经验),同时也要求设计者关注学习和教学之间的联系,如图 3-2 所示。威金斯和麦克泰格的模式适用于各种学习情景,尤适用于学习者中心的课程。这种模式认为,教师是从"末尾"开始的(结果或标准),由此诞生了一种反向的课程设计,强调预期的学习结果,也强调课程设计从评价开始。

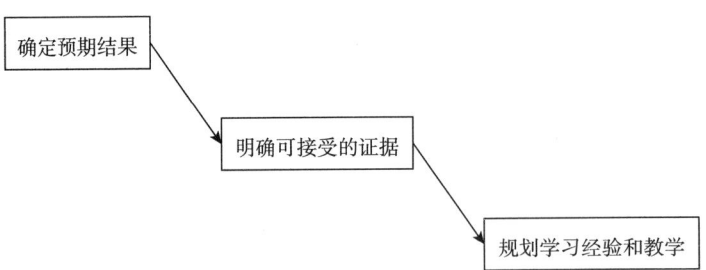

图 3-2　威金斯和麦克泰格的"反向设计"

劳伦斯·斯腾豪斯(Lawrence Stenhouse)基于进步主义教育思想和认知发展心理学理论,提出了"过程模式",强调课程的研究和开发是一个动态的、持续的过程;强调学习者的主动参与和探究学习,认为课程是一个演化的系统;强调教学过程中可能出现的各

---

① 程宜康,吴倩.(2014).高职教育课程体系构建的课程决策.职教论坛,(27),4—9.

种学习结果,教师应明确教学过程中内在的价值标准及总体要求,而不指向于对课程实施的最后结果的控制。其实,过程模式与目标模式在课程开发的基本环节上并无实质性区别,过程模式只是更重视对课程实施过程的非预设性,也使得课程开发的所有环节和要素变得更具"开放性",过程模式弥补了目标模式的局限性。目标模式比较适合强调信息、技术与技能的课程领域,过程模式更适合应用在人文学科课程领域。[①]。

3.1.2　职业教育课程设计与开发模型

职业教育的课程设计,目前影响力较大的主要有 CBE 理念下的 DACUM 课程设计、工作过程系统化课程设计两大类型。

CBE(competency-based education)即能力本位课程模式,采用了 DACUM 课程开发方法。将能力标准转化为课程,是 CBE 课程设计的中心问题。该模式以工作岗位能力为学习内容与评价标准,以具体工作任务为学习内容与课程组织依据,注重学生在学习中个体主动性的发挥,紧密联系社会与经济需求。其表现形式为模块式典型特征,CBE 也被称为模块式课程模式。其开发过程包括准备阶段、劳动力市场分析、职业分析、工作分析、专项能力分析、教学分析、教学设计与开发、教学实施以及反馈阶段。

工作过程系统化课程设计,建立在职业分析与工作分析的基础上。职业分析的对象是具有职业特征的典型工作任务。工作分析是对某一专业的毕业生可能从事的工作(常常是一个职业小类)的性质、任务、责任和相互关系,以及任职工作人员的知识、技能、条件/能力和素质要求,进行全面和系统化的调查与分析,以客观地描述并做出规范化记录的过程。国内学者姜大源(2009,2017)、赵志群(2004,2008)等也对工作过程系统化课程设计有过深入的分析。

3.2　课程目标的确定

课程目标是指课程本身要实现的具体目标和意图。课程目标指导整个课程编制过程的最为关键的准则,是课程学习要达到的预期结果。

泰勒在《课程与教学的基本原理》一书中用大量篇幅说明如何确定课程目标,他提出,课程目标的制定要考虑三个方面:学科专家的建议、学生的需要、社会生活需要。当然,从这三个来源得到的建议目标,比实际上可能编入课程方案的目标要多得多。我们

[①]　范敏,刘永凤.(2017).斯腾豪斯对课程开发"过程模式"的诠释.外国教育研究,44(06),108—117.

需要采用教育哲学和学习心理学两道筛子进行筛选,选择出少量重要而又互相一致的课程目标。

课程目标的确定首先是需求分析,确定实际需求,其中包括学习者的需求、专业(职业)的需求和学校教学的需求。

3.2.1 面向学习者的课程目标

课程目标首先要以分析学习者的需求为基础,较为广义的学习者不仅包括学习者个人,还包括接受培训的客户群、接受培训客户群所在的工作组织或机构。美国职业教育课程有社会取向和学生取向两个方面,其中学生取向以学习者职业生涯路径为依据,摒弃以狭义的技术、技能以及谋生等固化能力训练为目的的效率主义倾向,更为关注真正意义上人的全面发展,使职业教育成为"成就人"的教育。

学习者需求分析是多维度的,课程设计者需要从哪些维度分析学习者需求呢?国内外多位学者,如迪克等(2007)、加涅等(1999)、Smith and Ragan(2004),均是从心理学的角度研究学习者需求分析的要素分类,一般包括学习者一般特征和学习者初始能力及学习风格等。陈智敏等(2016)梳理了心理学和教育学两个领域的理论,总结出了学习者需求分析中的特征要素,按重要性排序分别为成就动机、学习兴趣与爱好、对授课教师及学习活动的态度、年龄特征(主要是认知发展阶段)、起始能力、一般能力等。因此,课程设计者在收集学习者资料时,应努力回答以下问题:

问题一:学习者是谁?这涉及学习者的年龄、性别、社会文化背景、学习背景、专业内容的背景知识和相关经验。

问题二:学习者有何发展需求,学习动机是什么?课程的目的是帮助学习者实现社会发展与个人的发展的协调统一,因此包括学习者个人的发展需要和学习者在职业上的发展需要等。例如,全日制在校生需要"提升综合能力,找到某一职位工作";非全日制在职的技能型人才需要提高工作质量或绩效,以"持久地被雇用"或"得到升职机会";非在职的学习者需要满足社会发展和个人生活水平提高带来的新需要,如探索未知领域、寻求身心发展、指导健康生活等。

问题三:学习者希望通过课程掌握何种应用性技术知识、获得什么技术、具备什么能力?不同类型的学习者之间需要获得的知识、技术或能力差别较大。

课程设计者可以使用多种方法来收集学习者的需求信息,如访谈法、观察法及与学习者和其他利益相关者的非正式对话。英国开放大学一方面使用"学生画像"对学习需求进行细致的分析,归纳出不同背景和需求的学生,尽可能地覆盖各类人群;另一方面与企业、行业合作,了解企业和员工的发展需求,促进学习者的就业和择业。[①] 学生反馈也是课程评价和完善的重要依据。

以综合职业能力为例,这是由德国学者 D. 梅尔滕斯(D. Mertens)等人提出的。他们将综合职业能力分为基本职业能力和综合职业能力。基本职业能力也就是从业能力,它是劳动者从事某项职业所必须具备的能力,具体包括与职业密切相关的专业能力、方法能力和社会能力。综合职业能力即关键能力,它是指与专业的知识和技能无直接关系,从事任何职业都应当具备的能力。故综合职业能力也常被称作"跨职业能力"。由于这种能力常常对劳动者的职业发展起到关键作用,因此将其称为"关键能力"。所以,面向在校学生的职业教育课程应加强综合职业能力的培养,这对于学生到基层就业、创业都具有重要价值。[②]

3.2.2 面向专业与行业的课程目标

职业教育中,课程目标分析中"学科专家的建议"应替换为"专业、行业或企业专家的建议"。职业工作既是职业教育课程设计的逻辑出发点,也是课程目标确定的逻辑参照,即不同的工作岗位,其行业特点、工作性质、工作关键能力不同,因此课程目标也不同。徐国庆(2006)曾提到,开发职业教育课程,要根据岗位职业能力确定课程目标,这样才能实现岗位要求与课程的衔接,而职业能力是根据岗位的工作任务来确定的。例如,澳大利亚的 TAFE 学院以传授职业导向的知识为目的,其课程更加注重行业的需求,重视学生和培训人员关键能力的培养,服务于澳大利亚的经济发展。

3.2.2.1 三类面向专业的课程目标

第一类为系统层次目标(system level goals),由国家级、地方级教育委员会或行业指导委员会决定;第二类为学校课程方案层次目标(program level goals),由专业领域的课程人员决定;第三类为专业课程层次目标(course level goals),由该专业或教学单元的教师小组团体决定。

3.2.2.2 面向专业的课程目标的分析方法

(1) 行业分析(occupational analysis)

行业分析能够使职业教育课程更好地契合职场需求。行业分析通常运用文件分析、问卷调查、访问、专家会议、观察及工作体验等具体方法,列举一种行业(occupation)涵盖

[①] 曹晖,伊晓婷,李澍松,沈君华.(2018).基于多元学习需求的英国开放大学课程建设研究.成人教育,38(03),89—93.
[②] 陶中.(2016).中国转型时期大学生基层就业问题研究.长春:吉林人民出版社.

的工作(job)、每一项工作包含的任务(task)、完成每一项任务必备的技能(skill)以及运用每一项技能应有的操作(operation),亦即进行从行业—任务—技能—操作逐级具体细化的分析。之后,结合德尔斐法(Delphi technique)得到标明重要程度与需要程度梯次的操作项目,进而归并成为有系统的课程内涵,包括制定教育目标、开展课程内容和活动规划以及课程评价。

(2) 能力分析(competency analysis)

李隆盛(1994)认为,能力是指从业人员执行工作任务所需的知识、技能和态度。能力、任务、职责和专业/职业的关系大致如图3-3所示,一个专业/职业(profession/occupation)领域中有许多职务(job)或工作(work),每一个职务中有许多工作职责(duty)、角色(role)或范围(domain),每一项职责中包含许多任务(task),任务又可进一步分为子(sub-)任务、能力和子能力。其中,每一项工作含6—12个职责及75—125个任务。

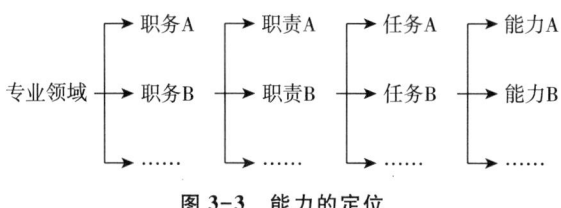

图3-3 能力的定位

职业教育要有效地培养学生的职业能力,就必须在行动的层面理解职业能力,即实现职业能力的现实化。[①] 能力分析常表现出下列三种取向:①行为表现取向,即通过职责、任务和子任务,分析专(职)业工作。此取向特别适用于必要、想要、初级、进阶等各类各级的任务,但缺点是常忽略较高层次能力,如解决问题的能力。②归因属性取向,即通过知识、技能和态度,分析专(职)业工作,此取向聚焦在少数必要的关键能力,顾及较高层次能力,但缺点是常忽略某些特定能力。③整合取向,即整合前述行为表现和归因属性取向,使之能兼容两种取向的优点。能力分析的方法有很多,选用依据主要在于所需信息类型、分析结果的运用方式以及实务上的考虑。

(3) 德尔斐法(Delphi technique)

德尔斐法是职业教育课程设计经常用到的方法,具有匿名性、反馈性和数理性的特点,并且德尔斐法能够有效地避免群体成员间的相互影响而且便于组织。德尔斐法的前提是专家对某一职业有深入的了解,能够比较精确地预测该行业未来的发展趋势。德尔斐法的一般过程包括:搜集相关数据资料、设计问卷、选择专家、进行初次意见调查、进行统计分析、整合专家意见并详尽呈现再反馈给每位专家、经由第二轮或更多轮次往复进

---

① 徐国庆.(2010).职业能力现实化视野中的我国职教课程改革基本命题.职教论坛,(12),4—9.

行专家意见调查,直到专家大体达成共识;以共识程度和重要程度高的项目为课程内涵建构依据。

3.2.3 面向教学的课程目标

课程目标的制定还要了解该职业学校、专业的教育目标或职业培训系列课程的目标是什么。课程目标取决于职业教育的价值取向和职业教育的目的。课程目标的制定首先必须以教育目标为指导,明确学校的培养目标,并在课程与教学活动中贯彻教育目标,落实培养目标。面向教学的目标分析,决定了职业教育课程与教学的功能发展方向,是以满足学习者需要为主,还是以适应行业、企业需求为主;是以职业知识体系、思维体系的传授为主,还是以社会能力的培养为主、强调生存技能。不同的人才培养目标定位,不同的教育目标、不同的课程与教学基点,决定了不同的课程目标和目标价值选择。

例如,企业的生产组织方式历经福特制、丰田制、温特制的变革,分别对应专门型技术技能人才、复合型技术技能人才、知识型技术技能人才培养目标,这些目标经过细化转化为课程目标,其中包括:

① 培养专门型技术技能人才的课程目标:分工可以被理解为财富生产的一个主要动力。社会为追求进步,企业为追求利润,劳动者的分工越来越细。专门型技术技能人才需要掌握专门型技术,包括生产技术和劳动工具,针对生产环节的某道工序或某种机器设备的操作、检修、维护等。学习者个体必须努力学习技术,使自身越来越专业化。专门技术人员共有的职业精神、职业道德、职业气质都来自有机团结。培养专门型技术技能人才的课程目标也具有结构主义色彩,这种结构主义既为高级课程目标提供了坚实的基础,同时也对个体创新性具有一定的限制作用。

② 培养复合型技术技能人才的课程目标:针对复合型技术技能人才培养的课程目标超越了专门技术性知识,不再局限于某一个技术环节,而是着眼于技术环节的整体或完整的技术操作过程。美国基于能力的课程开发或德国基于工作过程的课程开发,都是将相关岗位的工作任务综合在一起,解决了学习者掌握一专多能或多技能问题。复合型技术技能人才需要熟悉技术操作的构思、设计、实施、运行四个阶段其中的一个或几个阶段的所有工序的技术要求,力争实现四个阶段初步循环。

③ 培养知识型技术技能人才的课程目标:这类职业教育课程目标主要瞄准产品(服务)生产技术和技术创新能力两个方面。要求学习者掌握产品(服务)生产技术,属于培养专门型或复合型技术技能人才的课程目标;必须要求学生具有一定的技术创新能力,属于培养知识型技术技能人才的课程目标。石伟平(2001)提出,要考虑是就业需求还是技术目标第一的问题,知识型技术技能人才课程目标坚持后者。课程目标不是科学知识

或技术知识本身,更不是任务、项目,而是构思、设计、实施、运行四个阶段循环过程中所孕育的技术创新和个体创新思维。以上专门型、复合型、知识型技术技能人才的课程目标,体现出从低级到高级、从具体到抽象的渐进过程。①

3.2.4 课程目标的分类与表述

课程目标是课程学习的预期结果的表述。课程目标表述要足够清晰和准确,使其有助于选择学习经验、指导教学和开展课程评价。

3.2.4.1 课程目标分类理论

(1)加涅的学习结果分类法

1970年,罗伯特·加涅(Robert Gagne)提出了五类学习结果,即言语信息、智慧技能、认知策略、动作技能和态度。

① 言语信息,是指学习者通过学习之后,能够记忆诸如事物的名称、符号、地点、时间、定义以及对事物的描述等具体的事实,能够在需要时将这些事实表述出来。

② 智慧技能,是指能使学习者运用概念符号与环境相互作用的能力。它们是学校中最基本、最普遍的教育内容,包括最基本的言语技能到高级的专业技能。

③ 认知策略,是指"学习者借以调节他们自己的注意力、学习、记忆和思维等内部过程的技能"。认知策略是一种特殊的技能,它是个体对自己的认知过程进行调节和控制的能力。

④ 动作技能,是一种习得的能力,以此为基础的行为结果表现为身体运动的迅速、精确、力量、连贯等方面。

⑤ 态度,是一种影响和调节个体行为的内部状态,也是一类学习结构,一般把它归入情感领域。

(2)布鲁姆的教育目标分类法

20世纪50年代,本杰明·布鲁姆(Benjamin Bloom)等编写了《教育目标分类学第一分册:认知领域》一书,在教育领域影响颇大。随后,L. W. 安德森(L. W. Anderson)等专家在广泛吸收各方面评阅意见的基础上,于2001年出版了《学习、教学和评估的分类学(布鲁姆教育目标分类学修订版)》一书。布鲁姆教育目标分类学的结构和原理是以关于学习与思维本质的预先假定为基础的,这些预先假定分为六类:学习与行为之间的关系,不同性质的学习类别的存在,学习的层次性和累积性,学习的迁移,高级技能与能力的泛化能力,初学者的学习与有经验者的学习的差异。

---

① 张永林.(2016).高等职业教育专业课程设计研究.天津大学.

布鲁姆等教育家把课程与教学目标分为认知领域、情感领域、动作技能领域三个部分,并进一步将每一个领域细化为几个不同的层次。如布鲁姆等人把认知领域目标分为识记、理解、应用、分析、综合、评价、创作七个层次;将情感领域目标分为接受、反应、评价、组织、性格化五个层次;将动作技能目标分为知觉、定向、反应、机械动作、复杂的外显反应、适应、创作七个层次。布鲁姆等人的教育目标分类,一直被国际上公认为最有权威的课程与教学目标分类,如表3-1所示。

表3-1 布鲁姆等人的教育目标分类

层次	认知领域	情感领域	动作技能领域
低↓高	识记	接受或注意	知觉
	理解	反应	定向
	应用	评价	反应
	分析	组织	机械动作
	综合	性格化	复杂的外显反应
	评价		适应
	创作		创作

(3) 不同价值取向的目标分类

"行为目标"是以具体的、可观察的行为形式陈述的课程目标,它指明了课程与教学过程结束后学生身上发生的行为变化。行为目标作为课程目标可以较好地表达能力目标,且具有十分具体、确切、操作性强等特点。[1]

"生成性目标"是在教育情景中随着教育过程的展开而自然生成的课程目标。它强调学生、教师与教育情景的交互作用,正是在这种交互作用中不断产生出课程目标。所以,生成性目标是问题解决的结果,是人经验生长的内在要求,这种目标具有过程性的特点。

"表现性目标"是指每一位学生在与具体教育情景的种种"际遇"中所产生的个性化表现。当学生的主体性充分发挥、个性充分发展时,其在具体教育情景中的具体行为表现及所学到的东西是无法准确预知的。关注学生的创造精神、批判思维,适合以学生活动为主的课程安排。

课程目标价值取向的不同体现了不同教育心理学理论流派的发展:从行为主义到认知主义,再到建构主义的发展;总的来说,这些分类方法各有侧重点和优势。它们之间存在一定的交集,但又有各自的特点。如布鲁姆的认知领域分类实际上包括了加涅的言语

---

[1] 邓宏宝.(2015).高职院校职业生涯辅导课程开发研究.南京:南京大学出版社.

信息、智慧技能和认知策略三个方面，但是他们强调的侧重点和结构不同。加涅的学习结果分类为教学目标设置了一个很好的框架，它不仅考虑了结果的测量，而且阐明了每类学习结果的学习过程、条件及相互间的层次关系。加涅的学习结果分类不仅可以指导教学结果的测量，还可以指导教学方法的选择以及指导学生的学习。

职业教育课程的目标分类体现了布鲁姆和加涅的目标分类方法，如北美的 CBE（能力本位教育）用知识、技能、态度描述目标，德国的双轨制、澳大利亚的 TAFE（technical and further education）、英国的 BTEC（business & technology education council）用能力描述目标，其中德国学习领域的课程目标是预期的课程结果，包括认知、动作技能和情感三个方面的要求。

3.2.4.2 课程目标的表述

（1）ABCD 原则

以研究行为目标而著称的罗伯特·马杰（Robert Mager）在其 1962 年出版的《程序教学目标的编写》一书中提出，一个教学目标应包括行为、条件和标准三大基本要素。后来有学者提出需要加上行为主体，即一个完整的课程目标包括主体、行为、条件和标准四个要素，为了方便记忆，简称 ABCD 形式。

A（audience）：行为主体，即学员。

B（behavior）：执行的行为。

C（condition）：执行的前提条件。

D（degree）：执行的标准，即用可测量的程度描述执行标准。

例如，参加在职培训的教师应熟练掌握 Word、Excel 和 PowerPoint 软件，在操作 Office 软件时，准确率应达到 80% 以上。①

（2）常用动词

一些常用的认知类目标、情感类目标和动作技能类目标的行为动词如表 3-2 所示，供职业教育课程设计者参考。

表 3-2　描述课程目标的行为动词

对学员期待的水平	可参考选用的动词
认知领域的描述	分类、定义、举例、说明、掌握、连接、认识、换言、罗列、命名、选定、陈述、选择、计算、组装、作用、执行、预见、应用、证明、分析、比较、区分、对照、批评、设定、组织、收集、关联、表示

---

① 马丁,郑兰琴.(2011).培训课程设计与开发.北京：中国铁道出版社.

(续表)

对学员期待的水平	可参考选用的动词
情感领域的描述	应答、喜欢、注意、醒悟、接纳、记录、反应、完成、敏感、倾听
动作技能领域的描述	调整、排列、组装、移动、替代、表现、执行、均衡、形成、计划、说话、产出、连接、提示、制动

案例："掌握行文工作规范和流程"培训目标

在 Word 软件的培训过程中,对掌握行文工作规范和流程的培训目标做了如下定位：

① 初级目标。在教学过程中应使学生在原有的能力水平上加深对相关内容的理解,主讲教师应使学生：

- 了解 Word 软件的应用范围和特点；
- 学会各个菜单中常用功能的操作。

② 中级目标。在教学过程中应使学生能够熟练掌握文稿的制作流程,具体包括：

- 理解规范行文的重要性；
- 建立按行文规范及工作流程工作的意识；
- 掌握普通文稿的写作规则；
- 掌握按规范化工作流程制作文稿各个部分的方法。

③ 高级目标。为提高工作效率：

- 养成良好的职业工作习惯；
- 掌握行文工作的规律；
- 了解 Word 软件的设计思想等操作以外的内容。

3.3 课程内容的确定

课程内容是指根据课程目标从人类的经验体系中选择出来,并按照一定的逻辑序列组织编排而成的知识体系和经验体系。一般来说,课程内容是以课程目标为依据的。对课程专家所设计的课程内容,教师需要进行再设计。课程开发必须解决两个问题：一是课程内容如何选择,二是课程内容如何组织编排。

3.3.1 课程内容的来源

在选择职业教育课程的内容时,要打破某些学科知识严格的逻辑演进序列,根据职业教育目标和课程目标进行有机的整合、重组。

课程内容是课程结构中的主要成分,是课程目标的具体体现。职业教育课程内容构成要素比较复杂,最为基本的有知识、技能、任务和产品或服务。知识和技能是完成任务所需要的条件,而产品或服务是完成任务所获得的结果。① 有学者将职业教育课程内容总结为项目或任务(张永林,2016)。

课程内容首先来源于具体职业岗位所需的专业知识与技能。姜大源(2009)提出,职业教育课程内容应以过程性知识为主,陈述性知识为辅。这些知识通过工作过程(以工作过程为参照系)来序化,即通过传统课程所依据的学科体系进行解构(非肢解),并在新的课程体系——行动体系中进行重构,最终实现知识的总量未变。具体知识、技能的分类如前文所述的职业知识分类和职业能力分类结构等内容所示。以德国的学习领域课程为例来看,此类课程以典型的职业工作任务为核心组织与建构教学内容,工作过程性知识是学习领域课程方案的主要内容。

专业实践经验是课程内容的另一个主要来源。杜威(2005)把学习界定为"经验的重组",并且强调教学的重要性在于提供学生充分的机会去反省及解释经验,而不在于呈现新材料。杜威这种观点的研究论证对课程内容选择有很大的影响。专业实践经验包括来自行业和企业的经验、社会或地区的经验,以及学生的学习经验,经验是学生与环境交互作用的过程与结果,学生利用现有的知识、技能、活动与兴趣,以帮助自己解释及内化新知识与发展新技能。徐国庆(2009)提出,高职课程应致力于围绕岗位任务,仔细编制内容实用、结构严谨、具有高职水平与特色的课程内容体系,尤其注意要在对技术专家经验中的职业能力分析的基础上,开发更具实践价值的工作知识。②

3.3.2 选择标准与原则

(1)课程目标

课程目标作为课程编制过程中最首要的组成部分,对课程内容的选择起着指导作用。内容选择必须依照目标,即有什么目标,便有什么内容,让目标和内容取得一致。职业教育课程目标中,以工作任务与职业能力分析为基础的目标是课程内容选择的重要依据。

---

① 徐国庆.(2008).职业教育项目课程的内涵、原理与开发.职业技术教育,29(19),5—11.
② 徐国庆.(2009).当前高职课程改革关键概念辨析.江苏高教,(06),130—132.

（2）学习者的需要和可持续发展

课程的一个基本职能就是要促进学习和发展。职业教育课程内容的选择应以满足学生未来的职业活动能力为导向。如德国职业教育的课程内容不断进行改革，强调课程内容的基础性、适用性和发展性，其中基础性与发展性是针对个体发展而言的，新岗位、新技能需求不断增加，个体一生的职业变换具有多种可能，课程内容如何满足学生的可持续发展成为重要议题。

（3）社会发展需要

职业教育与社会、行业的发展交织在一起。在课程史上，有许多课程专家主张课程要依据社会发展需要而定。例如，希尔达·塔巴（Hilda Taba）根据学校的社会功能、社会需要、知识和学科的性质，提出了六项课程选择的原则，其中位列第一、二的是：内容的有效性和重要性，与社会现实的一致性。丹尼斯·劳顿（Denis Lawdon）也认为，确定课程内容选择的标准时要考虑"社会现实"，其中包括社会的效用、社会责任感、来自家长与社会的压力。

（4）课程内容重要性排序

课时的有限性决定了必须对课程内容做出取舍，这就涉及职业知识的排序理论。西方发达国家的职业教育课程开发有一个环节，即通过调查对课程内容的重要性进行排序，以确定这些内容在课程设计中的优先性。D. J. 普瑟尔（D. J. Pucel）和 G. E. 罗杰斯（G. E. Rogers）对技术教育课程内容进行了较为系统的研究。普瑟尔提出了技术教育课程的10项内容：技术方法、普通工具的使用、普通设备的使用、基本的技术过程、材料、术语、环境、社会价值观、科学原理和经济因素。按照他的观点，前6项内容是技术教育课程首先必须关注的，而这6项内容都是技术实践知识。罗杰斯在普瑟尔研究的基础上，用德尔菲技术对技术教育27项课程内容的重要性进行了调查，结果显示，不同职业在职业教育课程内容重要性排序上有所不同。[①]

影响课程内容选择的主要因素有：文化、知识、学习者、意识形态。M. W. 阿普尔（M. W. Apple）认为，课程内容或知识的选择与分配，不是技术性的问题，而是阶级、经济权力、文化权力之间相互作用的结果。[②] 关于如何从广泛的范围内选择课程内容，塔巴提出了六项原则：内容的有效性和重要性，与社会现实的一致性，广度和深度的平衡，适用于广泛的学习目标，考虑学习的可能性和适应性，适应学习者的需要和兴趣。

---

① 徐国庆.(2007).职业教育原理.上海：上海教育出版社.
② Apple, M. W. (2004). *Ideology and Curriculum* (3rd ed.). New York: Routledge.

3.4 课程内容组织的确定

3.4.1 课程内容组织的基本原则

在课程内容组织方面,泰勒曾提出三大原则:连续性、顺序性、整合性。按照预期学习结果组织课程内容,有以下原则(见表3-3):

① 世界存在的方式(与世界相关);
② 思想观点被组织的方式(与概念相关);
③ 知识产生的方式(与求知相关);
④ 学生学习的方式(与学习相关);
⑤ 学习在生活中被应用的方式(与应用相关)。

表3-3 组织预期学习结果的基本原则与方法

原则类型	组织原则特点解释	考虑维度
与世界相关	预期学习结果在面对具有鲜明特点的事件、物体和过程时,以世界存在的方式为出发点	时间:同时存在或发生的,或者有着同样的原因或结果的一组事件被分在一个教学单元 复杂程度:从物理性质上讲它们是相似的实体,或者它们都是关于物体的抑或是关于过程的 地点:它们承载的内容从空间上讲是排列在一起的
与概念相关	应用于认知,是对预期学习结果中与概念相关的性质的考虑	逻辑上的先决条件:新学习的思想观点必须在其他思想观点之前进行学习和理解 概念的相似性或相关性:这些交织在一起的思想观点在某些方面是相互联系的
与求知相关	对知识是如何被生成的考虑	它们代表求知过程中相似的阶段(即产生、发现或证明知识的过程)
与学习相关	对学生如何学习以获得预期学习结果的考虑	熟悉程度:学习者对它们熟悉的程度不同 兴趣:它们能够同样地引起学生的兴趣,或者学生们更感兴趣的预期学习结果应该与他们不太感兴趣的预期学习结果分在一组 难度:学习的难易程度是相似的,或每组的难度要求是混合的 先决经验:学生在获得其他学习结果之前必须学会的东西
与应用相关	对预期学习结果在将来如何为学习者所用的考虑	如果在解决个人或社会问题时,某些事实或理论可能被期望一同使用,则就有必要考虑把它们组织在一起。与应用相关的基本原则更适用于职业、娱乐和问题指向的学习

资料来源:刘志华.(2010).教学系统设计与实践.北京:清华大学出版社.

职业教育课程的大部分内容更适用于与应用相关的组织方式,但不排除部分内容与世界(如旅游类专业课程)、概念(如护理类专业课程)、求知和学习(如专业英语课程)相关。国际上,把应用知识的教育称为行动导向的教育,把与之相应的应用知识的教学体系称为行动体系,也就是做事的体系,或者更普遍地、更确切地说,是工作的体系(姜大源,2014)。

3.4.2 课程内容之间的组织关系

有学者认为,课程内容的组织应主要处理好以下几对关系:

(1) 纵向组织与横向组织

纵向组织又称序列组织,是指按照某些准则以先后顺序排列课程内容。纵向组织原则是教育史上影响较大的课程内容组织原则,教育家大都主张学习内容按从具体到抽象、从已知到未知、从简单到复杂的顺序呈现给学生。加涅的学习结果分类理论按照复杂性程度把人类学习分为八类,强调复杂学习以简单学习为基础;而让·皮亚杰(Jane Piaget)则认为,课程内容要与学生思维发展阶段相匹配才能取得最佳效果。

(2) 逻辑顺序与心理顺序

逻辑顺序是指按照职业教育课程或工作过程本身的系统和内在联系来组织课程内容。心理顺序是指按照学生心理发展的特点来组织课程内容。组织课程内容时一定要在这两者之间找到一个最佳结合点。

(3) 直线式与螺旋式

苏联教育学家列·符·赞可夫主张采用直线式课程,所谓直线式,是指把一门课程的内容组织成一条在逻辑上前后联系的线,前后内容基本上不重复,这与泰勒的连续性原则相对应。赞可夫认为,教师所讲的内容只要学生懂了就可以往下讲,不要原地踏步,过多地重复同一内容会使学生厌倦,只有不断地呈现新内容才能使学生保持学习兴趣。美国学者 J. S. 布鲁纳(J. S. Bruner)就明确主张采用螺旋式课程。螺旋式则要求课程内容在不同阶段重复出现,但要逐渐扩大范围并加深程度。

从职业教育课程内容组织模式的发展来看,课程内容的组织大致经历了由学科体系课程模式向学科整合课程模式过渡,再向主题导向课程模式过渡,最后向行动体系课程模式过渡的四个阶段。[1] 基于行动体系的排序结构,就是工作过程。它所关注的是工作的对象、方式、内容、方法、组织以及工具的历史发展。按照工作过程排序的课程,是基于知识应用的课程,关注的是做事和行动的过程。

---

[1] 刘冰,闫智勇,吴全全.(2018).职业教育课程开发模式的源流与趋势.中国职业技术教育,(33),5—11.

3.4.3 课程内容体系构建

（1）模块化课程模式

模块化课程模式是职业教育课程模式发生质变的标志，它是将职业技能或者职业能力等职业素质作为模块进行教学化处理的课程模式，主要包括劳动技能模块化（modules of employable skills，MES）课程和能力本位教育（competency based education，CBE）课程两个类型。

MES课程的理论基础是系统论、信息论、控制论，其主要概念包括职业领域（occupational area）、工作场（field of work）、工作/工种（job）、工作规范（job specification）、工作任务（task）、劳动技能模块组合（可以简称为"技能模组"，modules of employable skills，MES）、模块（modular unit，MU）和学习单元（learning element，LE）等。首先，将某一职业领域的某一工作场的某一工作/工种划分成若干个模块，并把它们按工作规范（job specification）的要求和逻辑顺序排列起来，形成技能模组；其次，按工作任务的工作流程或者工作步骤确定技能模组中的每个模块；再次，按照认知（cognitive）、心理活动（psychomotor）及情感（affective）几个方面，确定完成该工作任务所需的全部技能；最后，根据这些技能再编写成相应的学习单元（教材），实施教学时，一个一个单元，一个一个模块地进行学习与考核，其开发流程如图3-4所示。

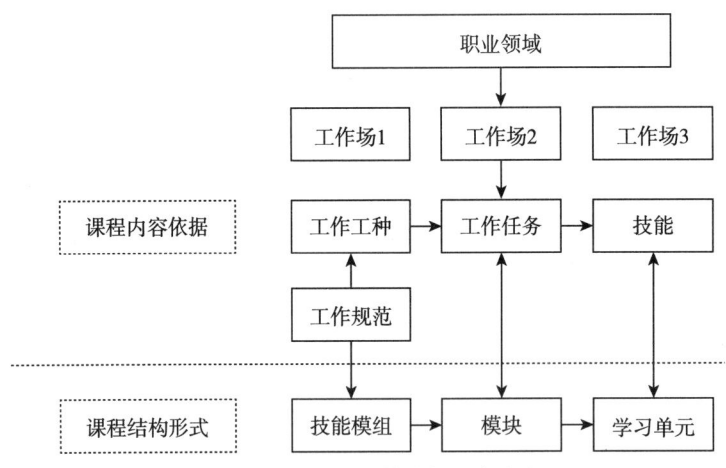

图3-4　MES课程模式与开发流程

CBE课程是能力本位的模块课程，它并不像MES课程那样过分强调操作技能或者动手能力，而是关注学习者"综合的职业能力，包括知识（与岗位能力相关的理论知识）、态度（工作态度、动机等情感因素）、实际经验（具体的操作与管理能力）、反馈（进行自我评估并予以改进的能力)"①。课程开发流程是:第一,分析社会职业,确定专业方向;第二,运用 DACUM 方法进行工作分析,确定每项职业所需要的综合才能(一般每项职业包括 8—12 项综合才能);第三,分析每项综合才能所需要的专项技能,以此为确定教学内容和教学方法的主要依据;第四,为专项技能制定相应的单元"模块"(module)(不超过 7 个);第五,任课教师根据每个单元模块的要求,制定信息单、作业单、技能单和评价单,并在课前发给学生,其概念体系及开发流程如图 3-5 所示。

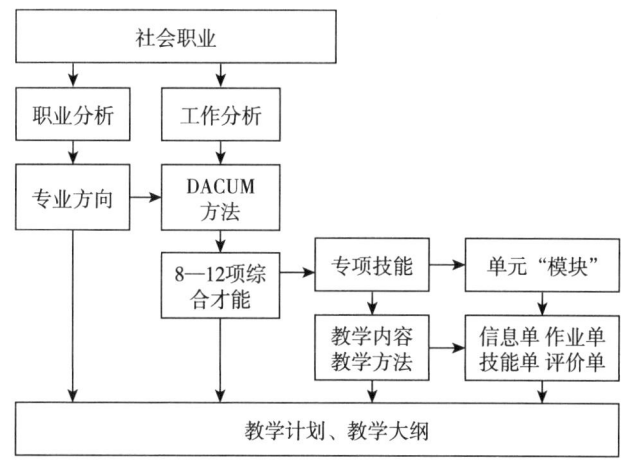

图 3-5　CBE 课程模式与开发流程

(2) 项目类课程模式

项目类课程模式是以工作目标对象、工作过程、工作结果三个要素的部分或者全部为课程内容设计起始点和课程实施载体的课程模式。因此,以工作目标对象、工作结果或者"以典型产品或服务为载体"为课程内容设计起始点的课程可以归为一类,它们包括项目课程、结果导向课程(outcome-based education, OBE)和面向对象的课程等多种类型。以工作过程为课程内容设计起始点的课程可以归为另一类,它们包括工作性任务课程(区别于认知性任务课程)、工作过程导向课程和 CDIO(conceive,构思;design,设计;implement,实现;operate,创作)课程等多种类型。不管哪一种项目类课程,其实质都离不开对工作过程的分析,并依托工作过程的每个步骤设计符合职业要求的课程内容。其课程内容的组织有三种类型:按照真实的工作过程设计的纵向项目课程、按照归纳的工作过程设计的纵向项目课程、按照归纳的工作过程设计的横向项目课程(即模块式项目课程),其发展的最高形态应该是按照认知心理学规律和典型工作过程设计的项目课程。

---

① 唐虞.(1993). CBE 及其对中国职教改革的意义.中国职业技术教育,(01),34—35.

(3) 一体化课程模式

严格说来,一体化课程的两种提法均不甚严谨:一种是理论和实践一体化课程(即理实一体化课程),另一种是工学结合一体化课程。它是若干具有理论教学和实践训练相结合的特征的课程形态的统称。一体化课程主要指的是工学结合一体化课程,其主要特点是"学习的内容是工作,通过工作实现学习;学生通过对技术(或服务)工作的任务、过程和环境所进行的整体化感悟和反思,实现知识与技能、过程与方法、情感态度与价值观学习的统一"①,其开发流程和课程结构如图3-6所示。

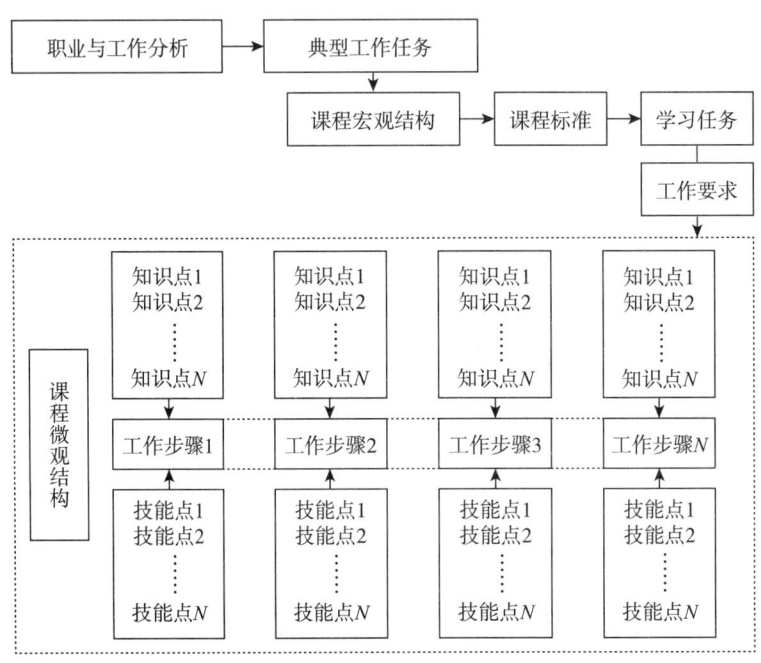

图3-6 工学一体化课程开发流程和课程结构

(4) 学习领域课程模式

1996年,德国各州文教部长联席会议颁布《职业学校职业专业教育框架教学计划编制指南》时提出了"学习领域"这个概念。"学习领域"是"一个由学习目标表述的主题学习单元;一个学习领域课程由能力描述的学习目标、任务陈述的学习内容和总量给定的学习时间(基准学时)三部分构成"。这里需要注意的是,学习领域课程中的"任务陈述的学习内容",就是完成一项工作的若干个工作步骤,它们按照实践逻辑排列起来,就是一个完整的工作过程。可见,学习领域课程是基于工作过程的课程模式,因此也要分析工作任务,于是采用了针对工作过程的职业工作任务分析法——BAG分析法,它更加注重工作过程的完整性和工作任务之间的关联性,从而更加有利于培养学生的综合

---

① 李雄杰.(2010).高职理论实践一体化课程规划与设计.高等工程教育研究,(02),88—92.

职业能力。学习领域课程的主要开发程序是：首先，运用 BAG 分析法分析职业工作过程；其次，确定并描述职业行动领域；再次，转换并描述学习领域；最后，将学习领域具体化为学习情景。学习领域课程教学时，则需要设计学习性工作任务作为实现学习情景的载体，并按照"资讯—计划—决策—实施—检查—评价"这个行动过程组织教与学的过程。

（5）工作过程系统化课程模式

2003 年，教育部等部委在全国范围内引入"工作过程系统化"课程的理念，提出"让学生有机会经历完整工作过程、获得与实际工作过程有着紧密联系的带有经验性质的工作过程知识"。工作过程系统化课程的理论精髓和开发模型主要可以概括为三个方面：

第一，根据认知心理学的研究成果，将真实的工作过程归纳为典型工作过程，典型工作过程的典型工作环节为七步左右，其教育学的意义主要是培养学生的操作技能。

第二，借鉴德国行动教学中的"资讯—计划—决策—实施—检查—评价"六个步骤，作为概括工作世界普遍"行动—认知"过程的普适性工作过程，其教育学的意义主要是培养学生的心智技能（策略）；普适性工作过程与典型工作过程需要相互耦合运用，实现操作技能和心智技能同步培养。

第三，按照同一范畴的参照系，根据迁移的三个水平（自迁移、近迁移和远迁移）设计三个以上的学习情景，培养学生的可持续发展能力和创新能力。

工作过程系统化课程的优点在于，比项目类课程模式更加具有整体观，比其他课程模式更加符合人类学习的整体性和系统性的普遍规律，且"决策"和"评价"两个反思性教学环节，提高了学习者课程学习的自觉性和能动性，提高了职业教育的教育性和人本性。

3.4.4 课程内容的组织排序

鉴于上述介绍的职业教育课程模式，职业教育课程内容一般会归结为技能、项目或任务，那么聚焦到微观的一门课程中，如何组织这些项目或任务呢？

3.4.4.1 从整体到部分

学习者应该先对整体技能有一个迅捷的了解，然后在后续的学习中逐渐予以丰富和完善。最理想的情况就是，呈现给学习者的第一个任务是完整任务的最简化版本，并且是专业人士在现实生活中会遇到的问题。每一个新的任务类别中都包含隶属于学习者"最近发展区"内的任务。最近发展区为学习者提供了整合知识、技能和态度以及协调各种必要组成技能的有利时机。"认知学徒学习"(Collins,1989)主张的"整体先于局部"原则与之相似,查尔斯·M. 瑞格鲁斯(Charles M. Reigeluth)"精细加工论"中的"变焦镜头隐喻"(Reigeluth & Rodgers, 1980; Reigeluth & Stein, 1983)也有异曲同工之妙。如果你通过照相机的变焦镜头来观赏一张图片,那么你通常会以广角镜头开始观察。变焦镜头展现了照片的完整图景,包括画面的主要部分以及彼此之间的关系,但是缺乏局部的具体细节。不过,通过推拉变焦镜头,你能更加详细地看清楚局部中的具体细节以及不同部分之间的关系。借助持续地推拉变焦镜头的过程,学习者能够不断地得到各个层次的细节和理想的广度。这种技巧往往也被用在课程计划上。例如,在了解汽车的结构和功能及其相互关系时,人们首先会呈现一个主要部件或系统的全貌(如电气系统、冷却系统、燃料系统、刹车系统、传动系统、转向系统,等等),在此基础上再不断地聚焦每一个具体部分(如点火模式或点火分电器、曲轴或曲轴传感器、变速箱)和各部分之间的关系。①

3.4.4.2　从简单到复杂

课程内容的组织上还应遵循从简单到复杂的原则。职业教育中对项目或任务的课程内容组织,可以利用以下三个方法:

(1) 简化条件

通过识别各种条件,简化工作绩效并且以是否具备条件的方式来描述每一个任务类别。在简化条件法中,同一时间内可以向学习者教授所有的组成技能,但是训练完整技能的条件是不断变化的,并且在训练中还要不断地增加难度。第一个任务类别代表专业人员在现实生活中会遇到的完整任务的最简化版本,最后一个任务类别代表学习者必须在培训结束之后能够学以致用的所有现实生活任务。

一个关于"专利审查"的综合技能实例也可以用来说明任务从简单到复杂的简化条件法。专利审查员在处理常见的专利申请之前要经过为期两年的培训。对于新的专利申请,他们必须准备一个"检索报告",还要认真分析专利申请书,在数据库中检索已经授予的相关专利,并在检索报告中录入这一审查结果。如果报告指出类似的专利已经审查通过,那么就应建议客户终止这一专利申请。此外,他们还需要进行一次"实质性审查"。在专利的申请过程中与专利申请者讨论,进行必要的调整,最后的结果是要么批准申请,要么拒绝申请。下列简化条件是影响专利审查的复杂性程度最重要的方面:

---

① 〔荷兰〕杰罗姆·范梅里恩伯尔,保尔·基尔希.(2015).综合学习设计(第二版)——四元素十步骤系统方法. 盛群力,陈丽,王文智,毛伟等译.福建:福建教育出版社.

① 专利申请书的清晰度(清晰还是不清晰);

② 申请书中提出的权利诉求是否简单明了(单一的、独立的权利诉求还是多种相关的、从属的权利诉求);

③ 是否需要对申请人的申请予以分析回复(有或无);

④ 审查过程中是否有必要做出调整(有或无)。

鉴于这些简化条件,第一个任务类别可以被定义为:专利申请书非常清晰,只有一项权利诉求和一个明确而完整的申请回复,并且在审查过程中不需要做出调整;而最后一个任务类别则被定义为:专利申请书非常模糊,其中有各种不同的权利诉求,并且有多个不明确、不完整的申请回复,在审查过程中需要做出调整。其他一些属于中等复杂的任务类别可以改变一个或多个简化条件后添加到这两项任务中去。

(2) 重点调控

这种方法需要确定一系列在培训中是否需要得到重点强调的组成技能,还包括在后续的任务类别中会予以强调的组成技能。在重点调控法中,学习者自始至终面对的就是完整任务,但是在不同的任务类别中所强调的组成技能是有差异的(Gopher et al., 1989),它强调了让学习者将注意力既聚焦完整任务,又关注相关重点,从而帮助学习者体会到关注非重点所必须付出的代价。例如,当教护理人员如何检查病人时,就应在一个特定培训课程的特定时机强调某些具体的护理技能。像人际交往技能在实习医生的诊断技能中往往是被忽略的。在培训课程内不同系列的组成技能中强调什么是重点,什么是非重点,这需要学习者学会调控,努力做到游刃有余,根据重点的变化及时转变焦点。通过这种方式,重点调控法能促进学习者认知图式的发展,使之更好地协调所涉及的组成技能。相比简化条件法,在重点调控法中学习者接触到的是在整个培训阶段全部综合的完整任务。

例如,在教师培训项目中,相关的组成技能有讲解教材、课堂提问和引导小组讨论等。在重点调控法中,四种可能的任务类别是:

① 关注讲解教材;

② 关注课堂提问;

③ 关注启动、维持和引导小组讨论;

④ 关注以上全部三个方面。

需要注意的是,重点调控法通常假定下一个任务是兼容上一个任务的。也就是说,学习者一旦学会了讲解教材,那么在下一个任务里他将要关注的就是如何开展课堂提问了(即在实施教学时不可能不会讲解教材就先去提问)。其实这也是一个逻辑顺序的问题,如果连讲解教材都不会,他就很难将提问作为重点。

再如，飞机修理培训项目中的更换喷气发动机。这是一个综合性工作任务，很难简化为单一任务。任务中，不可能叫一个维护人员只更换喷气发动机而不考虑其他零部件。在这种情况下，重点调控可能是一个不错的选择。更换喷气发动机主要有以下几步：拆除旧引擎，测试电、燃料和机械连接以确定新引擎能否正常使用，安装新发动机，最后运行一个测试程序。因而，飞机修理培训项目可以分成以下几个任务类别：

① 关注安全问题；

② 关注工具使用；

③ 关注精度和速度；

④ 更换发动机。

(3) 知识演进

这种方法主要根据深度任务分析和知识分析的结果对任务类别进行排序。相比简单的任务类别，复杂的任务类别需要更加详细或者互相关联的知识。因此，每一种任务都可以根据其依托的知识进行分类；反过来，一个知识体系的演进也可以用来定义或重新定义任务类别。但是不管怎样，都需要开展深度的任务分析和知识分析。一种方法是分析"认知策略的演进"，详细地说明了在这个任务领域里如何有效地应对问题。这种演进始于相对简单、直接明确的策略，终于相对复杂、精细加工的策略。每一种认知策略都能够用来定义一个任务类别，包括在给定的具体化水平上通过运用认知策略来完成的学习任务。另一种方法是分析"心理模式的演进"，详细地说明了学习领域的知识是如何加以组织起来的。这种演进也是从相对简单的模式开始慢慢转向非常具体的模式（Mulder et al., 2011）。每一种心理模式都能够用来定义一个任务类别，包括可以在相关心理模式的基础上通过推理来解决具体学习任务。①

3.4.4.3 学习支持的变化

对任务的学习支持与指导（即搭建脚手架），应该在"每一个任务类别中"重复进行递减。一旦任务类别明确了之后，就可以对已经开发的学习任务做出分类，并且开发一些附加的学习任务。每一个任务类别都需要足够数量的学习任务，以确保学习者在真正掌握之前有足够的练习机会，以及他们在接触更复杂的任务类别之前有多样化的练习机会（即练习变式度）。对任务类别的说明可以帮助找到有用的现实生活中的任务以及开发附加的学习任务。一般来说，学习支持和指导在同一类的第一个学习任务中力度最大，在后续的学习任务中逐渐撤销脚手架和帮助，直到完全放手。

---

① 〔荷兰〕杰罗姆·范梅里恩伯尔，保尔·基尔希.(2015).综合学习设计(第二版)——四元素十步骤系统方法. 盛群力，陈丽，王文智，毛伟等译.福建:福建教育出版社.

3.5 教学方法的确定

3.5.1 行动导向的教学方法

德国职业教育专家 T. 特拉姆(T. Tram)对行动导向做了明确界定:行动导向是一种指导思想,培养学习者具备自我判断能力、懂行和负责的行为。可以视为主体得以持续发展的过程,也就是说在这一过程中,他们所获得的知识和能力在实践活动中得以展现。[①] 因此,行动导向的教学方法不是一个教学方法,而是一系列教学方法的统称。

行动导向的教学方法适用于过程固定、情景不变的职业活动教学。这种教学方法的价值在于学生操作规范习惯的养成,追求职业活动操作的准确和职业活动结果的精度,是培养高端制造业高技能型人才常用的方法。常见的行动导向教学方法如表3-4所示。

表3-4 常见的行动导向教学方法

名称	基本含义、步骤和适用范围
角色扮演法	让学生在环境中扮演某一角色进行活动,借以达到教学目标。主要教学过程为:提出问题、挑选角色扮演者、观察与角色扮演、记录、讨论。多适用于旅游、商业、管理等文科专业
项目教学法	师生通过共同实施一个具体的、具有实际应用价值的完整"项目"工作而进行的教学行动,如小产品制作、某产品广告设计、应用软件开发等。主要教学过程为:确定项目任务、制订计划、实施计划、检查评估、归档或结果应用。主要适用于综合能力的培养,多与其他教学方法如引导文法等配合使用
案例教学法	通过一个具体教育情景的描述,引导学生对这些特殊情景进行讨论。主要教学过程为:阅读分析案例、小组讨论、全班讨论、总结评述。多适用于管理、教育、法律、医学等部分学科,特别是已掌握一定专业理论知识和有一定知识积累的高年级学生,不适合低年级学生的学习
四阶段教学法	主要用于操作技能教学,是以示范-模仿为核心,由准备、示范讲解、学生模仿和教师评价四个阶段构成的教学方法
头脑风暴法	教师引导学生就某一课题自由发表意见,教师不对其正确性进行任何评价的方法。主要教学过程为:教师解释运用方法、学生即兴表达想法与建议、师生共同总结评价。主要适用于解决没有固定答案的或没有参考答案的问题,以及根据现有法规政策不能完全解决的实际问题,如市场营销中的买卖纠纷、广告设计等。该方法能够在最短的时间里获得最多的思想观点,可插入任何一个教学单元或工作过程中

---

① 姜大源.(2007).当代德国职业教育主流教学思想研究.北京:清华大学出版社.

(续表)

名称	基本含义、步骤和适用范围
现场教学法	在生产现场直接进行教学的教学方法。让学生在实习现场或工厂车间,教、学、练、做、训相结合,缩短理论课堂教学与实际生产应用的距离
模块教学法	把学生掌握的知识或技能,根据具体工种、任务和技能要求,严格按照工作规范,划分成若干个独立单元(即模块)进行教学的方法。主要教学过程为:划分教学模块、实施模块教学、改进教学方案
要素作业法	通过对手工生产劳动过程的分析,从中抽出操作要素编成单元作业,然后在与生产现场相脱离的场合按一系列要素作业进行教学的方法
个别工序复合作业法	教师先让学生分别学习和掌握本工种最简单的几个要素工序,然后将这几个要素工序复合起来加以运用,进行简单作业;以后再学习几个新的要素工序,再进行包括以前学过的要素工序及新学的要素工序在内的更复杂的作业

资料来源:在平若媛,龙洋,白地动.(2013).财经类高等职业教育工学结合人才培养模式探索与实践.北京:北京邮电大学出版社,第92页的基础上绘制。

3.5.2 面向复杂学习的教学方法

职业教育课程不仅包括大量的行动学习,还涉及大量的复杂学习。复杂学习涉及整合知识、技能和态度,协调质量不同的组成技能,并经常将在学校或培训环境中学到的知识转移到日常生活和工作环境中。复杂学习方法关注基于现实真实任务的学习,作为教学、培训的驱动力。这背后的基本思想重点是这些任务有助于学习者整合知识、技能和态度,激励他们学习协调组成技能,并将学到的知识转移到新的问题情景中。这里的认知学徒(认知学徒制,cognitive apprenticeship),是一种从改造学校教育中的主要问题出发,将传统学徒制方法中的核心技术与学校教育整合起来的新型教学模式。其核心假设是:通过这种教学模式,能够培养学习者的高阶思维能力(higher-order thinking skills, HOTS),即专家实践所需的思维能力、问题求解和处理复杂任务的能力。

在学校教育出现之前,学徒制是日常工作与生活中最为普遍和自然的学习方式。学徒们通过对师傅专业工作的观察、模仿、训练等方式,从边缘参与进入工作的实践共同体,在从新手到专家的身份形成过程中获得专家实践所需的知识与技能。亦即从新手到专家的身份形成过程中,塑造了一个成员在实践共同体中的能力。随着工业革命的兴起,学校教育逐渐取代了传统学徒制。虽然学校教育在组织、传递概念和事实性知识上已取得相对的成功,但却忽视了学习者关键性专业技能的培养。学校教育所强调的是解决"教科书"问题的死板方法,发展的是相对孤立的低阶技能,而对专家在获取知识或将知识运用于解决复杂现实问题时所涉及的推理过程与策略,却缺乏应有的关注。

认知学徒制的特征主要表现在如下五个方面：

① 关注的不是概念和事实知识的获得,而是重视专家在获取知识或将知识运用于解决复杂现实问题时所涉及的推理过程、认知和元认知策略。

② 使思维过程可视化,将原本教师(专家或学习者)隐蔽的内在认知过程显性化,便于学习者观察、重复演练和实践。

③ 将学校课程中的抽象学习内容置于有意义的情景之中,主张学习与实际的工作环境关联起来,让学习者充分了解学习的目的与应用,理解工作的相关性,并参与专家行为。

④ 鼓励学习者反思并清晰地表达不同任务之间的共同原理,使学习者逐渐独立地将所学知识和技能应用到新的问题情景中。

⑤ 允许学习者在完成复杂任务过程中,参与不同的认知活动,通过讨论、角色扮演及小组问题求解等方法将复杂的认知过程外显化,以促进自我修正和自我监控等元认知技能的发展。

认知学徒学习环境主要由认知学徒制的基本元素、学习者角色和教师角色三大组块构成,组块之间具有密切的内在关系,为了达到认知学徒制追求的预期成效,学习者、教师在认知学徒制的每个元素中所扮演的角色或起的作用有比较明确的规定性和针对性,只有经过学习者—教师的和谐互动,才能实现认知学徒制基本元素的功能。

3.6 课程评价的确定

课程评价是保证课程质量的重要环节,要促进职业教育课程持续发展,就必须形成合理的课程评价与反馈体系,将课程评价结果反馈给学校并指导课程的再开发与实施过程。

3.6.1 课程评价指导原则

（1）职业性原则

职业性是职业教育课程评价的根本性原则。职业教育的逻辑起点是职业,其课程评价亦应坚持职业性原则,否则就会偏离自己的生态位,出现生态位的错位与僭越。那样其评价就很可能成为张冠李戴的非职业性的评价,丧失评价的效度。所以,职业性是保证职业教育课程评价根本属性的评价原则,是职业教育课程评价必须坚持的首要原则。

(2) 实效性原则

实效性是职业教育课程评价的功能性原则。职业教育的课程评价不是为了评价而评价,而是为了通过评价达到"以评促建、以评促改"的目的,即通过评价发现课程实施过程的优势和特色,鉴别和诊断存在的问题、困难与不足,并据此提出解决、改进和完善的对策及办法,切实发挥课程评价的作用和功能。例如,在美国课程评价最常用的是学生评价。期末学生填好课程评价表,包括对课程、教师及教学助手的评价和建议等项目,交回学院,院办汇总后交给教师,最后再反馈到学院,由专人编写每年的评价结果报告,并存放于图书馆供人查阅。显然,这样的评价就是符合实效性原则的评价。

(3) 发展性原则

发展性是职业教育课程评价的目标性原则。目标产生于过去与未来、期望与现实、主观与客观之间的距离。目标为评价提供方向,而目标一旦实现,就转化为评价的标准,但它们都是围绕并服务于发展这个根本的。也就是说,课程评价是为课程改进和课程发展服务的。

(4) 整合性原则

职业教育课程具有整合性,评价也要符合整合性原则。一方面,职业教育课程评价是一个整体,无论是课程开发、课程建设还是课程实施,包括课程绩效,都是一个相互联动的整体,必须以整合的思维予以整体把握。另一方面,课程评价无论是从外在中观视角的学校与企业合作,还是从内在微观视角的学与做、学与思、知与行、行与思的结合上,都需要在遵循整合性原则的前提下,进行整体评价、联动评价,而不能把它们作为分散的、孤立的因素加以评判。也就是说,必须要以整合的思维和方法,把它们放在一个整体的系统中加以考察评价,在整体中透视局部,在局部中反映整体,这样才能真正从整体上、联系中把握评价对象,厘清评价对象的状态并做出科学评价。

3.6.2 澳大利亚 TAFE 课程评价

TAFE(technical and futher education,技术与继续教育,是澳大利亚具有大学文凭的课程)课程评价是指课程评价者采用一定的方法、手段和工具,依据评价的标准,遵循一定的原则,对课程开发和课程设置是否符合澳大利亚质量培训框架(Australia quality training framework,AQTF)的质量要求、是否符合培训包的要求提出评审意见。课程评价主要分为外部评价(也叫宏观评价)和内部评价(也叫微观评价):外部评价是指澳大利亚政府对学院人才培养工作和培养水平的评价,国家培训局每年都要定期对已注册的培训机构及学院进行严格的检查和考核,对于不符合国家标准的学院及其他培训机构要责令并监督其根据国家标准进行严格、科学、规范的改进,情况特别严重时,要取消其培训资格。

内部评价是指学院对课程、教师教学和学员学习效果的评价。

除联邦政府和州领地政府负责职业教育与培训的行政管理部门或授权管理机构对学院进行行政管理以外，澳大利亚的相关行业、企业还要参与对学院的管理，包括参与学院的教学质量评估工作、学院的决策和管理工作以及学院的技能培训工作等，这些工作主要通过行业培训顾问机构和澳大利亚国家培训局认可的特殊行业的培训咨询组织来进行。其重要作用体现在参与制定不同行业培训包、确定国家职业教育与培训政策、与各州的学院和注册培训机构共同开发职业教育与培训课程等方面。为了不断提高职业教育的办学质量和办学标准，使职业教育更好地为社会和经济服务，澳大利亚政府始终把职业教育的培训质量评价作为一项首要工作，主要从严格规定课程设置标准和教师资格等外部条件来保证职业教育的培训质量，并且建立了一套科学化、规范化的职业教育培训质量评估体系。

第 4 单元

职业教育课程开发

4.1 开发原理与方法

4.1.1 职业教育课程开发的定义和特点

职业教育课程开发是职业院校依照其未来愿景,进行校定必修、选修课程的规划、设计、实施及评价,以发展学校特色。如此,有助于职业教育体系各层级学校做自我定位,期许培育人力更符合产业人力需求。职业教育课程开发最大的特点应该是采取分享式的民主决策模式,充分利用资源,发展学校特色,讲求绩效责任,适应社会需求,如表4-1所示。

表4-1 职业教育课程开发的特色

特色	内涵
导向	职业教育课程以校内经验、活动历程及具体表现为导向
适宜	职业教育存在的理由是基于特定行业需求
重点	职业教育课程的重心是帮助学生培养就业或生计发展所需知识、技能、态度与价值观
校内成就标准	学生必须在特定任务上有所表现,而评析其表现标准是符合真实世界的标准
校外成就标准	由业主确定,旨在帮助学生能与成功就业产生密切关联
学校与社区关系	学校必须与社区建立伙伴关系
课程标准	政府确定教育目标及课程标准
反映社会需求	课程必须反映社会与科技改变
与企业界关系	职业院校必须与企业界密切结合,使课程内涵能符合企业界需求水平
投资	职业教育的课程发展与推动须有持续性经费支持

资料来源:Finch, C. R., & Crunkilton, J. R. (1987). *Curriculum Development in Vocational and Technical Education: Planning, Content, and Implementation.* Boston, MA: Allyn and Bacon, 14-15。

职业教育课程开发在欧美的教育体系中是非常重要的一环,尤其是课程的发展与设计,关系教育目标方向与实施成效。

回顾相关文献,联合国教科文组织(United Nations Educational, Scientific and Cultural Organization, UNESCO)在1982年整理了一系列与课程教学有关的信息,其中第八部分(info TVE8)是技术与职业教育课程开发手册,说明了课程开发的五个步骤:分析、设计、改进、实施以及评价,并强调职业教育的课程比普通教育更需要持续的调整,其设计与开发方向,不但需要考虑工作与职务的需求,更需要兼顾社会的变迁与文化发展趋势或观点(UNESCO,1982)。① 常有学者或社会大众认为,职业教育的学习内涵以工作或职业为导向,将对学生学习有所限制。Bowers(2006)通过深入访谈师生,发现所提供的意见中确实有不同的观点,其结论为:虽然教师可能受限于课程架构而欠缺教学弹性,但兼顾学生职业工作与生涯发展基础能力的培养之下,职业导向的职业教育课程对学生学习成果的提升与未来工作的准备确实有其作用。② 良好的人力规划与适切的教育可达成因材施教与人尽其才的功效,这是国家竞争力能否持续与进一步提升的重要因素。职业教育院校回归职业教育的培育目标,以落实职业实务技术能力为目标规划实务课程,使学生能学习完备的专业实务技能,减少学习所得与业界需求之间的落差,是目前刻不容缓的重要议题。③

技术学院(technical institutes)、行业学校(trade school)及其他特定类科学校的大量兴起是20世纪八九十年代美国职业教育的主要特征。1917年《史密斯-休斯法案》(Smith-Hughes Act)的通过,正式强调职业教育是一门新课程,它提供年轻人学校一般课程外的另一项选择,目的在于使年轻人具备工作的技能;之后一系列技职教育相关法规更强调课程质量的重要性。④ 从20世纪90年代开始,美国经济进入另一个阶段,联邦储备委员会主席艾伦·格林斯潘(Alan Greenspan)称之为新经济时代,其低失业率、高信息与通信科技及创新的特征影响了美国技术与职业教育课程开发方向与改革。⑤

美国的职业教育专家兼顾多种因素,将不同派别有关培养高质量技术人才的理论精髓进行融合,联合设计了一套职业教育课程质量评价工具(RTECA),梳理出了一个逻辑严密、连贯一致的职业教育课程开发理论框架。

构成 RTECA 理论框架的三大中心理论为:美国劳工部就业技能委员会(SCANS)的"论必备技能的训练",C. R. 芬奇(C. R. Finch)和 J. R. 克伦基尔顿(J. R. Crunkilton)的"职业技术教育课程开发理论"和格兰特·威金斯(Grant Wiggins)的"课程评估开发模型"。

"论必备技能的训练"研究报告指出,优秀的技术工作人员应该能够创造性地应用以下能力:有效利用资源的能力、信息能力、妥善处理人际关系的能力、系统认知能力、行业

---

① UNESCO. (1982). Curriculum development in technical and vocational education: A methodology guide.
② Bowers, H. (2006). Curriculum design in vocational education. Australian Association for Research in Education-2006 Conference, 26 to 30 November 2006, Adelaide.
③ Tang, J. -L., & Huang, S. -F. (2013).Department-based practical curriculum design for vocational and technical university: The case of department of mechanical engineering at China University of Science and Technology. *Journal of China University of Science and Technology*, 55(04), 153-179.
④ Finch, C. R., & Crunkilton, J. R. (1989). *Curriculum Development in Vocational and Technical Education: Planning, Content, and Implementation*. Boston, MA: Allyn and Bacon.
⑤ Rojewski, J. W. (2002). Preparing the workforce of tomorrow: A conceptual frame for career and technical education. *Journal of Vocational Education Research*, 27(01), 7-34.

技术能力。

报告还指出,高端优秀职业技术人员应该具备三种基本技能:基础能力(如阅读能力、写作能力、口头表达能力、计算能力等)、思维能力(如解决问题的能力、决断能力、推理能力、创新创造能力等)以及个人素质(如自尊精神、自我管理能力、社会交往能力、团队精神、凝聚力等)。

"职业技术教育课程开发理论"认为,课程质量必须从过程(学生在校学习经历)和结果(由学校学习经历产出的就业机会和能力)两个方面来考察。在遵循教育教学规律的前提下,职业技术教育课程建设还必须随时按照未来工作岗位的需求进行调整。因此,职业技术教育课程必须提供一些能够直接帮助学生形成就业能力的内容或训练项目,如知识、技能、态度、价值观等。

该理论还列出了课程建设与毕业生就业能力和职业能力密切相关的九大因素:

① 以事实为根据。依据学校和社区的实际情况选择课程内容。

② 动态。课程建设能够及时反映职场的变化。

③ 目标明确。课程目标应具有可测量性,目标越明确、越具体,越容易判断学生实现目标的情况。

④ 表述充分。课程内容的安排应做到高效选择、范围适当、逻辑严密,不同阶段和单课之间应相互衔接、过渡自然。

⑤ 求真务实。学生的学习体验应做到一脉相承、切合实际、高效实用。

⑥ 以学生为本。教学方法也应与学生未来的职业特点相联系。

⑦ 自觉评估。自觉地、不断地评价课程的效能。

⑧ 前瞻性。应科学、准确地确定课程内容的超前度。

⑨ 国际性。尽量参照国际标准,强调整体质量。

威金斯在"课程评估开发模型"以及其后与杰伊·麦克泰(Jay McTighe)合著的《追求理解的教学设计》《理解为先模式》等著作中提出了关于怎样培养技术人才的更深层次的理论观点。他们认为,课程建设应该谨慎地选择课程内容、紧密联系实际、注重实用知识、真实可靠地评价学生的认识能力。认识能力是所有能力的基础,包括六个方面:阐释能力、推理能力、应用能力、洞察力、同感力、自我认识能力。

以上三种理论突出了三个主题:与学生需求相对应的教育经历、深度认知、紧密联系职业实践。这三个主题包括了学生应受到的核心教育训练内容、课程材料的选择和学生学业评估三个方面的内容,三者形成的合力能够最优化地建设教学环境,也只有这样的教学环境才能培养出高质量的技术人才。

4.1.2 职业教育课程开发模式

课程开发模式依据学者的哲学观及时代背景不同,大致上可分为三大类别:目标模式(或者称为技术性模式或工学模式,objective model, or technological model)、过程模式(process model)、情景模式(situational model)。

其中,目标模式包括泰勒(Tyler)模式、塔巴(Taba)模式、惠勒(Wheeler)模式、柯尔(Kerr)模式、古德拉德和里克特(Goodlad and Richter)模式、朗特里(Rowntree)模式与约翰逊(Johnson)模式等。早期的学者将课程视为一种物品或一组教学目标,课程开发是生产这些物品的活动,或根据教学目标设计学习的蓝图。课程设计则是通过需求评估,发现适当目的并化为目标,选择适当教材与学习活动加以组织,达成教育目标。此种历程即泰勒的目标模式,由目标、内容、组织与评价四个阶段组成,相关内容如图4-1所示。国内外职业教育课程开发模式多参照泰勒的目标模式再依照组织特性来发展。诸如早期 Finch and Crunkilton(1989)等课程开发模式,多以泰勒的目标模式为架构。

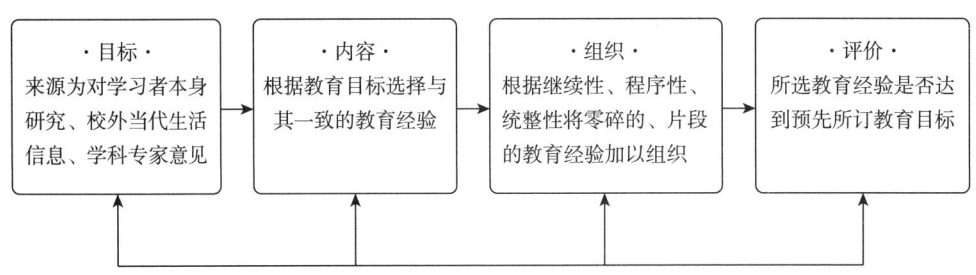

图 4-1 泰勒目标模式运作内涵

但目标模式以行为为导向所设定的教学目标具有结构性(由上而下)与阶层性的特征,认为学生的学习结果可被复制,而忽略了教育的价值性。为此,课程开发理论典范转向微观视角,重视学校知识组织、分配与师生互动过程。[1] 因此,课程开发由目标模式转向过程模式,以 Stenhouse(1975)为代表,其理念认为,教育不应该为一种工具,其主张教育关注学习者内在的价值活动,后续有 Schwab(1970)等发展的实用折中模式,均可列为过程模式。而情景模式则包括史北克(Skilbeck)模式、劳顿(Lawton)模式和斯奎尔斯(Squires)模式等。

上述三种模式类别,整体而言,目标模式着重学生的学习表现,预先确定目标作为课程选择、学习活动安排、教学策略制定的依据,并以学生学习表现是否符合目标作为唯一的评价项目。其优点为按部就班、循序渐进地朝学习目标迈进,但被认知学派的学者们

---

[1] Levine, T. (2002). Stability and change in curriculum evaluation. *Studies in Educational Evaluation*, (28), 1-33.

批评为:课程规划似物品的制造,学生易被养成消极与被动的人生观。过程或实用折中模式则主张学习者的成长过程才是学习的重点,课程开发重点应落在学习过程,尤其是对学习内容的探究过程上,是学习者内在的价值活动,是知识获得的重点,课程的预定目标并非学习的唯一。[1] 情景模式则强调学习环境、社会文化与学习情景间的密切关系,潜移默化以培育适应社会与环境的人才。然而,课程开发各种模式的形成,基于模式开创者的教育哲学观、时代背景、培育对象及学习者被形塑的理想,而各有其特色。因此,课程开发模式的选用,应视课程需求与目的而采取适切的模式作为参考,并在设计方法与流程上加以微调。例如,在职业教育课程规划上,结合目标模式与实用折中模式。职业类科为主的马杰和比奇(Mager and Beach)模式、布兰克(Blank)模式,事实上就是一种兼顾目标与过程的模式,其重点内容为:描述职业或工作、确定工作任务、进行分析、确定课程目标、确定评量标准、决定学科科目、决定课程单元,以及试教与修正。

4.1.3 职业教育课程开发的方法与流程

如前所述,课程开发模式取决于教育哲学观、价值观、时代背景、培育对象及学习者被形塑的理想,然其开发方法与流程上,除依据上述模式所提的阶段步骤进行外,还有一些学者针对课程开发提出了其他方法,本小节简述职业教育课程较常用的三种开发方法:DACUM(developing a curriculum)、德尔菲法(Delphi technique)以及工作分析与工作设计等,它们除可作为本小节实务课程开发实例的核心理念外,也可供读者作为课程开发的参考。

(1) DACUM 法

DACUM 法是"developing a curriculum"的缩写,其源于加拿大,是经济有效的行业分析方法。DACUM 由某个领域的 5—12 名专业人员组成,通过小组头脑风暴的方式将某一职务的工作内容发展出 DACUM 能力目录表,作为课程安排的依据。DACUM 法可以作为下列六项情景运用的基础,包括课程开发、学生的咨商和就业辅导、新职类训练需求评估、员工绩效评价、能力测验发展与工作说明等。其实施流程如下[2]:

---

[1] Tang, J.-L., & Huang, S.-F. (2013). Department-based practical curriculum design for vocational and technical university: The case of department of mechanical engineering at China University of Science and Technology. *Journal of China University of Science and Technology*, 55(04), 153-179.

[2] Norton, R. E. (2009). Competency-based education via the DACUM and SCID process: An overview. Center on Education and Training for Employment, College of Education and Human Ecology; Reid, T. (2003). Overview of DACUM job analysis process. NIC academy division.

① 遴聘一群资深员工组成委员会；

② 以连续两天左右的时间安排会议，分析研议每个工作职务与工作任务；

③ 由具备教育理念或课程开发经验的专家主持会议；

④ 请每一位委员以他们工作上实际的任务内容，记录在大张的贴纸（墙报纸或称为备忘卡）并张贴在黑板或墙上；

⑤ 参与委员提供个别意见进行修正，整理成有共识的任务名称及内容；

⑥ 相同方式，由任务项目下发展出工作项目，在每个工作项目之下则建立其活动或操作项目；

⑦ 将讨论结果或修正项目记录在显示在墙上的图表中；

⑧ 再次检视与确认 DACUM 图表的各层级、各项目内容，完成 DACUM 图（见图 4-2），通常以 6—12 个工作（duties）、75—125 个任务（tasks）为原则；

⑨ 以 DACUM 图为后续开发知识、技术、能力的依据并确定能力标准。

DACUM 法因为参与者为第一线的专业人员，对该职务的内涵以及工作项目十分熟稔，开发的课程内涵较为务实；主持者为具备课程开发经验的专家或学者，对参与的专业人员（委员）经头脑风暴提出的结果，可发展出具有远见及有组织性的实务课程及单元。然而，过程中也稍有其限制，如易产生从众意见；两天左右的会议可能缺乏充足思考；委员均为第一线主管因忙碌不易安排会议时段；如有上下属或辈分关系的委员，其意见易受人际或伦理关系的影响。

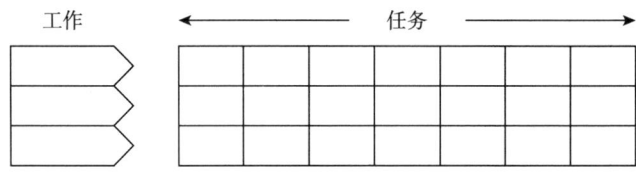

图 4-2 DACUM 图

（2）德尔菲法

所谓"德尔菲法"是研究者针对某议题，邀请多位专家学者（通常 20—30 人较为合适），以匿名及书面方式表达意见，通过多次（实务上至少三次以上）的往返意见交流后，逐步获得最后结论的一种方法。德尔菲法是 20 世纪 50 年代由美国兰德（Rand Cooperation）公司的工作者发展出来的，可以用于工商业、教育、各类计划性的策略或方案，如政策形成、预测评估、目标评量、课程规划、问题解决与确认等开发的意见收集。①

---

① Hsu, C. C. (2007). The Delphi technique: Making sense of consensus. *Practical Assessment, Research and Evaluation*, 12(10), 1-8.

德尔菲法的实施步骤归纳如下：

① 确认主题，编制结构性问卷初稿；

② 专家征求同意后进行问卷传递（纸本或电子邮件档案），并转告参与的专家德尔菲法需以前瞻性的角度（例如以五年后的情景为目标）、至少三次以上的反复提供意见；

③ 寄出第一次问卷，填答专家除意见反映外也同时可针对问卷提供修正意见；

④ 第一次回收并汇整意见后，将全体反映以第二次问卷回馈予每位专家，并请进行第二次意见表达，无论所提意见是否与第一次意见相同，都可提供修正或不修正己见的原因；

⑤ 持续进行专家意见收集至专家们意见聚焦为止；

⑥ 过程中如经多次往返，专家意见仍无法收敛或聚焦，则以专家书面表达意见进行内容分析并且归纳陈述两种相反意见后由主事者（企业老板）对课程项目内容做出最后决策。

德尔菲法可比拟为非面对面的专家会议，该方法具有可不受时空限制、有较长时间深思熟虑、避免投票或参与者因受限于辈分与伦理而不表达意见或从众心态等优点。但仍有以下限制，如较无法进行面对面的研议、较缺脑力激荡的立即意见反映、意见分歧不易整合、样本容易因为多次往返（耗时的压力）而流失等。

（3）工作分析与工作设计

工作分析与工作设计已发展成熟的方法有很多种，如功能性职务分析（functional job analysis，FJA）、职位分析问卷（position analysis questionnaire，PAQ）、工作分析系统（fleishman job analysis system，FJAS）、能力模型（competency model）及工作扫描（job scan）等。以最常使用的 FJA 工作分析为例，FJA 可译作功能性职务分析，是由美国劳工部提出的实务导向的工作分析方法，以职务为中心，着重在工作者、工作项目以及工作能力方面的分析，包含生理的、心智的、人际的等在工作过程中的各项任务，是进行分析再归纳设计教育训练课程的重要工具。工作设计以完成工作所需的知能为分析内容，因此分析的结果可作为工作简化、轮调、扩大化与丰富化等设计的参考，对提升工作动机及效能有很大的功效。

工作分析的步骤为：

① 确认组织需达成的工作目标；

② 确认工作任务，包含生理的、心智的、人际的，并拟定描述的格式；

③ 针对各个任务设计量表，以七点量表（7 scales）为主；

④ 确定各任务表现指针（performance standards）；

⑤ 可归纳为行业职业工作分析表；

⑥ 依据获得的工作项目发展训练课程内容。

工作分析基本上具有以下优点:分析获得的工作项目与企业实际目相标契合、能够掌握员工的绩效并作为薪酬的依据,以及可以给予员工明确的职业生涯发展目标。但 FJA 大多采用员工调查、观察或访问等方式,除十分耗时以外,需要注意的部分为:设计过程中员工可能会夸大或增多工作项目、可能偏向员工个别能力、部分员工可能因抗拒改变而影响调查、过于强调现阶段的工作项目不易具前瞻性。也有学者认为,工作分析可能因上述缺失影响其效度,但基本上如能严谨依序逐项进行检视,则 FJA 的方法仍颇具效度。①

4.1.4 职业教育课程开发的目的与架构

进行职业教育课程开发的目的,具体而言有下列五项:
① 落实职业教育学校本位课程开发的精神。
② 职业教育体系各层级学校之间的定位与建立学校特色。
③ 建立以群为单位的课程实施方案。
④ 推广产学合作与教学资源整合。
⑤ 未来的培育人力更符合产业的需求。

职业教育学校本位课程开发架构,就整体课程结构来看,以高职课程为例,其属于职业教育体系课程的一环;于纵向面,往上衔接科技大学、技术学院或专科的课程,往下承接国民中小学九年一贯课程,系位于整体课程的中心枢纽地位,所以高职课程在规划时,必须注意上下年级课程的连贯性;于横向面,应注意社会的脉动与变化、产业发展趋势,主动与企业界建立伙伴关系,在课程、教学与技术实习等方面充分交流,以培养学生具有实务操作的能力,并充分利用社区资源,结合学校有利条件,以发展独具特色的学校本位课程,为高职教育创造美好的未来。

4.2 开发步骤

4.2.1 职业教育课程开发的基本程序

课程开发的程序是一种动态的过程,而非僵化、线性的步骤。学校在进行课程开发

---

① Cronshaw, S. F., Best, R., Zugec, L., Warner, M. A., Hysong, S. J., & Pugh, J. A. (2007). A five-component validation model for functional job analysis as used in job redesign. *Erogmtrika*, (04),12-31.

时,应先评估课程开发的需求点,再选取适合本身开发的程序,视需要进行灵活的修正。能与职场需求密切结合的课程设计,应该也是学校开发学校本位课程的功能之一。通过各校进行的学校本位课程开发,可更清楚地认识职业教育的定位与目标。

课程开发至少应具备以下四个阶段才算完整。其程序如图4-3所示。

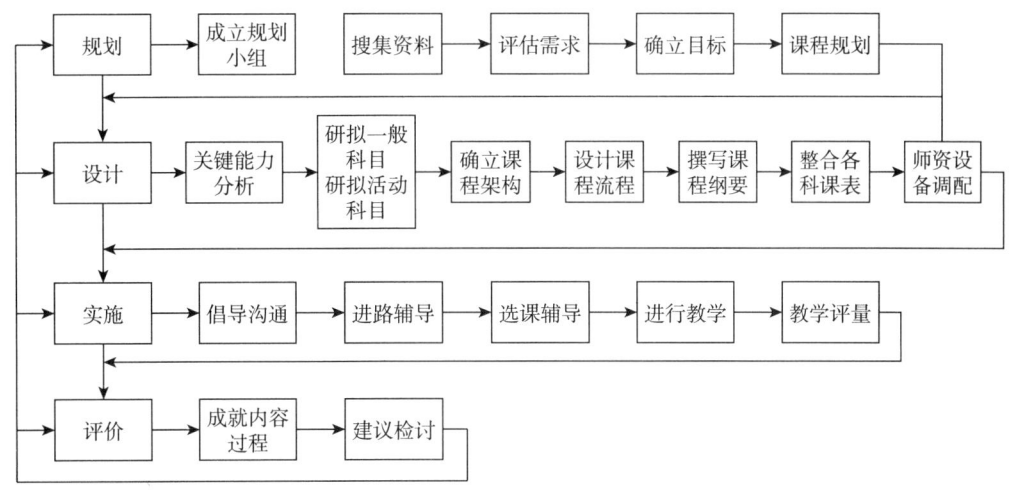

图4-3 职业教育课程开发步骤与程序

(1) 课程规划

规划是为课程设计做准备的,主要目的在于沟通理念与建立课程架构;其内容包括成立规划小组、搜集资料、评估需求、确立目标、课程规划(包括成立课程组织、确立课程架构、确定规划进度)。规划小组为课程开发的核心单位,负责学校本位课程规划与推动,因此成员除必须具备课程规划理念之外,还必须具有行政推动能力,通常由校长召集校内核心干部组成。完善的资料搜集,有助于使规划内容更具周延性。通过评估需求,对校内外影响课程的各项因素进行SWOT(优势、劣势、契机、危机)分析,评估的结论可作为确定学校发展目标、学制规划与设科规划的主要依据;为使课程规划有效执行,各校应成立课程开发委员会,作为学校本位课程开发的最高决策单位;课程开发委员会成员除学校行政人员之外,应尽可能地让校内各教学领域的教师代表参加,为顾及学校本位课程开发的周延性,也应邀请家长会、教师会、校友会、学者专家及社区贤达共同参与。课程架构是课程规划的主体,通过各教学研究会的讨论与课程开发委员会的协调,订出适合自己学校发展的课程架构,就是开发学校本位课程的最大特色。

(2) 课程设计

职业院校课程的设计,最可贵之处就在于兼顾务实性与应用性,而在科技与技术层面的应用,也必须有相当分量的理论知识配合,才能培育出适用的人才。在开发职业院校的学校本位课程之前,宜进行职场所需的工作与能力分析,再汇整到各校课程开发委员会,据以拟定课程目标,选择及组织课程内容和学习活动规划,并安排学习评价等。学校本位是一种分享式的课程开发模式,是学校、职场与师生之间富有高度互动的教育过程与方式。职业教育是社会最具就业导向的教育体系,学校本位课程正可完全来配合该项目标。在设计时拟出教学科目,包括一般科目、活动科目与专业及实习科目,再依据各单元课程的关联性,安排课程的学习进度与流程,最后即可整合出各科的课表,包括科目名称、上课年段、学分数及必修或选修。同时学校也必须依据现有的师资及厂房设备,为新设计的课程做好师资调配、设备调配及教师进修等配套规划。

(3) 课程实施

欲使各校所规划的课程在实施后能达到预定的目标,就应针对担任教学的教师、接受课程的学生与家长进行沟通与倡导,说明规划理念、欲达成的教育目标、未来进路及毕业条件;教师依据教育目标设计教学单元与课程内容及评量标准,学生依照个人的生涯规划选择最适合自己发展的课程学习。

(4) 课程评价

课程评价应该是整个课程开发的任何阶段都随时在进行,随时在做修正;学校本位课程的评价方式,可以分为成就评价、过程评价与内容评价三种:成就评价主要针对课程实施后的结果,包括学业成就、技能成就、生活教育成就、活动表现成就等项目做总结性的评价;过程评价主要针对课程开发的过程,包括课程开发的阶段、每个阶段的实施步骤、每个步骤的工作要项等做逻辑性与周延性的分析评价;内容评价主要针对课程架构、课程使用的教材、教学满意度、设备满意度及教学环境满意度等项目做调查评价。各校可依学校的需求及能力,对自己学校所量身订制的课程进行评价与修正,使所规划的课程更适合学校的发展。

4.2.2 职业教育课程规划组织架构

为规划职业教育课程,依据学校本位的精神,学校组织课程开发委员会,作为学校本位课程开发的最高决策单位。校长为召集成员,聘请校内课程开发有关的单位主管、各学科召集人、企业界代表、学者专家、教师会代表、家长会代表、校友会代表、社区代表等若干人为委员。委员会下设推行小组、行政支持组及教学研究会。推动小组由校长任召集人,成员有教务主任、督导主任、实践主任、教学组长、实验研究组长组成,负责拟订学校课程计划及推动方案;行政支持组由总务主任、辅导主任、图书馆主任、会计主任组成,负责课程规划行政支持工作;教学研究会一般研究主要教学领域,每个领域皆成立一个教学研究会,另由学校依照实际情况成立群的教学研究会,负责拟定教学科目、教学时数、教学流程、课程纲要及评量标准。课程开发组织架构如图4-4所示。

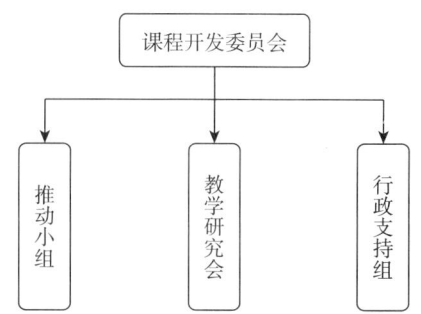

图4-4 职业教育院校本位课程开发组织架构

4.2.3 职业教育课程规划SWOT分析与评估

制订学校教育发展计划,必须先做审慎的评估分析,再据以规划学校发展方向、发展愿景、发展重点及教育目标。

针对校内外影响因素,依据SWOT分析法所做的学校发展需求评估分析,其可能的分析项目包括:

(1) 外在背景

① 时代需求:指时代变迁产业、经济、科技的发展等。

② 社区资源:指社区环境、社区人口素质及社区产业资源等。

③ 产业发展:指社区产业发展趋势等。

④ 考试制度:指升学、就业、证书等考试优势评估。

⑤ 伙伴关系:指学校与相关产业或团体的互动关系。

⑥ 教育发展:指政府的教育规划方针、考试制度、伙伴关系的建立等。

⑦ 整体环境:指整体社会价值观、经济发展与科技发展趋势等。

(2) 内在背景

① 学校背景:指学校的发展历史、校风及特色等。

② 学生素质:指学生家庭背景、入学程度、学习意愿等。

③ 学习环境:指校园环境、空间规划、教学设备、行政支持等。

④ 家长期待:指家长对学校、师资、学生等的期待。

⑤ 师资条件:指学校教师的专长、学历、年龄、教学经验、进修风气等。

⑥ 行政资源:指学校校内与校外的行政资源。

其间的关系可以用图4-5来表示。

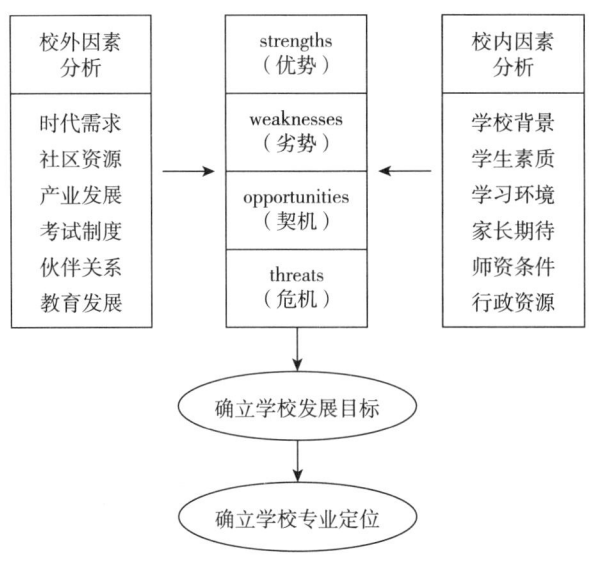

图 4-5 SWOT 需求评估分析

职业教育课程规划的精髓在于使高职、大专、大学或科技大学,各个层级的课程内容能合乎适应性与连贯性的需求。所谓"适应性"是指其所规划的课程内容,在学生学习后,所具备的能力能符合该层级教育目标的需求。所谓"连贯性"是指各层级的课程内容,能彼此衔接且避免过多的重叠,使学生最有效率地学习,得到最有价值的收获。学校本位课程开发的精髓在于分享式的决策,学生是建构学习的主体,具有选择学习课程的主动权;教师是课程研究开发及执行者,具有引导课程开发的规划权。所以学校在设置课程时,必须广纳各方意见,兼顾社会、学校、学生的特殊需求,使所规划的课程能符合社会潮流、学校发展、学生需求。

学校本位课程按照如下阶段开发:

(1) 规划阶段

学校应成立课程发展委员会的类似组织,通过该组织审查全校各年级的课程计划,确保教育质量。

考虑学校条件、社区特性、家长期望、学生需要、学生能力、教师专长、考试考科等相关因素,结合全体教师和社区资源,开发学校本位课程,并审慎规划全校总体课程方案。

(2) 设计阶段

专业科目(含实习)应以实务为核心,辅以必要的理论知识,以配合就业与继续进修的需求,并兼顾培养学生创造思考、解决问题、适应变迁及自我发展能力,实习课程为职业学校施教的重点,应切实执行,务使学生具有就业所需基本知识和能力。

校定科目纲要内容,各校可视学生程度、地区特性、社会需要及科技的发展酌量增减,各单元教学时间也可视实际需要酌量调整。因为科学及技术进步的日新月异,不合时宜的教材应全面检讨换新。校定科目的开发应兼顾各科目之间的纵横衔接性,同时每学期的教学科目不宜过多,以免造成学生负担过重。学校除发展有特色的校定课程外,另外对课程所需的设备、师资和实习环境应同时考虑。

(3)实施阶段

教师应依据教学目标、教材性质、学生能力与教学资源等情况,采用适当的教学方法,以达成教学的预期目标。教师应不断地自我进修,充实新知,并充分利用社会资源以改善教材内容与教学方法,以赶上科技进步和时代要求。

(4)评价阶段

未来高职学校评价应针对所谓的"学校本位课程"设计加以实施重点评价,对于各校如何建立校定课程应列为评价的项目之一。

4.3 国际职业教育课程实证分析

4.3.1 职业教育课程开发的国际借鉴

4.3.1.1 美国职业教育课程开发

美国的职业教育课程注重实务,并且和社区企业也有交流,强调产教合作的功能,主要的课程设计以就业、产品及学校与社区合伙经营为主轴,不断地收集信息、考虑业界需求、考虑学生的程度及社区需求。早期以单位行业课程(unit trade program)为主;后期改采用生涯群集课程(career cluster program),将具有相似性质的职业归为同一组,引导学生通过不同的学习方式,达到有意义地整合学术性课程与职业教育课程的内容,以符合就业市场需求,有利于学生顺利就业。而为因应社会变迁,1998年通过的《帕金斯职业及技术教育法》重申指出,中等教育不可将学生分成职业导向或学术导向两类,应在课程上达到学术及职业课程、学校中心与工作本位、中等与高等技术职业教育的整合,强调技术职业教育上下左右整合。

(1)重视职业准备教育课程

美国的中等教育阶段提供职业准备教育的课程让学生自由选修;在后中等教育阶段,生涯教育才转变为以主修领域为单位,提供学生对未来就业准备而开发的课程。所以,美国的生涯教育及技术教育,不论是在中等教育阶段还是在后中等教育阶段都含有

专业性课程,而不包含一般性课程或其他与就业准备无关的课程。

(2) 建立各州的课程发展特色

美国现行职业教育是由中央政府拨款并确定法案,然后由各州政府依照各州劳动市场的需求选择适合该州的生涯群集,自行确定相关课程。此种实施方式除了可以使学生所学能切实符合该州市场需求、提升毕业学生的就业率,同时可以发展各州职业课程的特色。

(3) 通过科技提升学习效益

信息时代的来临,使得学习方式更加多元。远距教学、网络学习、数字学习等都已成为学习的渠道。美国对成人的在职训练已多采用此类渠道,让这些人能够突破时空限制加以学习,而学校方面也逐渐接受通过此类数字学习方式的学习成效,承认数字学习所能取得的学分获学位证书。

4.3.1.2 英国职业教育课程开发

英国的职业教育以继续教育为主,满足 14—19 岁青年就业技能或社区成人大众学习的需求。课程开发大都依据国家职业证书架构和能力标准,以通过各授证团体的鉴定认证目标。但因雇主需求增多和职场变化万千,灵活的模块课程成为英国最具特色的课程设计,并成为英国国家职业证书课程的基础架构。

模块课程的弹性,可适应雇主、学生和成人民众的需求,适时调整组合证书的单元和内容。以职业职位的功能性定义能力指针,作为发展职业教育课程和证书资格鉴定的标准,将有助于适应产业类别不同和产业变动所需劳动力能力内涵的界定,也使得教育证书与职业证书相互采认、透明化、简易化。

(1) 以职场职业(类)规划证书和能力指标,据以开发培育证书能力的课程

英国的国家职业证书为职业教育和训练课程开发的基架,授证机构有 100 多所,提供 500 多种职类的 6 000 多种证书。英国证书与课程局(Qualification and Curriculum Authority,QCA)指出,截至 1994 年国家职业证书提供给 16—19 岁青年的证书有 500 多种,包括贸易、服务、工程、建筑、制造业等 11 种大的行业的 150 多种职业,占所有工作的 80%。①

雇主导向和就业导向的课程开发,是基于国家职业证书架构和能力标准,以通过证书与课程局认定的授证机构的评定,核发相对应的职业证书为目标。课程内容为胜任某一特定工作所需知识和技能,由雇主、工会与专业机构共同制定。

---

① QCA. (2006b). The national qualifications framework sheet.

(2) 扩大职业教育范围,强化提升 14—19 岁青年和职场劳工的职场能力水平与竞争力

1988 年颁布《教育改革法案》(Education Reform Act),首次实施国定课程,将科技列为国定课程的基础科目,可谓英国课程开发的创举。国定课程 2000(National Curriculum 2000)为延续 1988 年的《教育改革法案》,明定 14—19 岁为职业教育的导入期,提供关键阶段 4(14—16 岁)的学生更大范围与弹性的学术与职业选修课程。当前有主张自小学毕业起(13 岁)提供体验职业教育的机会,强调实务能力培养;此外,向上延伸加强 14—19 岁青年和职场劳工的能力水平与竞争力。

(3) 以国家职业证书架构和能力指标建构教育与训练证书的相互采认体系

英国的普通国家职业证书(GNVQ)和国家职业证书(NVQ)采取模块化设计教育或训练的课程,由单元(units)组成每一门课程,完成每一模块课程获得的学分,可依国家证书架构和高等教育辨识方案(national qualification framework and the higher education recognition scheme)引用和采认。

(4) 以职场能力为依据制定课程能力指标和内容

职业导向课程的开发,主要参照证书与课程局规划的证书架构,依课程属性由关键人士(如雇主、学校代表和社区民众)组合共同制定,其目标为通过授证团体评核授证或满足雇主要求,其课程内容为培育职场能力。所有普通国家职业证书课程的结构都采用单元课程开发,由若干个必修单元(包括核心技能单元)和若干个选修单元以及若干个附加单元组成。

(5) 模块课程,建构零存整付的证书承认与进阶衔接机制

模块课程使用于欧洲已有多年历史,更为欧盟用以设计正规、非正规或非正式的职业教育与训练,彼此间对学分或证书相互采认的课程组成要件,有利于透明化各国的教育与训练课程的内容,提高证书在欧盟各国的流通使用。因此,模块课程有许多不同的称呼,如学分(credits)、单元(units)和抵免(exemption)。国家职业证书和普通国家职业证书广泛地模块化(单元为主),有学分和学分转换方案。先前学习和先前经验学习认定广泛地用于继续教育和高等教育,可以减少获得证书所需的模块课程数。①

(6) 以职位的功能性角色扮演规范证书能力层级,适应产业结构变迁与调适

国家职业证书架构指标分为八级,包括初学者、在指导监督下工作、自主工作、指导他人工作、创新研发工作等层级,指导证书和证书等级的规范。指标不意图精确或全面性,而是工作指引,且将持续检视、协商与调整。因此,只要职位扮演的功能性角色不变,

---

① Colardyn, D., & Bjornavold, J. (2004). Validation of formal, non-formal and informal learning: Policy and practices in EU member states1. *European Journal of Education*, 39(01), 89.

即使工作内涵或技术层级提升,也不影响证书能力指标的规范意涵。

(7) 以继续教育培育职场劳动力和提升职场劳动力的能力水平

英国各地共有 500 多所继续教育学院,开设相当多元的课程,课程包括有准备进入职场的职业证书课程,有现职人员的在职训练课程,有为更换工作而准备的职业训练课程,还有为充实自己而希望学习新知识、新专业或新技术的课程,所以继续教育学院为英国职业教育与训练的机构之一。换言之,继续教育有学术性导向、职业性导向和终生学习导向的课程。完成义务教育的毕业生,大约有 40% 进入公立或私立继续教育学院学习。然而,继续教育学院并非仅仅招收中学毕业生,也提供学院所在的整个社区民众参与教育以及训练的机会。继续教育学院所提供的课程包括普通教育、商业与企业管理资格、农业与园艺学、艺术与设计、其他专业科目等。①

4.3.1.3 德国职业教育课程开发

德国专科学院的科系以工科为重点[除工科 18 个科系及其他如企管、行政、法务、财税、社会教育、社会工作、医疗(音乐治疗、艺术治疗)、营养、家政、信息、图书馆、档案、艺术设计及古物维修外,尚有许多特殊的科系,如媒体管理、出版业务管理、观光、公共卫生管理等],科系规划事宜均由各邦因地制宜专责办理。与一般大学的自由选课不同,专科学院承继往昔德国专业学校的传统,采用较严格且密集的课程结构,修读年限较短,且强调实务应用取向的养成训练。课程内容与一般大学不同,以跨科系及解决问题取向为主,学术专业科目的理论分析则退居其次。

专科学院的修业年限一般为 8 个学期,事实上平均修读期限为 4.7 年。专科学院的课程分为基本课程及主要课程。基本课程的修读期限依科系不同分为 2—4 个学期,修毕通过考试可获得文凭并可续修主要课程。在主要课程阶段,学生可选择不同的重点及选修课程,上课的形式分为听讲课、讨论课、练习及实习等,授课亦以 15—30 人的小班形式为主,每学期实际授课时间(与一般大学相同)最长 19 周,每周上课时数平均 30 个小时,每年寒暑假总计 3 个多月,比一般大学生的 5 个月要短。

目前,各邦均对专科学院学生规定在修读期间需有实习学期,即每位学生均需利用一个学期去相关的机构从事实习。由于专科学院学生毕业论文的题目以研究处理职业工作实务上的问题为主,大部分专科学院学生均利用实习学期在学习机构的协助及合作下从事毕业论文的研究(60%—70% 的工科毕业论文均与实习机构合作完成)。

技术大学的课程结构与专科学院类似,也可分为基本课程及主要课程两阶段。工程类一般约需 5 年毕业。暑假较专科学院长,学生通常于暑假期间到公司实习而不另花

---

① Andrew, M. (2005). Vocational education and training in England. Middlesex University.

1个学期去实习。学位论文需 3—9 个月才能完成,也多半与公司实务相结合。

综合德国职业学制的设计理念及运作模式,可提供我国职业教育学校课程开发的经验如下:

(1)德国就业导向学制的课程开发主要由业界主导

德国二元制职业教育课程内容主要由业界(工会)主导,新职种的课程也是由工会或经济部门来发动。

(2)德国职业教育课程及教学重视会考

由于德国的职业导向课程以能让学生通过毕业考试为教学目标,因此教师教学上鲜少有自行规划课程的空间。

(3)德国职业教育课程以职种或类为单位规划

2005 年德国二元制职业教育分为 335 个职种开发课程,职业高等学校则以类为区分,没有群的概念。

(4)德国职业教育课程着重专业课程及实作课程

德国二元制职业教育专业及实作课程占教学时数的比例达 70%。部分操作要求较高职种,暑期尚须全时间在工厂实习。专门高级学校及职业高等学校其专业科目比重也超过 60%。

(5)德国职业教育师资首重技能

德国职业教育师资须具有任教职种证书及两年工作经验,通过性向及一般科目测验即可担任二元制职业教育师资。

4.3.1.4 澳大利亚职业教育课程开发

澳大利亚的职业教育系统主要由专科技术学校(technical and further education,TAFE)的立案训练机构提供,其定位相当于美国的社区学院(community and junior college),或英国的综合技术学校(polytechnic system)。TAFE 每年提供上百种不同的课程,训练百万名学生学习各种各样的专业技术,以提供各阶层人士的专业技术学习及进阶教育的机会。TAFE 近年来已从传统的职业训练教育转变成中学毕业学生进阶高等教育的跳板并为澳大利亚职业教育的主轴。

以公立 TAFE 为主轴的职业教育,其所提供的课程都属于实际应用性课程,各项课程以进阶的方式进行,且学生在取得 TAFE 所颁发的证书或文凭之后,得以转到高等学府继续修读相关课程并得以抵免部分学分及修业年限。通常高等学府与各 TAFE 之间都具有特定的合作关系以提供学生部分课程学分抵免。近年来已有越来越多的高等教育毕业学生(通常为大学毕业生)转赴 TAFE 修读实用课程,同样得以相互认证抵免部分学分及修业年限以取得专科证书或文凭。

TAFE职业教育课程设置和技能检定的内容，严格按照统一的行业职业技能标准和统一的国家职业资格证书制度要求，并按照职业功能模块和级别具体细化分解为学分，不同等级的证书，是通过学分制逐步积累完成的，学员可以通过累积学分完成学业，这种学分制修业方法使职业训练与普通教育、高等教育相衔接。

进一步来说，TAFE是一个提供从基本技能训练到高中后职业技术教育的综合体，它上接大学、下连中等教育，直接面对劳动力市场就业需求，具有多功能、全方位、灵活多样、各取所需的特点，与传统意义上的学校教育模式有很大的区别。

由于课程设置依据的职业技能标准是按职业功能模块和级别分解叠加为模块式的，从而组合成一个完整的标准体系，学生可以进行全日制学习，也可以在就业后进行非全日制学习，这就有利于学生根据个性发展需要进行选择学习，也有利于学生逐步分段进修，更为在职人员提高职业在职技能创造了条件，从而大幅提升了职业教育为社会提供实用人才的效率和效益。

能力培养是澳大利亚TAFE教学设计的核心内容。TAFE基于提供职业教育训练的特质，其课程及教学方向需与地方产业密切配合。其课程的设计，主要以就业市场为导向，培养学生毕业后的就业能力与机会。同时为配合业界的市场需求，TAFE的设备十分齐备、新颖，这样才能跟得上业界快速变迁的脚步，至于课程内容主要以能力本位训练的训练包(training packages)为主，较重视实际操作技能的学习，因此TAFE的师资主要以业界具有实务经验的兼职教师为主。许多TAFE的课程都会选择在职场实际实习，以提供给学生最新的实务专业训练。

TAFE的教学体系是建立在培养学生实际能力的目标的基础之上的，强调加强实作教学，使理论教学与实践教学融为一体。教室即实验室，实验室即教室，学习环境就是工作环境或模拟工作环境。课堂教学以提高能力素质为原则，纯理论的课程较少，基础课程更是以够用为好。

能力标准测试是对学生进行学习评价的重要方式，TAFE对训练课程提出了最低的能力标准测验考核要求，具体做法是：建议教师采用12种标准测试方法中的某几种作为对课程考核的手段。这12种考核方法是：观察、口试、现场操作、第三者评价、证明书、面谈、自评、提交案例分析报告、工件制作、书面答卷、录像、其他等。考核结果要求必须符合"五性"：有效性、权威性、充分性、一致性、领先性。这些方法的综合运用，比单用试卷的考核方法更能反映出学生的实际能力。

4.3.1.5 日本职业教育课程开发

近年来日本在职业教育课程上进行了改革，其设计与开发经验包括：

① 日本积极实施职业教育课程改革。日本的职业教育主要是在高等学校实施,高等学校原来分普通科和职业科。20 世纪 90 年代初期日本已正式将职业科改为专门学科,以此提升职业教育的专门技术,以因应产业发展需要;另在传统的普通科和职业科之间设置综合学科,希望能因应学生多元适应发展,进而落实生涯终身学习的职业教育理念。

② 日本综合高校的课程设计值得借鉴,尤其是在综合学科的设计方面,整合了较大的类群规划课程,但其修习综合学科的学生比例还不及全体高校学生的 3%,日本推展综合学科似乎采取了比较保守的态度。

③ 日本的职业教育学校因应学生人数减少的趋势,在专门科目上采取精简、整拼与统整的策略,并配合时代产业发展,增设新科技相关课程,通过广设学科、活用学分制或增加职场见习活动来弹性化课程内容,使课程架构多元化,各学科的课程内容分化越趋专业,以此反映现行产业、地方产业与社会的需求。

④ 日本的职业教育强调推动职场及就业体验措施,促进学生在学校与社会和产业间平稳转移。掌握产业人才需求,规划对应的课程以养成所需的知识、技能和态度,以及提高学生与地区产业合作能力,是日本职业教育学校在促进学生能与社会产业衔接方面的重要工作。日本的职业教育学校通过推动职场及就业体验措施响应上述要求,提供不同的课程设计,使学生在职场接触到产业的实际知识和技能,成效相当显著。[①]

总之,由于国情背景与职业教育的发展历史不同,一个国家的改革做法不一定完全适用于另一个国家,但某些改革理念与精神可作为彼此的参考借鉴。归纳各先进国家职业教育课程发展结论如下:

第一,一般而言,各国对中等职业教育的定位,可区分为就业导向及生涯导向两大类。在代表国家方面,德国、澳大利亚与英国皆是属于以就业导向为主的国家;日本、美国则是着重生涯导向的国家。

第二,课程方面,在以就业导向为主的国家,中等职业教育偏重职业训练的功能,在课程的规划上则以学生就业准备为导向,强调实作与能力本位,主要由企业主导并分职种开发,学校制度偏向提早试探;相对地,着重生涯导向的国家重视教育的功能性,并认为中等职业教育为就业准备教育之初始部分,中等职业教育尚应与后中等职业教育结合,因此强调升学,课程由学校主导并结合产业发展且分群或以类科概念开发,偏向延后分化使学生建立较广的专业背景后,再去专精分化。

第三,科目方面,在以就业导向为主的国家,企业均积极介入职业课程开发,课程以职场所需的专业科目为主,重视专精,其中专业科目比例较高;而着重生涯导向的职业课

---

① Tseng, M. S. & Lee, Y. -F. (2014). A study on the current status and development issues of the technical high schools in Japan. *Journal of Technological and Vocational Education*, 5 (03), 55–76.

程以一般科目和专业概念性科目为主,重视整合,其中一般科目比例较高。

4.3.2 职业教育课程开发实例

我们以澳大利亚维多利亚省职业技术教育与培训(vocational education and training, VET)中的信息技术(IT)课程开发为实例,对国际上职业教育课程开发进行案例研究。

4.3.2.1 简介

澳大利亚维多利亚省职业教育与培训计划是由维多利亚省课程及评量机构(Victorian Curriculum and Assessment Authority, VCAA)批准的职业认证,适用对象为高级中等学校学生,且由维多利亚资格证明机构(Victorian Qualifications Authority, VQA)签署认可。澳大利亚维多利亚省职业教育与培训计划提供全国性认可的资格,因此提供学生获得澳大利亚维多利亚省证书教育(VCE)①和全国性便携式职业教育和训练认证的机会。

(1) 澳大利亚维多利亚省职业技术教育与培训计划

① VCE 信息技术课程能力单元(见表 4-2)全部被包含在获得 VCE 证书认证的模块课程中(VCE 能力单元 1—4),拥有此证书,学生可以申请进入大学或进行职业教育。由于 VCE 课程设计合理且教育评估的可信度高,此证书被世界上的许多国家承认。

② 相当于维多利亚应用学习认证(victorian certificate of applied learning, VCAL)。

③ 在国家训练架构内运作。

表 4-2 澳大利亚 VCE 信息技术课程能力单元 1—2

编码	课程名称	时数
核心课程		
BSBCMN106A	能够清楚地了解并遵从工作场所的相关安全步骤	10
ICAD2012A	能够有效地使用计算机软件套件设计组织相关文件	40
ICAU2005A	能够有效地操作计算机硬件	20
ICAU2006A	能够有效地操作计算机软件套件	60
ICAU2013A	能够整合商业上相关的计算机软件套件	30
ICAU2231A	能够有效地使用计算机操作系统	20
ICAW2001A	能够有效地在信息科技环境中工作	20
ICAW2002A	能够有效地具备工作场所的沟通技术	20
	小计	220

---

① VCE 是澳大利亚维多利亚省证书教育,维多利亚省课程及评量机构对学生考试成绩进行审核和评估,合格者颁发给 VCE 证书。

（续表）

编码	课程名称	时数
选择下列选修科目中六门课程		
ICAD2003A	能够有效地利用口述和写作沟通	20
ICAI2015A	能够安装计算机软件应用程序	20
ICAS2008A	能够有效地维护设备、软件和文件所需的库存品	10
ICAS2009A	能够有效地分享客户信息	20
ICAS2010A	能够有效地利用问题解决技术处理常规性的故障问题	20
ICAS2014A	能够有效地组装计算机周边相关硬件配件	20
ICAS2016A	能够有效地记录客户支持所需的相关文件	10
ICAS2017A	能够有效地维持计算机系统的整合性	20
ICAS2243A	能够有效地侦测和保护因垃圾邮件和破坏性软件入侵所造成的损害	10
ICAU2007A	能够有效地维持设备和消耗品的相关库存量	20
ICAW2011A	能够以个人或小组成员身份积极地执行组织的目标	20
ICPMM263A	能够有效地进入并使用互联网相关功能	20
小计		90—120
合计		310—340

（2）国家训练架构

国家训练架构的两个关键要素是澳大利亚质量培训框架（AQTF）和训练套件。在AQTF下，不管计划是以学校课程为基础，还是以训练套件为基础，都由立案训练机构负责训练资格的评量和认证。国家训练套件为产业技能委员会（Industry Skills Councils）所签署同意。训练套件由一套能力标准、评量指南和国家资格组成，其可应用于整个产业界。这些套件加强了立案训练机构和产业界的训练实行的基础。

4.3.2.2 目的

澳大利亚维多利亚省职业技术教育与培训计划的目的是：

① 为参加者提供知识和技能，以完成能力单元，可提升他们在工程或者工程有关产业的受雇前景；

② 使参加者能够获得受认可的证书，并且做出更准确和敏锐的行业及就业途径选择。

工程课程也像其他课程学习一样，是分阶段设计的，工程课程认证Ⅱ提供一个进入实习生身份的途径，工程课程认证Ⅲ提供一个进入技师和辅助性专业人员工作的途径。

4.3.2.3 完成课程要求的要件

工程课程认证Ⅱ及Ⅲ的课程结构由基础核心能力单元加选修能力单元构成。内嵌在基础核心能力单元的是10个认证所需的共同能力单元。工程课程认证Ⅱ及Ⅲ的授予需要学生令人满意地完成所需的核心能力单元加选修能力单元。学生在符合课程要求前退出,将签发一个所有已成功完成的能力单元的达成报告书。

学生可在完成信息技术课程能力单元1和2后,选择完成工程课程认证Ⅱ(计划1)或工程课程认证Ⅲ(计划2)。

(1) 工程课程认证Ⅱ

由13个必修的能力单元组成,其中10个是与工程课程认证Ⅲ一样的核心能力单元。另外设计有7个选修的能力单元,必须选修其中一个以完成认证。

(2) 工程学习认证Ⅲ

由12个必修的能力单元组成,其中10个是与工程课程认证Ⅱ一样的核心能力单元。另外设计有7个选修的能力单元,必须选修其中一个以完成认证。

4.3.2.4 计划持续时数

澳大利亚维多利亚省职业技术教育与培训计划计划1和计划2各包含400个小时的名义时数。每一能力单元的名义时数被训练和高等教育局(OTTE)根据资金目的而计算。它们只是指标,训练所需的实际时间受学生准备好去评量特定能力单元的时间影响。注意到分配给每一能力单元的名义时数包含实行及评量时数是重要的。

4.3.2.5 学分与课程序列

信息技术课程能力单元学分可应用于工程课程认证Ⅱ(计划1)和工程课程认证Ⅲ(计划2)。想要获得学分的学生,必须能够在报名登记同一年完成能力单元1—2后着手学习并完成能力单元3—4(见表4-3)的所有课程。

表4-3 澳大利亚VCE信息技术课程能力单元3—4

编码	课程名称	时数
一般核心必修单元		
ICAD3218A	能够建立客户文件的基本能力	20
ICAI3020A	能够有效地安装计算机操作系统软件	20
ICAT3025A	能够有效地执行标准诊断和分析测试	20
ICAU3004A	能够落实职场健康和安全操作程序	20
ICAS3031A	能够提供客户有关计算机软硬件方面的相关建议	40
	小计	120

(续表)

编码	课程名称	时数
从专业核心群组中选取适当的课程单元——只能选取一个群组		
应用群组		
ICAU3126A	能够有效地使用计算机软件应用的进阶特性	40
ICAU3028A	能够适当地为客户架构计算机软件包应用程序	60
	小计	100
网络管理群组		
ICAI3101A	能够安装并有效地管理网络协议	40
ICAS3024A	能够有效地提供基本的系统管理	20
ICAS3032A	能够提供计算机网络系统管理	20
ICAS3121A	具备计算机网络周边系统管理	20
	小计	100
支援群组		
ICAS3024A	能够有效地提供基本的计算机系统管理	20
ICAS3115A	能够有效地维护计算机设备和软件的可使用性	20
ICAI3021A	有能力组装计算机的内部硬件构件	20
ICTCC330A	能够有效地管理与消费者的人际关系	35
	小计	95
	能力单元 3—4 需获得的时数	215—220
	能力单元 1—4 总共时数	435—440

4.3.2.6 建构式工作场所学习(SWL)

VCAL 已经确定建构式工作场所学习是一个全部澳大利亚维多利亚省职业技术教育与培训计划都合适且有价值的部件。建构式工作场所学习补充了在学校/立案训练机构进行的训练。它提供：

① 技能发展的提升；

② 产业知识的实际应用；

③ 能力单元的评量(当由立案训练机构测定时)；

④ 就业机会和市场性。

VCAL 强烈建议,于工程课程认证Ⅱ或工程课程认证Ⅲ,学生们进行至少 80 个小时的建构式工作场所学习。当建构式工作场所学习不局限于工程工作场所时,学生们在工程工场或者工作场所方面获得的经验是非常符合需要的。

学校/立案训练机构应保留学生建构式工作场所学习的证据,其可能在周末、学校假期期间及在学校期间进行。在第23号行政命令(Ministerial Order 23)里概述的新建构式工作场所学习的安排下,学生们进行建构式工作场所学习安排前,必须先完成与工作场所有关的职业健康及安全(OH&S)训练。在此情形下,职业健康及安全能力单元的评量是在工作场所进行的,在学生开始建构式工作场所学习之前,所有到达评量阶段的训练都必须被完成。

4.3.2.7 本地社区合作

建构式工作场所学习在近年来迅速增长,澳大利亚政府和非政府学校群与产业界一起工作,以将建构式工作场所学习的好处最大化。本地社区合作通常由教育界、产业界和社区的代表组成理事会,通过雇用人员协调安排合作事宜,并且监控合作质量。

4.3.2.8 职业健康及安全

学校/立案训练机构必须确保职业健康及安全议题有效贯彻训练计划全过程。在开始安排学生进入建构式工作场所学习前,学生应熟知工作相关危险的意义,他们必须了解工作场所危险管控的需要及性质,如安全工作程序及个人防护衣的使用。通过建构式工作场所学习安排表,由学校检查雇主提供的工作场所安全确认书,发现有问题的工作场所,学校将不会让学生在建构式工作安排期间暴露于危险下。

4.3.2.9 在VCAL里的认可

学生学习工程课程认证Ⅱ和Ⅲ可用于报名参加VCAL。工程课程认证Ⅱ和Ⅲ对学生的VCAL计划的贡献取决于完成的能力单元的数量。每100小时的训练将会贡献1学分到学生的VCAL计划表里。工程学习认证Ⅱ和Ⅲ可得到完成特定工作并获得工作相关技能的学习成果认证。

4.3.2.10 评量

训练套件具有关于能力证实和能力适当评量的具体要求。这些要求在变量范围和证据指南、表现准则、次标题下详述于每一能力单元。当拟订计划时,教师应仔细考虑这些章节的细节。能力单元的评量是立案训练机构的责任。非立案训练机构的学校可在立案训练机构主办下进行评量,或者在适当的模拟环境或与监督人于工作场所进行。

4.3.2.11 管理(注册)

管理澳大利亚维多利亚省职业技术教育与培训计划与注册以及登录成绩于系统上,是学生母校的责任。学生必须由母校注册所有能力单元,无论训练是在何处实行和能力是在何处评量。学校必须如下将学生注册于澳大利亚维多利亚省职业技术教育与培训计划:

① 为所有进行工程课程认证Ⅱ和工程课程认证Ⅲ的学生注册。

② 为在当年完成能力单元的学生注册。假如学生无法完成能力单元,且希望在次年继续,则此学生必须于当年重新注册。

③ 确定在当年完成能力单元3—4序列课程的学生能够注册。

4.3.2.12 记录成绩

完成一个能力单元,学生必须被评量该单元所有元素的能力,而学校则需及时、准确地将成绩输入系统上。学校和立案训练机构必须记录参与该计划学习学生的所学情况。

4.3.2.13 报告

VCE VET(澳大利亚维多利亚省证书教育中被国家职业教育与培训认可的认证能力单元和认证课程)能力单元与其他完成的VCE或VCAL能力单元一起被报告于学生的VCE或VCAL成绩报告书上。学生也会自VCAA收到一份独立的VCE VET成绩报告书,列出所有完成的能力单元。对每个完成的能力单元,学生会收到"S"。VET成绩报告书只包含学生被授予"S"的能力单元。

4.3.2.14 证书

完成计划全部要求的学生将被立案训练机构授予一份证书,部分完成的则会被记录在一份由立案训练机构核发的成就报告书中。

4.3.2.15 连接及途径

由于工程课程认证Ⅱ和Ⅲ包含来自MEM98金属和工程训练套件的能力单元(MEM98 metal and engineering training package),则完成这些资格的学生可连接到金属和工程训练套件的更高资格层级。工程课程认证Ⅱ提供进入实习生途径的雇用前训练,工程课程认证Ⅲ提供技师和辅助性专业人员层级的技术技能训练。

4.3.3 职业教育与职业证书

4.3.3.1 职业教育证书化的意义

(1) 职业证书是品保机制也是管控措施

证书泛指通过认证的证明文件,可用以证明个人具有该专/职业所需的基本专门知识与技术能力,也是个人成为专/职业人员质量保证的机制。证书也可视为一种经济活动的资格管制措施,有证书的合格人员才能在有职业证书要求的领域中执业。不同专/职业证书制度的管制程度会有差异,通常可分为注册(registration)、发放证书(certificate)及执照(license)三个层次。注册是个人参与某活动必须将个人资料登录于官方,但未有法律条款否定他人参与的权利;而证书是个人具有某项专业技术/能力的证明,但无法防止不具证书者利用该技术/能力执业;执照则是个人欲从事某专/职业必须经核定机构取得执照,而执照的取得不只是一种形式,也是证明其具有该项专/职业应有的知能,若没有执照则无法执业。职业证书是指从事某项专/职业或工作的人员,拥有可从事该项专/职业或工作的能力证明。首先是规范取得执行该项专/职业或工作的资格,通常由政府、公证机关、同业协会或职业协会来确定;取得方式一般以考试为主,通过考试或检定者由上述机构颁发证书。再者,规范从事该项专/职业或工作,应有上述机构颁发的证书的相关规定。

(2) 职业教育证书化的理由

基于下列理由,务实致用取向的职业教育需要适度证书化:

① 证书化有助于产学对接。职业教育证书化的最重要意涵在于通过证书中介或桥接,提升毕业生就业力,缩短学校育才与产业需才之间的落差,促进职业学校学生达成顺利就业的目标。通过可靠的职业证书,一方面雇主可以很清楚地知道求职者是否具备所需要的知能,另一方面求职者被录取后可以立刻或很快胜任工作,无须雇主额外花费训练成本与时间。

② 证书化有益于供需对话。证书角色也涉及求职者和求才者双方的信息传递效率。从供需的角度来看,求职者在劳动市场所扮演的是人力供给的一方,至于寻找人才的雇主则是人力需求的一方,两方要能顺利媒合,必须仰赖信息的充分流通。易言之,求职者要有机会充分展现自身所具备的知识与技能并传递到雇主身上,好让雇主判断求职者是否与公司的人力需求相适配。求职者则通过自己的受教育程度,向雇主传递一种自己合乎条件的信号。Light(1998)曾将能力累积的概念作为雇主用以估计薪资时的有效信号,而证书可视为能力累积的一种具体展现。① 例如 Brooking(1996)指出,许多企业强调要取得证书,成为代替或补强学历的有效信号。② 因此在现今高度专业分工的社会形态下,证书与就业间的关联性可以说是相当密切。相较于受教育程度,证书的多元性以及对不同能力层次的鉴定方式,确实比单纯的学位或科系资历较容易判断求职者具备的从业能力,这也是证书所能传递的信号之所以较受教育程度为强的原因。

③ 证书化促进无缝衔接。证书代表求职者在求职时即具备足够的能力,让雇主无须在录用后,另外花费额外的时间与成本加以培训。毕业生由学校衔接到职场顺利与否,不仅代表毕业生能否顺利就业,更意味着人力的训练成本是否已有效运用。当完成学校教育之后,若企业在录取毕业生后必须从头进行培训,那也等于宣告学校的教育资源分

---

① Light, A. (1998). Estimating returns to schooling: When does the career begin? *Economics of Education Review*, 17 (01), 31-45.

② Brooking, A. (1996). *Intellectual Capital*. London: International Thomson Business Press.

配失当,造成浪费,以致培养出难用或无用的人力;至于企业本身用新人还必须先花费时间训练才能派上用场,则所付出的不仅是有形的训练成本,还有无形的时间成本。因此,在学校教育当中若能在一定程度上以证书为导向,则一方面可促使课程规划更趋实务化,另一方面也可借证书的检验,作为验收育才成果的依据。

4.3.3.2 英国职业教育与职业证书

英国从20世纪20年代开始推动职业证书制度,强调实施国家职业证书,这成为英国职业教育的重要指标,是世界各国职业教育建立职业证书的里程碑。[①] 当前英国的职业教育以继续教育为主,涵盖中等教育与高等教育。继续教育提供的课程相当多元且弹性,以符合雇主、就业和社区民众的需求。雇主导向和就业导向的课程开发,是基于国家职业证书架构和能力标准,以通过证书与课程局认定的授证机构的评定,核发相对应的职业证书为目标。[②] 课程内容为胜任某一特定工作所需知识和技能,设置课程采取模块单元,由雇主、工会与专业机构共同制定。由此,有关英国的职业教育课程,涵盖国定课程和继续教育课程。

(1) 继续教育的课程种类与证书

英国的继续教育提供完成义务教育的16岁青年继续教育和训练的渠道,英国各地共有500多所继续教育学校。依英国的学制,学生在16岁时均应参加中等教育普通证书考试。有学生将留在原校继续学习,准备进入学院学习;另有学生脱离全日制教育,接受在职训练准备就业。大约有40%的中学毕业生进入公立或私立继续教育学院学习。[③]

英国公立及私立的继续教育学院,提供多样化的课程,包括艺术、商业、工程和其他多种职业课程,甚至提供大学先修课程及学士学位课程。少数学院专门教授单一学科(例如艺术设计专校或表演艺术学校等专业学校),有些学院还设有大学或硕士学位课程,此外许多学院和大学合开为期一年的大学先修课程或学位课程,学生可依照自己的需求和兴趣选择适合的学院。

继续教育提供的课程类群与科目非常多元,认证的种类与级别涵盖的范围也因类群的特质由不同的授证团体评估与认证外,很多因应学生或社区民众需求而开设的课程,还没有被列为国家职业架构规范的职类或职业。

(2) 模块课程设计

模块课程使用于欧洲已有多年历史,更为欧盟用以设计正规、非正规或非正式的职

---

① QCA. (2004). New thinking for reform.
② Keys, W. (2006). Student choices and values in England. *European Journal of Education*, 41(01), 85-94.
③ Blair, T., Kelly, R., & Brown, G. (2006). Further education: Raising skills, improving life chances. Secretary of State for Education and Skills.

业教育与训练,彼此对学分或证书相互采认的课程组成要件,有利于透明化各国的教育与训练课程的内容,提高证书在欧盟各国的流通使用。因此,模块课程有许多不同的称呼,如学分(credits)、单元(units)和抵免(exemption)。

英国的普通国家职业证书(GNVQ)和国家职业证书(NVQ)采取模块化,教育或训练的课程都是由单元组成,完成每一模块课程获得的学分,可依国家证书架构和高等教育辨识方案(national qualification framework and the higher education recognition scheme)引用和采认。国家职业证书和普通国家职业证书广泛地模块化(单元为主),有学分和学分转换方案。先前学习和先前经验学习认定广泛地用于继续教育和高等教育,可以减少获得证书所需的模块课程数。①

(3)职业证书的认证机构

继续教育国家职业证书的认证机构,全国有100多所,其中历史较悠久且授证较多的有会计师委员会(AAT)、商业与技术教育委员会(BTEC)、伦敦城市行业协会(CGLI)、市场营销学院(CIM)、饭店与餐饮服务训练委员会(HCTB)、旅游学院(ITT)、全国母亲与儿童福利协会(NAMCW)、皇家艺术学会(RSA)。认证机构都须经政府评价通过后才能获得授权办理认证。为确保认证的质量,政府部门会定期进行考核与评价,以决定是否继续授权办理证书的认证及授证。

4.3.3.3 德国职业教育与职业证书

德国实施技能检定的法律基础为《职业训练法》,其中规定了技能检定的注意事项、检定范围、应检资格及评分方式等。此外,该法赋予了各行业总会确定与公布检定规章的权利,检定规章的内容包括检定项目、评分标准、证书颁发、检定争议及复检等。至于有关个别职类的技能检定规定,则详载于联邦政府所确定公布的规范中。

德国是一个联邦制国家,各邦在技能检定的形态和做法上虽然稍有不同,但其共同的三项特色值得参考。首先,技能检定为德国实施职业训练过程中极为重要的一环,各行业总会可依据检定结果评量各职业训练机构的训练成效,必要时可核准增加训练人数,或是强制停止办理该训练;其次,德国的技能检定工作由各行业总会规划执行,通过技能检定委员会以专业的方式来评审,且在通过考试的训练生证书上,反映其技能程度以及从事该职类工作的能力;最后,讲求职业证书除可以提升员工在专业技能上的知识与技能外,更能结合技能检定,让企业吸收合适、合格的从业人员。

---

① Colardyn, D., & Bjornavold, J. (2004). Validation of formal, non-formal and informal learning: Policy and practices in EU member states1. *European Journal of Education*, 39(01), 89.

(1)德国实施技能检定做法

在行政上,技能检定是采取各邦政府监督,各行业总会负责执行的方式办理。各行业总会内设有职业训练与技能检定等两个委员会,职业训练委员会的主要工作是确定公布考试章程,技能检定委员会的主要工作是办理考试实务。这两个委员会均由各行业总会聘请资方代表、劳方代表及职业学校教师组成,委员任期三年。

在做法上,技能检定分为学徒期末考试与师傅考试两种。凡经学徒期末考试合格者,由各行业总会发给证书,此项证书名称因行业不同而有别。就训练生而言,技能检定有明确的训练目标,让训练生充分了解到技能检定评价是反映其技能水平的工具;技能检定结合职业证书,以表示训练生具有该方面的专长,也在无形中鼓励训练生多吸取专业知识与技能。当然,这样的技能检定必须有政府的配套措施,例如在担任某职位的规定中必须明确记载是否需要拥有相关证书,这样才能凸显其重要性,在证书推广上也才能更加顺畅。

(2)德国技能检定结合职业证书

德国人极为讲求职业证书,从事任何职业皆需出示证书,以表示具有该方面的专长,而他们也常以拥有职业证书为荣。但证书的取得必须事先通过技能检定,这在无形之中便鼓励大家去报名参加技能检定。在通过技能检定取得职业证书后,不论法令有无规定证书效用,其持有者皆普遍受到重视;而职业工会吸收会员也均以合格的从业人员为对象,所以这些人员在升学、就业、待遇等各方面,都有许多便利与保障。德国的法令明文规定,非经师傅考试合格者,不得自行开业、独立经营企业或担任职业训练师,这是技能检定与职业证书相互结合的最佳范例。

再就训练生而言,技能检定使其有明确的训练目标,可以激发其学习技能的兴趣及意愿;而有关法令中也往往规定,技能检定为参加专业进修训练或自行执业的必备条件,例如训练生在"手艺制造业规程"中即明文规定,如欲自行开业、独立经营企业或担任职业训练师,则参加师傅级考试,取得师傅证书,是最起码的资格条件。

第 5 单元

国内职业教育课程与教学改革实例

5.1 职业教育本科课程开发

5.1.1 职业教育本科体系构建成因

（1）职业教育本科人才培养已经成为国际发展趋势

职业教育本科人才培养已经成为国际发展趋势。职业教育本科人才培养的发展是社会生产复杂程度提高对技能型人才大量需求的结果，由于经济、科技发展日新月异，对技能型人才的规格层次与素质要求日益提高，高职专科在高等职业教育中的"独尊"地位受到动摇，以技术教育为代表的职业教育高级层次迅速崛起，形成了整体规模不断扩大、层次重心逐步上移、多维交叉、形式多样的办学格局。高等职业教育向高层次发展已是一种国际共识。

联合国教科文组织1997年修订的《国际教育标准分类》，将各级、各类教育划分为七个层次。其中，第五个层次包括专科、本科、硕士研究生教育，又划分为"5A"和"5B"两种类型。在"5A"中又分出"5A1"和"5A2"，其中"5A1"是指培养学术研究人才，"5A2"是指培养建筑师、医生等特定专业人才；"5B"则是指实际的、技术的、具体职业的特殊专业课程，所培养的是应用型人才。这就是说，在专科、本科和硕士研究生层次所培养的人才，有学术性、应用性的区别。[①]

20世纪70年代以来，我国台湾地区为了适应经济发展和科技进步对技能型人才的需要，开始逐步提升高等职业教育的层次，于1974年创办了第一所四年制技术学院，设置四年制职业教育本科专业。从20世纪80年代初开始，台湾还把部分技术学院升级为科技大学，招收硕士研究生和博士研究生，从而形成了从大专、本科直至研究生层次的完整的职业教育人才培养体系。近几年来，台湾高等职业教育层次上移速度明显加快，本科及以上层次技术人才逐渐成为社会需求的主导。

我国香港地区自20世纪70年代以来，随着社会转型、工业化水平提升及技术升级，一些产业部门需要更高层次的技术人员，发展本科职业教育已成为香港积极推进职业教育的重点。香港在扩充职业性理工学院的同时，于1994年创办了香港科技大学，负责实施本科层次为主的高等职业技术教育。

德国、美国、英国、日本、韩国、新加坡等经济发达国家的高等职业教育，随着经济发

---

① 高林，等.(2006).应用性本科教育导论.北京：科学出版社.

展和产业技术提升,也同样出现了整体规模不断扩大、层次结构迅速上移至本科层次的现象。这与我国内地高等职业教育终止于专科层次的教育现状形成了鲜明的对比。

由此可见,及时并充分发展与社会经济发展相适应的本科层次的职业教育是20世纪后期世界高等职业教育发展的共同趋势。

(2) 突破专科层次是职业教育体系构建的关键

我国在高等教育发展宏观政策的调整下大规模发展专科层次的高等职业教育是从1999年开始的。四年制本科层次的职业教育仍处于探索阶段。长期以来,我国的高等职业教育在某种意义上等同于专科层次的终结性教育。因此在我国现代职业教育体系的构建中,焦点问题之一是如何突破专科层次的上限,举办本科层次的职业教育。我国发展职业教育本科具有必然性:第一,大力发展职业教育本科已成为我国经济和社会发展的客观需要。技术进步及经济增长方式的转变,使生产一线人才需求的类型和规格发生变化,高职专科已很难适应技术、管理密集程度较高的产业和部门的需要,通过发展职业教育本科,为我国走新型工业化发展道路、实现从制造业大国向制造业强国的转变、推进人才强国战略和建设创新型国家服务。第二,发展职业教育本科是高等职业教育自身发展的需要。高等职业教育作为高等教育的一种类型,目前限于专科层次已经不能适应现代技术发展对人才的要求,近年来高职专科出现的招生难、就业难等问题以及日益严重的"高技能型人才用工荒"即是这一问题的表现形式。大力发展职业教育本科是优化高等职业教育布局结构、整合高等职业教育优质资源、提高人才培养质量的重要举措,也可能是摆脱当前高等职业教育发展困境的一个出路。第三,发展职业教育本科有利于促进人的全面发展。在终身教育背景下,现代职业教育体系应当为不同能力类型的人员提供充分的发展机会,这是人性化教育的必然要求,终结性教育则是与这一原则相悖的。高等职业教育向本科及其以上层次延伸,进一步满足人民群众"上好学"的要求,满足高职学生"升好学"的愿望,实现人生发展的目标追求,是最现实、最有效的途径之一。

发展本科层次的职业教育是世界高等教育的发展趋势,也是我国构建现代职业教育体系重要的一环。需要解决研究与实践的问题,包括:职业教育本科的基本特征是什么?职业教育五级要培养什么样的人才?如何培养人才?

(3) 职业教育本科的职业性与学术性

清晰地把握职业教育本科的主要特征是办好职业教育本科的关键因素,如果在理论上不对职业教育本科的主要特征加以分析,则在实践中极易出现两种偏向:一是把原来高职专科的培养方案简单扩充、放大,把高职本科办成四年制的高职专科;二是把高职本科办成普通本科高等教育。这两种倾向都无法体现职业教育本科的特色,使其难以发挥在培养高级技术应用型专门人才中的独特作用,甚至失去存在的意义。

从教育类型来看,高等职业教育和普通高等教育是两种不同类型的教育形式。在高等教育系统内,高等职业教育与普通高等教育的区别并不是层次问题,而是人才培养的类型问题。职业教育本科是高等职业教育的一种层次,仍然是对学生进行某种职业生产和管理能力的教育,以提高其职业能力为目的。

上述特征决定了职业教育本科具有两个鲜明的特征:一是职业性。职业教育本科的培养目标是根据特定职业的需要,培养从事实际工作的技术与技能应用型、复合型高层次人才,因而要求职业教育本科学生掌握某一领域和相关领域的知识和技能,具备较高的职业素养,有综合解决实际问题的能力,有在实践中进行应用知识、开发创新的能力,这是高等职业教育职业性的内涵,也是职业教育本科的本质要求。职业教育本科的职业性特征,要求我们在培养方案的制定中及课程体系的设计和课程教学内容的取舍上,要突出职业性、先进性,要在加强专业教育的同时将新理论、新技术、新方法及时纳入教学中,使学生能够及时掌握本专业职业领域最新的知识、技术状况。二是学术性。合格的职业教育本科毕业生也将获得学士学位,而学位所依据的或所依托的主要是学术标准,如果舍去了学术性,学位则不复存在。因为从本质意义上讲,学术是学位的本质体现,学位与学术有着内在关联性。可以说任何学位都是对学术水平的一种鉴定和认可,都是直接反映一定层次的学术问题。再者,职业教育本科的培养目标是定位在培养生产、经营、管理第一线所需要的高级技术应用型人才上的,相对于专科层次而言,要求职业教育本科培养的毕业生在学术水平上应该比专科生更高。这里的学术主要是指对技术应用原理的掌握程度。职业性与学术性是职业教育本科的重要基石,职业性是学术水准保证下的职业性,而学术性是体现职业性的学术性,两者融合为有机的整体,并不应构成非此即彼的对立关系。① 为此,职业教育本科培养方案要注意防止两种倾向:一是把职业教育本科混同于普通本科,沿用普通本科的模式进行教育培养。二是把职业教育本科混同于一般的专科层次的职业教育与培训,从而降低了职业教育本科学术质量的标准。

5.1.2 职业教育本科课程设计

(1) 确定职业教育本科的人才培养目标

职业教育的课程目标是学生在学习了课程以后,取得什么效果、带来哪些变化的预期设定,它勾画出教和学的方向。对于每个专业来说,总体职业教育课程目标需要界定所面向的职业岗位或职业领域,同时还需要确定人才培养的规格。对每一门课程来说,可以参照其所对应的工作岗位和工作内容中的任务完成标准进行教学意义的建构,形成

---

① 陈军.(2007).本科层次职业技术人才培养模式研究.东北师范大学.

知识、能力和态度的目标要求。

职业教育本科的人才培养目标是具有较高职业素质、文化素质和能力素质的高级技术应用型专门人才,人才培养规格是可以从事复杂的技术及重要管理岗位工作的本科人才。与更高级别的人才培养目标的区别在于:专业硕士的人才培养目标可描述为培养具有职业精神、开拓意识、领导能力、创新能力,能够解决重大生产任务和重大工程项目关键技术问题的拔尖人才,人才培养规格是可以从事设计研发、工程技术及高级管理岗位工作的专业硕士。[①]

以市场营销专业为例,市场营销专业面向的职业岗位不同,所需要的人才培养规格也不同,市场营销专业职业教育各层级的人才培养目标与普通教育本科市场营销专业的人才培养目标比较如表 5-1 所示。

表 5-1　市场营销专业职业教育各层级的人才培养目标与普通教育本科市场营销专业的人才培养目标比较

学校层次	市场营销专业			学校
	销售推广	客户服务	市场研究	
普通本科	各类企业、事业单位、政府机关和其他社会机构与部门从事营销、管理、咨询、策划以及教学、科研等方面工作的高级应用型专门人才			首都××大学（地方重点大学）
	企业、事业单位及政府部门从事市场营销管理工作以及市场营销教学、科研工作的工商管理学科高级技术应用型专门人才			武汉××大学（985 重点院校）
高职本科	区域销售负责人 区域销售经理		市场策划 公关经理	北京××大学（应用型大学）
高职专科	连锁超市、连锁专卖店营业员、店铺主管/经理	外包客户服务		北京××职业学院（高等职业院校）

普通教育本科定位 1:市场营销专业培养各类企业、事业、政府机关和其他社会机构与部门从事营销、管理、咨询、策划以及教学、科研等方面工作的高级技术应用型专门人才。普通教育本科定位 2:市场营销专业培养企业、事业及政府部分从事市场营销管理工作以及市场营销教学、科研工作的工商管理学科高级技术应用型专门人才。

职业教育本科定位:市场营销专业培养面向 IT、商贸服务业的从事市场调研、区域销售、渠道销售、项目销售、市场策划方面工作的,具有良好的职业素质素养和一定的就业创业能力的高素质、高技能市场营销专业人才。

---

① 孙善学.(2011)"回到逻辑起点"思考职业教育.中国教育报,09-17.

普通教育本科下的市场营销专业重点培养宏观和中观层面的专业人才,如管理、科研、教学,讲究学术知识和理论基础的培养,不必清晰界定职业的市场类人才和销售类人才分类,主要掌握市场营销管理及原理的规律。而职业教育本科下的市场营销专业具有清晰的职业岗位界定,重点培养行业企业中市场类或销售类一线营销管理人才,讲究职业意识提高和素质的培养,要求较好地掌握营销业态、营销形态、营销技术、营销技巧。

(2)确定职业教育本科的人才培养规格

以市场营销专业为例,依据前面所阐述的职业岗位定位,职业教育本科(销售方向)的人才培养规格描述如表 5-2 所示。

表 5-2　市场营销专业职业教育本科(销售方向)人才培养规格

市场营销专业职业教育本科(销售方向)人才培养规格				
序列	销售序列	版本	V2.0	说明:学员类型是技能发展型,教学特点属于在校生的职业教育或非在校生的在职教育
角色	销售管理	角色层级	5 级	

角色目的

本角色是销售管理人员。主要职责是销售区域规划、行业销售规划、销售预测与业绩管理、渠道发展与管理、销售团队管理。

职责描述

1. 销售区域规划:设计销售区域目标,分析销售区域潜力,设计销售区域涵盖方式;
2. 行业销售规划:分析行业销售潜力及需求,制定行业经营策略;
3. 销售预测与业绩管理:销售业绩规划,数据管理及分析,业绩分析及预测;
4. 渠道发展与管理:销售渠道流程管理,渠道管理和渠道成员激励;
5. 销售团队管理:销售团队组织,销售人员招聘与选拔,销售人员激励与考核。

基本任职要求

教育要求:本科(含)以上学历
工作经验:职业 4 级及 1 年以上工作经验

专业胜任能力

任务	具体任务动作/方法 (行为标准)
身心健康	讲述工作现场及人身安全规范 讲述产品安全 制订身心调整计划 调整身心状态

（续表）

任务	具体任务动作/方法（行为标准）
遵守法律	讲述基本法律法规教育 讲述《中华人民共和国消费者权益保障法》 讲述《中华人民共和国合同法》 讲述《中华人民共和国刑法》中商业贿赂相关条款 讲述《中华人民共和国反不正当竞争法》 讲述国际贸易有关法律法规
行为规范	遵守职业道德规范 讲解商业惯例、行业惯例及处理流程
承担责任	示范一定的社会责任感 完成本职工作 促进完成团队目标
公益环保	宣传节约理念,促进节约行动 实践节约行为 提出节约方面的建议 遵守基本环保法规的要求
人际沟通	利用相关的数据、案例、信息支持沟通 分享个人经验、知识和案例
冲突管理	控制情绪压力 规划时间安排 设计冲突解决流程
团队合作	宣扬团队目标 善于和团队成员沟通
挖掘商机	联系目标客户(邮件、电话、拜访) 使用问题清单/成功故事/潜在客户目标清单 总结客户兴趣点(口述和邮件) 询问客户职位/岗位任务 询问客户公司采购流程 判断客户的采购角色及地位 提问客户初始目标类问题 探索其他关键人目标 建议联系其他关键人 讲述目标清单/成功故事 确认是否为客户关注的目标 对照我方产品/方案辨别目标相关性 应答礼貌并向经理汇报 发送沟通总结邮件

（续表）

任务	具体任务动作/方法 （行为标准）
确定需求	开放式提问,探寻客户需求/询问客户对关键问题的解决方法 讲述 SPAR 应用场景 确认客户解决关键问题的理想场景和效果 初步诊断与需求确认总结 选择发展为支持者的目标 发展支持者 发展流程验证和推进 评估及优选验证方式 确定验证方式 回顾联系人/关键人目标 探索关键人目标 拓展关键人目标 确认关键人目标 梳理合作经营过程与共识 确认合作经营过程与共识 发送确认邮件
形成方案	收集前期与客户确认的工作记录 制作方案简报 诊断影响实施成功的可能原因 创建实施愿景 草拟项目实施计划 沟通确认项目实施计划 拟定客户投资效益方案 分析有形效益、无形效益 绘制成本效益分析图表 制作盈亏平衡点分析表 建立项目阶段性"成功标准" 评审方案内容与实施计划 我方项目盈亏分析 提议汇报评审会议 确定双方参会人员及任务分配 确认评审会议程、参会人员、时间、地点等事项 汇报解决方案 与客户回顾及确认方案及内容 发送评审总结邮件 重新修订方案并再次召开评审会 提议项目进程计划 发送项目进程计划邮件 与客户共同修订、确认项目进程计划

（续表）

任务	具体任务动作/方法 （行为标准）
商务谈判	准备相互确认过的资料 填写谈判准备表 避免销售谈判中的常见错误 提交合同文本供客户方预审 与客户共同商讨合同条款 确认合同内容，标明分歧 与客户约定谈判具体日程 控制节奏按既定策略与计划进行 调整并控制心态与情绪 总结谈判内容及成果 签订谈判合同/备忘录
商品争议处理	列示客户异议原因 总结客户的顾虑解决程度及效果
客户需求规划	列示客户需求与期待 拟定有效约见理由 拟定期望的客户行动承诺 列示未知信息（需求/角色/流程/变化等） 应用异议处理技巧（包括心灵共振、同理心等） 总结我们获取的新信息 总结我们创造的差异化优势 探索客户期待与目标 保持倾听心态/姿势/肢体语言 确认客户期待与需求 探寻客户对需求的解决方案 提问与客户合作经营解决方案 客户理想场景呈现 用证据证明差异化优势 确认客户对理想场景与差异化优势的态度
销售策略	列示客户单一销售目标 确定项目进度/漏斗阶段 确定客户的紧急程度 辨别项目关键参与者角色 检查未知角色或决策影响力 判定客户角色的反馈模式 讲述客户角色对现状/期望的认识 列出证据证明客户的态度

(续表)

任务	具体任务动作/方法 (行为标准)
	判定客户角色的支持程度
	列示证据证明客户的支持度
	讲述客户角色支持的原因
	检查客户销售的总体阶段
	绘制客户每个角色参与度曲线
	标注客户每个角色的参与点
	列示客户内部政治关系链及冲突点
	列示客户每个角色现阶段参与度和影响力
	列示关键角色的部门/岗位/职责
	列示关键角色有关业务需求
	确定解决方案对关键角色的业务价值
	列示关键角色的年龄/学历/履历/性格等信息
	列示关键角色在组织中的位置与关系
	确定关键角色的个人利益
	标识优势与风险
	回顾项目总体形势与拆局分析
	列示客户关键诉求/我方优势与劣势
	列示各种可能采取的策略
	列示项目在我方无干扰情况下的走势
	确定项目总体策略
	制定培训与发展策略
	制定应对策略
	列示每个角色的目标反馈与支持度
	列示面向每个角色下步具体的目标与行动计划
	检查行动计划顺序
	列示资源列表
	列示可动用资源及动用方式
	列示资源成本及难易度
	列示针对每个角色的目标与行动计划
	匹配面向具体角色/目标的资源有效性
	制订资源使用计划
	检查资源使用有效性与成本
	申请资源协调与调动
	与资源知会项目信息/行动目标与计划
	编写资源申请/协调邮件
	列示项目竞争对手名录
	列示竞争对手优势/劣势
	列示每个角色对每个对手的反馈与支持度
	判定关键角色对供应商排位
	回顾总体竞争策略

（续表）

任务	具体任务动作/方法 （行为标准）
	修订行动目标/计划与资源部署 总体检查 预测行动之后的目标状态与局势 确定行动计划（目标/任务/负责人/资源/时间） 回顾客户关键人目标及解决方案 检查我方能力证明及实施计划 检查项目关键检查点 分析项目形势 制定项目策略 制定价格策略 制订组织工作计划 制定组织预算 合理管控组织成本 制定公司、部门发展战略
分析思维	讲述行业报告、国家产业政策等 讲述客户业务流程、管理流程、生产流程、工艺、法律、客户、特殊要求等知识 讲述行业发展屏障、竞争、困局等 讲述行业发展方向、行业预测及先进技术等 讲述该行业客户的通用及特殊需求 讲述该行业客户的发展机遇 讲述公司在该行业的机遇 讲述特定客户在该行业的优势 讲述公司在该行业的优势 讲述客户在该行业的劣势 讲述公司在该行业的劣势 讲述公司文化、价值观 讲述公司员工通用规章、制度 设定学习者本人在企业和社会中的位置 规划未来发展方向及阶段里程碑 提交销售文档及召开内部沟通会 提交实施计划及注意事项 引荐实施团队进驻 制订针对客户的实施跟踪计划 致电、邮件或拜访客户以了解实施及服务情况 定期联络（电话、邮件、拜访） 节假日联络表示关心 总结客户实施过程中实现的阶段性价值 确认客户实施过程中实现的阶段性价值 讲述客户行业趋势、机遇 讲述我们可以帮助客户把握机遇的方法 持续经营

（续表）

任务	具体任务动作/方法 （行为标准）
组织能力	设定组织目标 设定个人工作目标 计划重要工作时间安排 选择与录用团队成员 培养与启用团队成员 给予精神激励 制定物质激励 建立团队目标与愿景 调节团队内纷争 提出建议并与团队协商
成功导向	建立应对压力、危机、事件的良好心态 严格遵守规范、要求、计划、承诺 不断进步并探索快速进步的方法
基础知识与工具	熟练掌握PPT技术及商业演讲方法 了解Excel基础应用功能 了解消费心理学、商品学知识 了解多媒体技术
跨专业知识技能	了解企业管理、经济学基础知识 熟悉财务报表 了解电子贸易、金融基础知识及应用
学习与创新	学会自我学习、独立思考 能从不同角度观察事物 辩证灵活地看待问题 掌握持续不断改进的方法 了解、接受新事物
自我完善与发展	发展自我兴趣 善于从书本和实践中学习 及时总结经验教训 不断反省、反思 促使他人进步和成长
收集、分析组织信息能力	学会利用图书馆 应用计算机和互联网信息搜集、处理功能 学习拓展收集信息渠道 了解信息组织的逻辑化或结构化方法
应用技术能力	掌握数据挖掘软件操作 了解网页制作方法 掌握网络营销方法 学习多媒体工具使用方法 掌握商务谈判技术 了解国际贸易实务 运用至少一门外语进行听说

(续表)

任务	具体任务动作/方法（行为标准）
解决问题能力	能够界定问题 善于组织和利用资源 学习判断问题 了解分析问题和解决问题的流程
经营决策能力	学习创业 了解市场环境 学习组织和带领团队 学习制定战略的方法

（3）界定能力边界

职业教育的课程目标决定了培养的各级人才所必须具备的相应的知识、能力和素质，能力划分针对具有明确要求的岗位胜任力。以市场营销专业（销售方向）为例，对于销售人才1级（相当于中职）—5+级（相当于本科职业教育）所对应的工作性质及特征描述如表5-3所示。

表5-3 1-5+级市场营销专业（销售方向）所对应的工作性质及特征

分级	工作性质	特征
5+	市场营销策划	营销战略管理
5	区域销售管理	销售系统管理
4	项目销售	B2B，一对多
3	工业品直销	B2B，一对多
2	耐用直销	C2C，B2C，一对一
1	门店快消	C2C，一对一

其中，销售方向本科人才培养目标主要面向的职业岗位是区域销售管理，其工作特征以销售系统管理为主。其达到的能力标准决定了课程的开发边界。

首先，确定能力标准。确定销售的关键任务之后，对任务进行分解，如表5-4所示。销售分解为8个关键任务，从A挖掘商机至H销售管理，对每个关键任务分解为01至06个子任务。

表5-4 销售工作关键任务分解

关键任务	编号					
	01	02	03	04	05	06
A 挖掘商机	捕捉上门商机	寻找显性商机	挖掘潜在商机	客户经营	市场规划	
B 确定需求	明确客户问题	挖掘客户需求	客户需求规划	目标市场需求分析	目标市场需求预测	

（续表）

关键任务	编号					
	01	02	03	04	05	06
C 形成方案	产品推荐	采购方案制订	方案价值分析	采购方案呈现	方案模型规划	产品规划
D 商务谈判	价格谈判	组合谈判	复杂谈判			
E 成交	现场成交	合同签订	商务收款	商务标准设定		
F 售后服务	商品争议处理	客户关系管理		客户满意度监测	售后服务体系设置	
G 销售策略	组织采购决策判断	制定项目竞争策略	制定市场竞争策略	定价及渠道策略		
H 销售管理	个人管理	业绩管理	销售团队管理	渠道管理	流程管理	营销模式管理

其次，确定各项子任务的完成步骤，以"A 挖掘商机"为例，如表5-5所示。

表5-5 "A 挖掘商机"子任务完成步骤

A 挖掘商机	完成步骤
A01 捕捉上门商机	迎接客户—分辨潜在客户—导购开场激发兴趣—确定购买阶段
A02 寻找显性商机	确定目标客户群特征—搜索目标客户群信息—定义标准商机开发话术及文件—确定开发方法—实施开发过程—确定购买阶段—确认销售机会
A03 挖掘潜在商机	确定目标客户群特征—搜索目标客户群信息—定义标准商机开发话术及文件—确定开发方法—实施开发过程—确定购买阶段—确认销售机会
A04 客户经营	选择理想客户—定义客户业务问题—了解客户行业现状及机遇—识别客户业务发展方针—确定合作领域—沟通合作目标—确定合作计划
A05 市场规划	分析营销环境—规划目标市场—分析目标市场趋势及投资回报率—建立理想客户模型

再次，确定市场营销专业（销售方向）各个层级专业人才培养的能力边界，如表5-6所示。其中，职业教育本科针对的销售主管、销售经理职业岗位所具备的销售技能包括A04至H04共21项（这里不含社会能力和发展能力中的各项能力要素）。

表5-6 销售人才能力分级框架

分级	能力	适用岗位/人才培养分级
5+	A04、A05、D05、E03、E04、G05、G06、H01、H02、H03、H04、H05	销售总监、营销副总裁

(续表)

分级	能力	适用岗位/人才培养分级
5	A04、B04、B05、B06、C03、C04、D03、D04、D05、E03、F02、F03、F04、F05、G04、G05、G06、H01、H02、H03、H04	销售主管、销售经理
4	A03、A04、B04、B05、B06、C03、C04、D03、D04、E03、F02、F03、F04、F05、G01、G02、G03、G04、G05、H01	项目销售经理、大客户销售
3	A03、B04、B05、B06、C03、C04、D03、D04、E01、E02、F02、F03、F04、F05、G01、G02、G03、G04、G05、H01	项目销售代表
2	A01、A02、B01、B02、B03、C01、C02、D01、D02、E01、E02、F01、F02、G01、G04、H01	产品直销、销售助理、电话销售
1	A01、B01、B02、B03、C01、C02、D01、D02、E01、F01、G01、H01	门店销售、营业员、收银员

最后,销售人才的能力界定为确定销售分级课程内容的边界奠定基础,如图 5-1 所示。

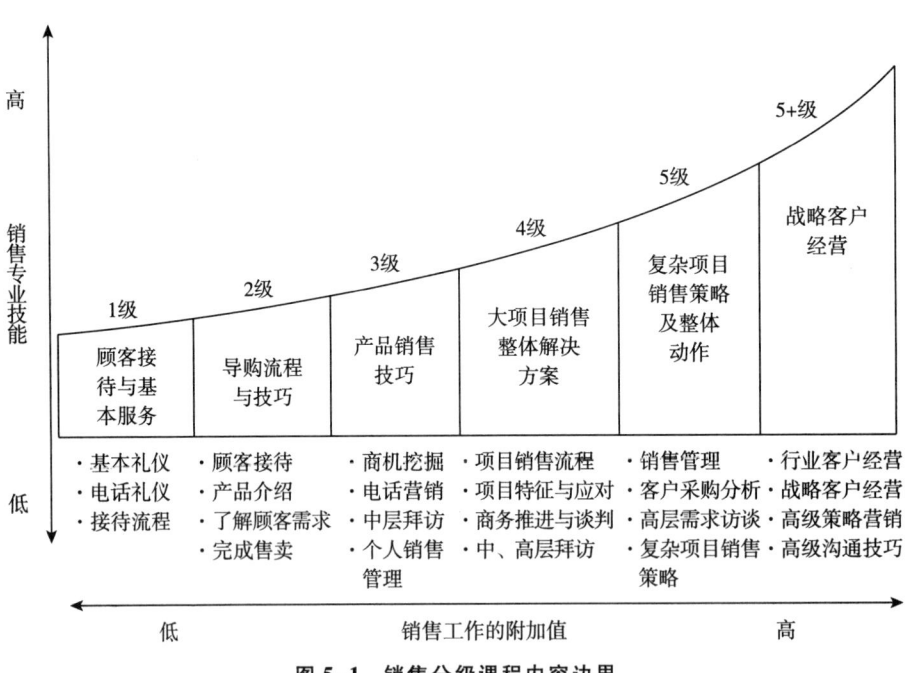

图 5-1 销售分级课程内容边界

(4)界定职业教育本科课程各阶段的内容

职业教育本科具有四阶段的课程进度序列,即把知识、能力、素质分为四个阶段进行培养,形成四阶段课程内容体系,如图 5-2 所示。

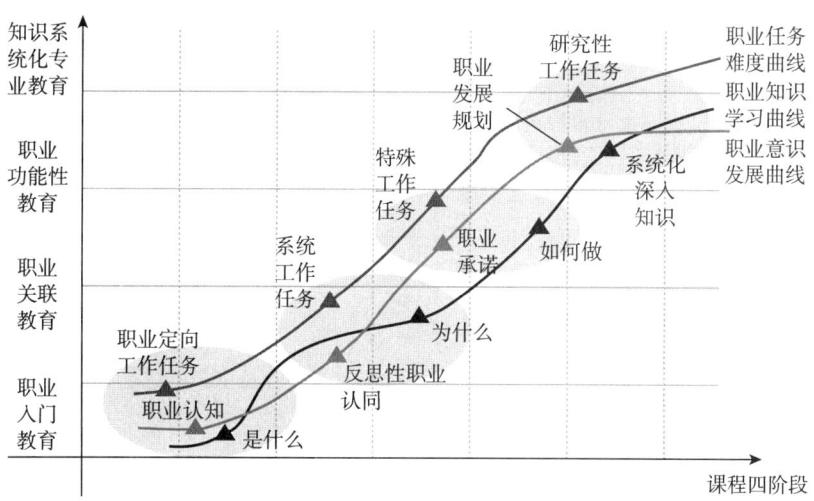

图 5-2 职业教育课程四阶段理论

课程四阶段要学习的内容是以职业岗位中的关键任务所解构的职业能力为导向进行建构的。不论哪个级别的课程内容开发都是以职业能力为标准，形成同一级课程阶段开发界定模型。

借鉴用友大学营销学院等多家企业和研究机构对销售职业岗位典型工作任务的分析成果，结合每一个级别对应的职业岗位业态特征以及每一级课程的四个阶段，建立这些典型工作任务与每一级课程的匹配关系，如表 5-7 所示。例如，职业教育本科所对应的 5 级面对区域销售管理类的职业岗位，主要工作性质是客户多人参与决策、买卖都有很多选择，涉及客户多个层级，购买组织的决策过程复杂，典型销售业态是采购项目销售。职业教育本科四个阶段训练的销售技能参照表 5-7 所对应的每个阶段 5 级所列的画钩部分进行分解得出的完成这些典型工作任务需要的能力。

表 5-7 分级课程阶段开发界定模型

典型工作任务	阶段1					阶段2					阶段3					阶段4				
	1级	2级	3级	4级	5级	1级	2级	3级	4级	5级	1级	2级	3级	4级	5级	1级	2级	3级	4级	5级
	SC11-1	SC21-1	SC31-1	SC41-1	SC51-1	SC12-1	SC22-1	SC32-1	SC42-1	SC52-1	SC13-1	SC23-1	SC33-1	SC43-1	SC53-1	SC14-1	SC24-1	SC34-1	SC44-1	SC54-1
客户交际	√	√				√	√				√	√				√	√			
处事技巧	√	√				√	√				√	√				√	√			
投诉处理											√	√				√	√			

(续表)

典型工作任务	阶段1					阶段2					阶段3					阶段4				
	1级 SC11-1	2级 SC21-1	3级 SC31-1	4级 SC41-1	5级 SC51-1	1级 SC12-1	2级 SC22-1	3级 SC32-1	4级 SC42-1	5级 SC52-1	1级 SC13-1	2级 SC23-1	3级 SC33-1	4级 SC43-1	5级 SC53-1	1级 SC14-1	2级 SC24-1	3级 SC34-1	4级 SC44-1	5级 SC54-1
应答交流			√			√	√				√	√				√	√			
职业认知	√	√	√	√						√					√					√
确定需求			√	√				√	√									√	√	
形成方案				√	√				√	√									√	√
成交				√	√				√				√	√					√	√
挖掘商机				√					√					√					√	
商务谈判				√					√				√	√					√	
商品争议处理			√	√				√						√				√		
销售策略				√					√					√					√	
客户需求规划									√					√					√	
客户关系管理														√					√	√
个人业绩管理									√					√					√	√

(5) 搭建分级课程的载体

职业教育的课程开发是围绕工作任务在工作情景、工作内容、工作技术、工作方法、工作技巧以及工作态度方面的解构与对应的教学课程的建构过程。因此,工作任务及其情景始终是职业教育课程不可或缺的载体。大部分的职业教育专业技能需要解构工作任务形成教学项目、教学任务或者教学活动并作为载体进行训练,以工作任务为载体的实践教学活动构成实践教学体系,如图5-3所示。

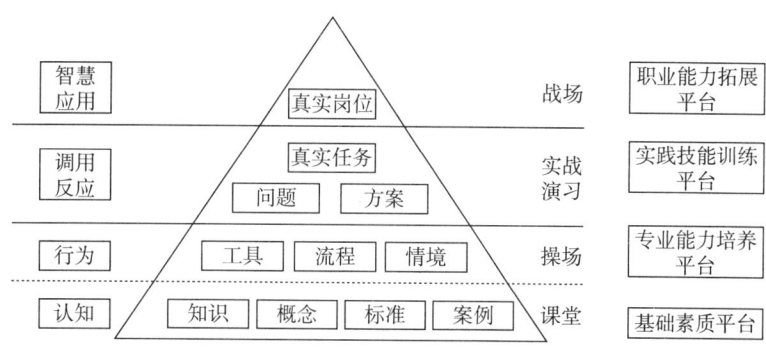

图 5-3　以工作任务为载体的实践教学体系

以工作任务为载体的实践教学贯穿人才培养全过程,搭建全过程的实践教学体系如图 5-4 所示。

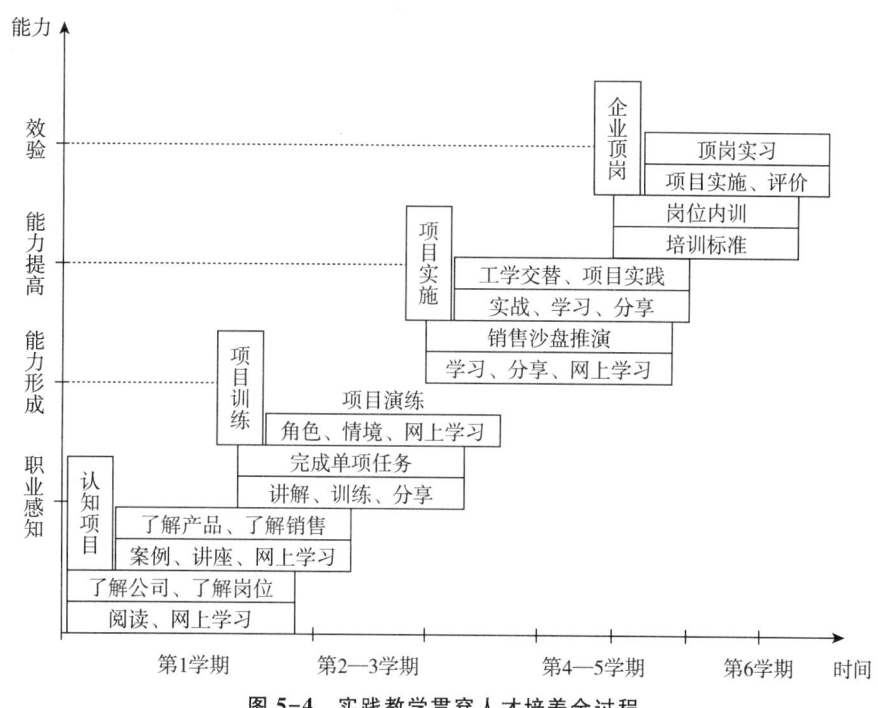

图 5-4　实践教学贯穿人才培养全过程

每一级的课程都分为四个阶段(1 级和 3 级分别是 2 级和 4 级的准备阶段,只有 1—2 年学制,因此没有第 4 阶段课程),形成职业教育分级课程库,如图 5-5 所示。

SC(sale course)代表销售课程,C 后面第一个数字代表专业级别(1—5+级),第二个数字代表学习阶段(1—4 阶段:初学者—提高者—能手—行家),"-"后面的数字代表课程序列号(1—n)。图 5-5 是示意图,仅标出每级在每个学习阶段的第 1 门课程用以示意,实际可能每级在每个学习阶段包含 1—n 门课程,所有 SC 系列的综合项目课程构成了职业教育分级课程库,如 SC32-2 表示销售专业 3 级课程第 2 阶段的第 2 门课程,从而形成职业教育分级课程体系框架。

项目 教育等级	认知项目 （1）	项目训练 （2）	项目实施 （3）	企业顶岗 （4）
5+	SC61-1	SC62-1	SC63-1	SC64-1
5	SC51-1	SC52-1	SC53-1	SC54-1
4	SC41-1	SC42-1	SC43-1	SC44-1
3	SC31-1	SC32-1		SC34-1
2	SC21-1	SC22-1	SC23-1	SC24-1
1	SC11-1	SC12-1		SC14-1

课程代码说明： SC42-1 （大项目销售整体解决方案）
　　　　　　　　SC——销售类课程
　　　　　　　　4——职业教育4级
　　　　　　　　2——技能项目
　　　　　　　　-1——课程序列号

图 5-5　职业教育分级课程库

（6）课程类型与组成

在这个框架中，课程不仅具有多层次性，还具有多样性，即课程的内容、形式以及考核是丰富多样的，由于职业教育的教学设计同时兼顾了学科体系和工作体系，其知识、素质、能力构成来自学术和职业二元渠道，因此课程多元化是其重要的特征。表现在课程的属性上具有多属性，课程的开发上具有多授权，课程的内容上具有跨学科、跨体系，课程的讲授上具有多主体，课程的考核上具有多方法，形成了具有典型职业教育课程特征的课程池，如图 5-6 所示。

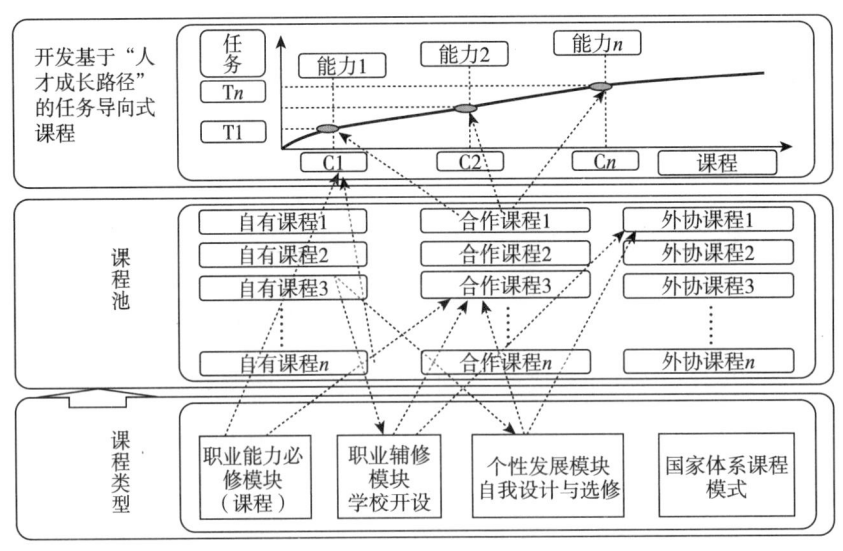

图 5-6　职业教育课程池

基于"人才成长路径"理念，通过开发任务导向式课程，确定完成每项任务的素质能力，形成职业人才培养课程地模型的最上层，即基于"人才成长路径"的任务导向式的课程开发顶层设计。

任务导向式课程开发来源多样,融合了经管类院校、企业大学、营销培训机构、行业协会、政府职业鉴定与培训机构独立开发与合作、协作开发的职业教育课程,共同构成基于任务导向的课程池。学习者在学习路径中的每一阶段均有对应的课程,从课程池中按照一定的逻辑组合而成,这是职业人才培养课程池模型的第二层。

第三层是知识点模块,即将各门课程底层的知识点进行逻辑组合,形成知识点模块,知识点模块满足了学员的个性化训练需求。大的课程如大教学项目,讲究逻辑和过程,小的知识点讲究形式和内容,既做到了随需应变(个性化),又做到了资源整合(组件化)。

(7) 典型工作任务解构与课程内容建构——以市场营销专业为例

由于市场营销专业是一个庞大的系统,在职业岗位分类中,可分为销售类、市场类和客户服务类。仅销售方向在职业教育分级中就需要分别开发五个级别的课程子系统。在此仅剖析市场营销专业(销售方向)"项目型销售"课程的基本销售形态。项目型销售也称复杂销售,属于销售形态中的直销领域,如图 5-7 所示。

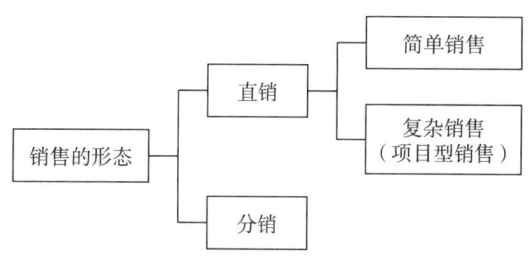

图 5-7 基本销售形态

首先,描述项目型销售的整体工作构成。按照项目型销售的典型工作任务所需要的能力要素设计教学,其能力要素分析如图 5-8 所示。

其次,选择技术工具,解构能力要素。

① 确定销售流程。从图 5-8 中可以看出,每一项工作都要进行工作流程和任务分解。以"项目销售技巧"为例,项目销售技巧可以解构为"挖掘商机""激发客户兴趣"等 9 项任务组成的销售流程。

② 选择工具或方法。从图 5-9 中可以看出,在建立了销售流程中的 9 项任务后,还需要分析对应的信息、工具或方法。分析流程中完成各项任务需要的信息、工具、方法,可能是某种软件分析工具、客户资源、图表、清单或者实施方案。以便在课程中学会有效利用这些工具和方法解决问题。

③ 解构能力。将 9 项任务按照所需要实现的结果进行能力分解,解构成为标准化的行为动作,用教学语言及方式规范完成任务的标志性动作,形成课程内容的基础,如图 5-9 所示。

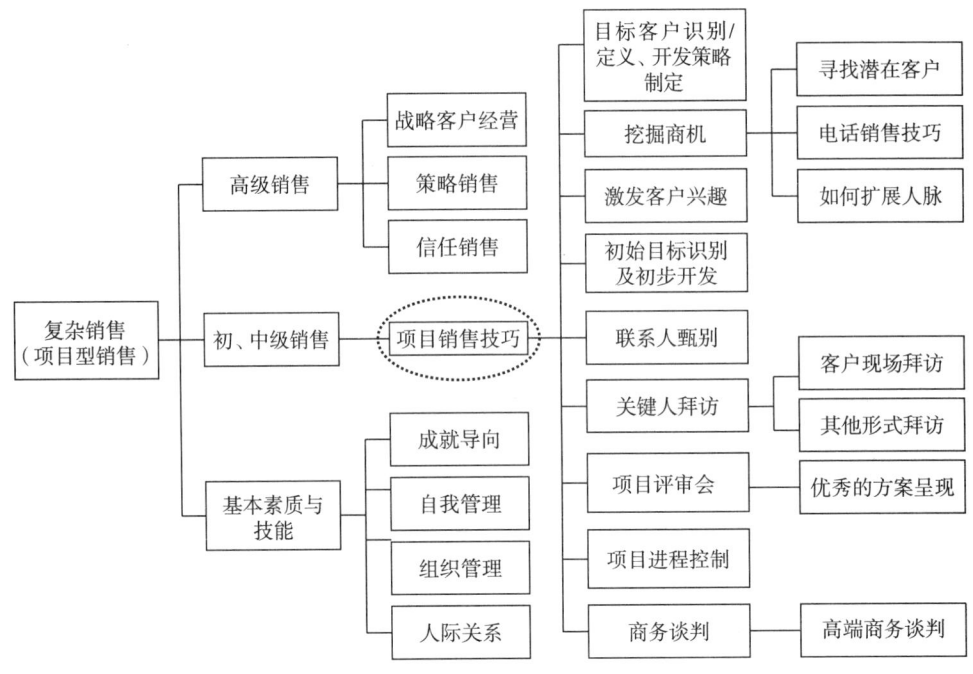

图 5-8 项目型销售整体工作构成

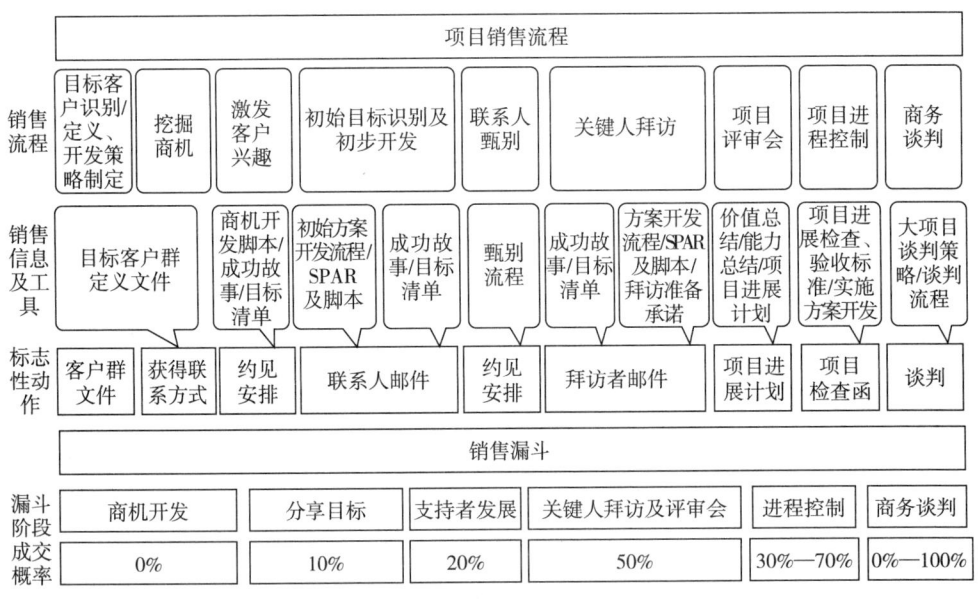

图 5-9 "项目销售技巧"的工作流程

再次,建构教学基础信息。以图 5-8 中销售流程上的"关键人拜访"这个任务为例,需要继续分解为客户现场拜访和其他形式拜访。以客户现场拜访为例,在教学中需要指导学生完成从拜访准备、开场白直至离场与反馈等 6 个可训练的活动项目。其中,仅拜访准备一项活动需要指导学生完成 6 组规定行为。在教学设计中,其形式可能是不同的,有些要求学生展示,有些要求学生演讲或辩论,有些需要小组制定方案;并且教学设计还需要明示训练中所需要的各种支持技术、环境、条件、工具、方法等,如图 5-10 所示。

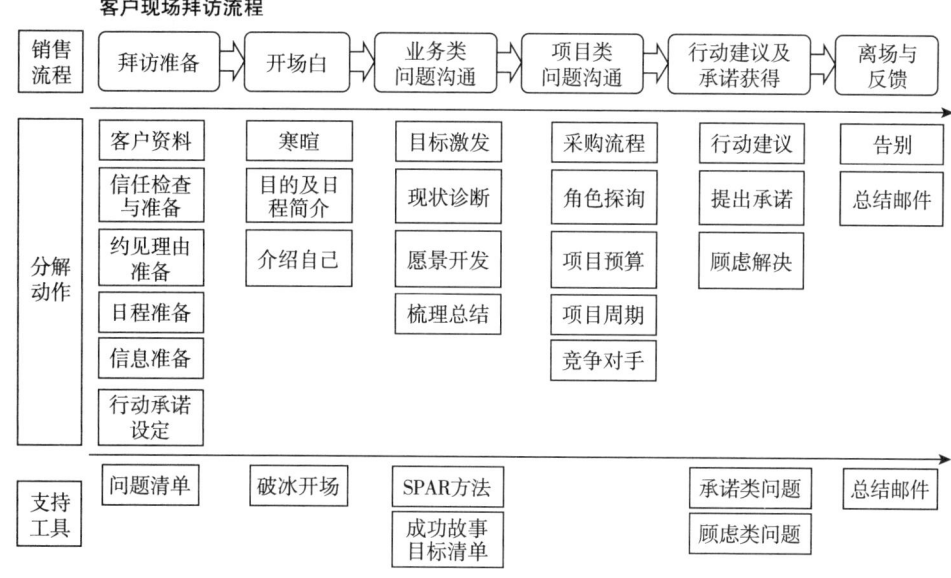

图 5-10 "客户现场拜访"流程

最后,教学标准与评估。以图 5-10 中的"拜访准备"活动为例,教学设计中不仅要清晰地确定指导学生训练的内容和所需要的技术、方法,还要对所设计的各项训练内容提供评价标准,以便评估教学效果和质量,如图 5-11 所示。

拜访准备
☐ 客户资料
  • 客户名称、公司概况、营业额、产品和服务
  • 市场及业务开展状况、竞争情况、财务状况
  • 高管情况
  • ……
☐ 信任检查与准备
  • 评估自我专业性及客户方可接受程度
  • 是否需要专业人员帮助
  • 人际关系准备
  • 专业知识及资料准备(同行业应用成功案例、本行业问题等)
☐ 约见理由准备
  • 拜访理由及目标
☐ 日程准备
  • 参与人、时间、地点
  • 日程、设备设施要求、重点沟通问题、邮件或电话确认
☐ 信息准备
☐ 行动承诺设定
☐ 问题清单

图 5-11 "拜访准备"活动训练参数要求

（8）教学要素设计

通过解构工作任务，形成任务流程、工具、技术、步骤、方法、技巧以及行为、动作和评价标准，按照教学要求建构知识、素质、能力等教学要素，形成教学任务，设计包括教学内容、教学方法、教学评价、教学载体、教学工具等诸要素在内的教学要素设计单，以便更好地呈现工作任务向教学任务的转化，以"挖掘商机"活动为例，如表 5-8 所示。

表 5-8　教学要素设计单

基本信息		
教学项目：挖掘商机 学习时间：150 学时		
职业行动能力		
正确认识商机与市场及顾客价值的关系，树立正确的商机开发观念，根据理想客户模型确定目标客户群特征，搜索目标客户信息，能够初步分析客户潜在需求，激发客户购买兴趣，分析客户心理，确认客户购买意愿及阶段，进行商机确认		
工作任务与学习内容		
对象： 确定目标客户群特征 搜索目标客户群信息 确定开发方法 激发购买兴趣 实施开发过程 确定购买阶段 甄别商机 确认销售机会	工具： 潜在客户定义标准 潜在客户信息表 客户数据库 商机开发标准话术及文档 潜在客户兴趣清单 商机评估标准 商机开发管理表 商机跟踪记录 专业知识： 消费者购买心理 电话销售基本原理 商机的定义及分类 商品知识 目标客户行业基本知识 客户购买动机 专业技能： 客户迎合技巧 电话商机开发方法 邮件开发方法 市场行为开发方法 引发购买兴趣的技巧	要求： 撰写目标客户群说明书 填写潜在客户信息表 赢得客户约见机会 识别客户购买动机 判断客户购买阶段 甄别商机真实有效性 撰写客户拜访预约邮件

（续表）

专业内容	教学方式
1. 挖掘潜在商机的基本任务及流程 　　潜在客户、潜在商机的定义	1. 课堂讲授：挖掘潜在商机的基本任务及流程，潜在客户、潜在商机的定义
2. 互联网技术及信息管理 　　互联网搜索引擎的应用 　　互联网社交网络的应用 　　传媒信息分析	2. 课堂讲授：互联网时代信息搜集与管理特点，传媒信息分析与管理 　　小组讨论：互联网搜索引擎及社交网络在商机挖掘中的应用
3. 客户数据库及数据库营销 　　客户数据库 　　数据库与数据挖掘 　　客户关系管理在商机挖掘中的应用	3. 课堂讲授：客户数据库及数据库营销 　　小组讨论：数据库在确定潜在客户及商机挖掘中的应用
4. 消费者购买心理 　　消费者行为的影响因素 　　购买决策过程：五阶段模型	4. 课堂讲授：消费者购买心理
5. 电话销售 　　电话销售基本原理 　　电话销售技巧	5. 课堂讲授：电话销售基本原理及流程 　　视频录像：电话销售中的常见错误，电话销售正确流程 　　模拟演练：电话商机挖掘
6. 商务邮件撰写 　　邮件商机挖掘的基本原理及应用 　　客户拜访预约邮件	6. 课堂讲授：商务邮件撰写 　　课堂演练：撰写商机挖掘邮件，撰写客户拜访预约邮件
7. 兴趣激发基本原理及话术开发	7. 课堂讲授：兴趣激发基本原理及话术 　　模拟演练：现场模拟兴趣激发话术开发及模拟对话
8. 商机甄别及确认标准 9. 产品及行业知识	8. 课堂讲授：商机甄别及确认标准 9. 网上自学

单元考核评价

企业模拟：
学员在企业或模拟企业环境中，根据理想客户模型，定义目标客户群特征，实施潜在商机挖掘过程。根据过程文档及商机挖掘的数量、质量评判学习质量

（9）课程内容建构模板

对课程在不同阶段的学习内容进行建构，包括各阶段培养定位、核心工作、考核标准、各阶段课程内容中的知识要点、专业技能要点和通用技能要点，如表5-9、表5-10所示。

表 5-9 "公司认知及拜访客户"课程

阶段	第一阶段（2 周）			第一阶段（3 周）			第一阶段（4 周）		
阶段培养定位	认识公司/岗位/销售			定位目标客户/电话沟通/挖掘商机（确定目标客户，商机挖掘策略，找资料，找电话，确定重点产品方向并掌握业务流程及关键价值点）			拜访客户，了解需求与目标		
阶段核心工作	了解公司/产品线/岗位/销售漏斗			确定目标客户，训练电话沟通技巧，挖掘商机，熟悉产品、服务流程培训			挖掘商机，面对面拜访客户，了解客户实务、现场沟通技巧，产品知识，漏斗应用		
任务活动	标准	考核方式	资源	标准	考核方式	资源	标准	考核方式	资源
	1. 介绍公司（历史、发展、文化、价值观） 2. 讲解公司主要产品线及客户群基本卖点 3. 讲述销售漏斗定义，阶段划分标准	口试	提问指引	1. 讲解公司产品的优势带给客户的价值 2. 讲解产品对应的业务流程，关键价值点 3. 收集、梳理并识别一定数量的目标客户 4. 独立完成公司销售管理与CRM系统的基本操作 5. 电话激发兴趣并预约拜访 6. 熟练描述3个以上区域样板客户案例应用价值和效果	口试 分析报告汇报讲解 读书心得 情景模拟	提问指引 读书心得要求 电话销售模拟演练指引	1. 讲述客户拜访目标/客户业务需求与下一阶段经营计划 2. 描述客户组织结构及行业业务特征 3. 获得客户下一步行动机会 4. 进入实施项目小组，完成第一次实施体验小结	教师检查、沟通实施体验小结分享（讲解）	实施体验资源要求
阶段考核标准	提交成果								
	1. 提交个人绩效目标 2. 提交周工作计划与总结	经理检查	岗位绩效模板 周工作计划模板	1. ×××个目标客户列表 2. 电话预约准备信息（客户目标/问题清单/成功故事/话术） 3. ×××个上门拜访机会 4. 所经营区域的行业、市场、商业机会结构分析	PPT报告 经理检查与沟通	目标客户信息表 分析报告要求 分析报告模板	1. 客户拜访总结（含组织架构） 2. 获得××个客户有效商机 3. 客户实施体验小结 4. 客户经营计划	教师检查、沟通实施体验小结分享（讲解）	客户拜访总结（含组织架构） 实施体验小结模板

(续表)

维度	第一阶段(2周)			第一阶段(3周)			第一阶段(4周)		
	要点	训练方式	资源	要点	训练方式	资源	要点	训练方式	资源
知识要点（背的）	1. 公司历史/发展/文化/价值观	阅读/网上学习/课堂讲座/心得分享	《公司介绍、发展》《员工利益禁止行为》	1. 样板客户、成功客户案例故事	阅读/课堂讲座/心得分享	样板客户、成功客户	1. 所拜访客户的行业知识及案例		UU网检索
	2. 公司员工通用规章、制度——报销、考勤制度等	阅读	公司制度、报销制度等	2. 企业实务（业务场景）	阅读/心得分享/角色扮演	《ERP（企业资源计划）》《ERP与企业管理》	2. 行业解决议案、案例		行业资料、行业介绍
	3. 报销规章、规范、制度	阅读/网上学习	《阳光经营》公司报销制度等	3. 产品卖点、价值	阅读/心得分享	市场产品资料、推荐资料《关键价值营销手册》	3. 产品知识		
	4. 公司主要产品线及客户群、基本卖点	网上学习/课堂讲座	《公司产品线及目标客户介绍》	4. 公司服务介绍（服务、实施、培训）	阅读/网上学习	《企业培训事部业务介绍》			
	5. 销售、销售模式、销售岗位的技能素质要求	网上学习/课堂讲座	《公司销售模式解读》	5. 销售管理与CRM系统的应用	阅读/网上学习	《销售管理与CRM系统的操作手册》			
	6. 销售漏斗定义、销售流程及里程碑	网上学习+案例讨论	《销售漏斗管理》	6. 目标客户筛选方法	心得分享	优秀客户经理介绍			
	7. 企业管理知识与ERP原理	网上学习/心得分享/集中授课	《高管与信息》	7. 行业解决方案、案例		行业市场资料、行业介绍			

（续表）

维度	第一阶段（2周）			第一阶段（3周）			第一阶段（4周）		
	要点	训练方式	资源	要点	训练方式	资源	要点	训练方式	资源
专业技能要点（做的）	1. 如何介绍公司	实战训练	训练指引	1. 目标客户群的选择方法及商机挖掘策略		经验分享	1. 如何做好拜访准备		
	2. 如何介绍自己	实战训练		2. 商机挖掘方法、技巧与渠道		经验分享	2. 面对面拜访技巧（流程、开场、问题设计、如何沟通目标、沟通解决方案、处理）		
				3. 电话沟通与预约技巧、商机引发技巧		《电话沟通技巧》经验分享			
				4. 如何介绍产品	实战训练	训练指引 经验分享			
通用技能要点	1. 制订工作计划（时间管理）	网上学习/课堂讲座/心得分享	《时间管理》《个人绩效目标》《我在公司的销售之路》	1. 商务礼仪	网上学习/情景模拟	《商务礼仪》《成功学》《销售人生》	1. 演讲技巧		《演讲技巧》《销售心态管理》
	2. 成长发展			2. 成功学			2. 经验分享		
							3. 销售心态管理		

表5-10 "谈判与成交"课程

		第四阶段（1周）			第五阶段（1周）			第六阶段（1周）		
阶段培养定位		项目推动/方案提交			报价/商务谈判/成交			体系化培训/考核		
阶段核心工作		商机推动、挖掘商机、项目分析、建立内线、竞争分析、方案提交			报价技巧、商务谈判、成交初体验			新员工走向百万精英培训、考核		
阶段考核标准		标准	考核方式	资源	标准	考核方式	资源	标准	考核方式	资源
	任务活动阶段	1. 发展支持者 2. 承诺，处理客户顾虑，与客户沟通下一步 3. 与客户沟通，整理需求范畴和目标 4. 分析销售位置 5. 分析客户态度及关键人 6. 检查竞争对手与竞争策略 7. 独立完成流程及方案提交，一对一方案提交（实践应用）	教师检查、沟通	一对一方案沟通要求、项目分析表	1. 推动商务进程 2. 拟定商务条款及报价策略 3. 参与商务谈判 4. 处理停滞项目和客户疑虑	教师检查、沟通	一对一方案沟通要求、项目分析表	1. 完成描述整个ERP项目，并进行成功或失败的案例分享和总结		
	提交成果阶段	1. 客户拜访总结（含组织架构） 2. 项目分析表 3. 获得××个客户有效商机 4. 客户实施体验小结	教师检查、沟通、实施体验小结分享（讲解）	客户拜访总结（含组织架构）、实施体验小结模板	1. 客户报价方案 2. 获得××个客户有效商机 3. 客户实施体验小结	教师检查、沟通、实施体验小结分享（讲解）	客户拜访总结（含组织架构）、实施体验小结模板			

（续表）

	要点	第四阶段（1周）		第五阶段（1周）			第六阶段（1周）		
		训练方式	资源	要点	训练方式	资源	要点	训练方式	资源
知识要点（背的）	1. 结合岗位定位，制定专项学习内容		UU网检索	1. 公司的价格体系和报价模式	导师辅导				
专业技能要点（做的）	1. 如何准备一场方案汇报		经验分享						
	2. 如何识别与发展支持者		经验分享						
	3. 如何区分客户的采购角色和作用		经验分享						
	4. 销售中的竞争分析		经验分享	1. 商务谈判技巧		经验分享			
	5. 项目后期进程控制技巧			2. 报价技巧		经验分享	《百万销售精英成长之路》		
	6. 如何讲解方案		经验分享						
通用技能要点									

5.2 职业教育专科课程方案

5.2.1 高职专科第一阶段(初学者)课程方案

市场营销专业的职业教育课程以项目设计为主。通过设计学习任务,描述知识、工具和能力,阐述利用工具实现知识能力训练的教学手段;通过设计工作组织和工作流程形成项目情景,通过实训模拟、企业调研、课题研究等教学手段组织教学,如图 5-12 所示。

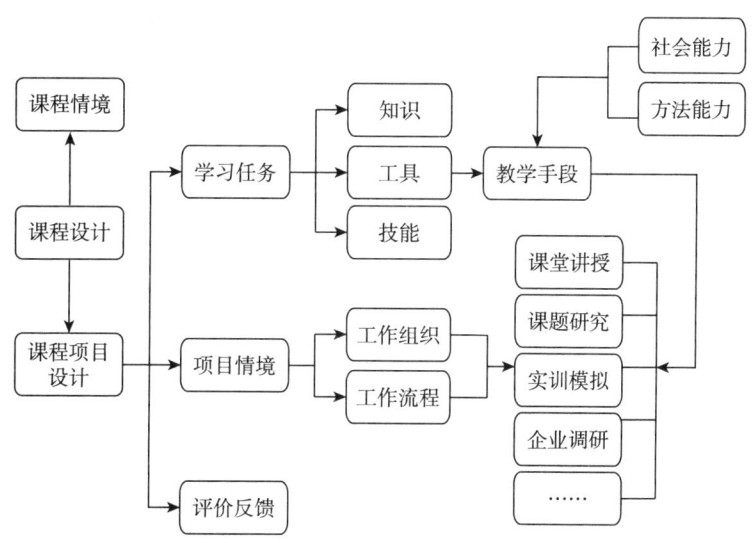

图 5-12 课程内容和方法设计

市场营销专业(销售方向)专科层次面向的职业岗位类型是项目型销售。"项目销售新兵训练"课程是为市场营销专业(销售方向)4 级学生在第 1 阶段训练职业认知能力的课程,其课程编号为 SC41-1,其课程方案详细地描述了课程目标、课程作用、课程设计逻辑、课程开发路线、课程教学基本信息,编写了教师和学生手册。

"项目销售新兵训练"课程方案

(1)课程基本信息

课程编号:SC41-1。

课程名称:项目销售新兵训练。

课程介绍:

本课程是职业认知课程,是面向销售专业新生开设的职业启蒙课程,旨在帮助学生开拓专业与职业视野,激发学生对职业的兴趣,启发职业思维和意识,理解专业特点和内涵,激发学生学习本专业的自豪感,具有职业导向;引导学生确立职业目标;激励学生学习的动力;启发学生掌握正确的学习方法。本课程是必修课程。

课程培养对象:市场营销专业(销售方向)4级。

课程总目标:

在授课结束时,学生将能够:

① 产生对该职业的兴趣,确立职业认同感和职业承诺意识;

② 理解销售职业和销售职业人;

③ 认识自己,提高自我职业意识;

④ 了解企业、了解职业岗位基本流程、了解产品、了解岗位职责;

⑤ 树立专业学习信心,明确职业方向和发展目标;

⑥ 制定职业发展规划和实施步骤。

课程作用:

职业教育要将学习动机作为重要的培养目标,包括职业热情、职业认同、职业承诺、职业发展等。本课程的重要性在于:它是能力发展的前提,没有职业认同和承诺,就不可能有职业能力发展。这是本课程也是本职业考核评价学生学业的阶段性能力和证书能力的一个重要维度。

课程设计逻辑:

本课程的逻辑起点是职业认同,包括对这个职业产生兴趣、对学习这个职业充满期待、对自己从事这个职业抱有信心、对职业成就具有梦想,愿意迎接这个职业带来的挑战等。

本课程必须建立与学生主体的联系。企业专制管理正在被参与管理所取代,工作规范化不是最重要的,对工作内容的主观化要求,从整体角度思考与社会的互动,以及对职业生涯进行积极主动的建构变得更加重要。

本课程不仅通过职业认同等内容来提高学生的职业能力,同时也帮助学生提高社会能力和发展能力。

课程开发路线图:

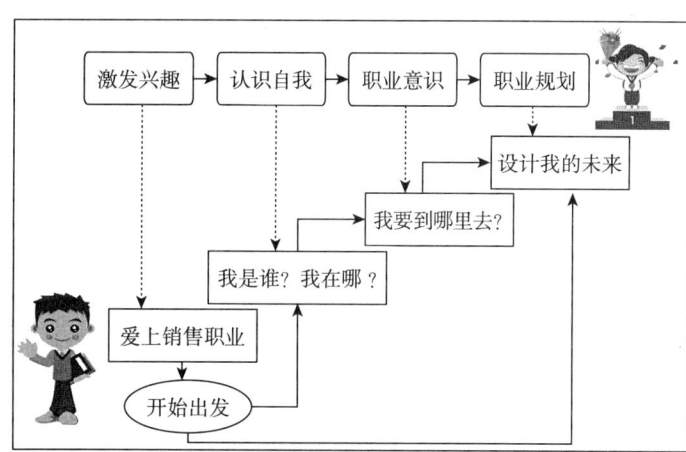

注:虚线表示每一步所对应的内涵,实线表示实现结果的路径。

课程所需设备及材料:

课程所需设备及材料表

课程所需设备及材料	教师	学生
课程设计手册	√	
教材	√	√
教学大纲	√	
教师指导用书	√	
学生练习手册	√	√
教案及PPT	√	√
职业测评文件(题库及测评结果报告、咨询师测评咨询记录表、学生个人分析记录)	√	√
笔记本电脑/台式电脑	√	
音像设备(电视及录像机)	√	
黑板/白板	√	
粉笔/白板笔	√	
标准16开白纸(100张)	√	
彩色笔(5盒)	√	
姓名卡片		√
参考资料	√	
视频《公司的力量》	√	
商业虚拟平台、商业案例软硬件资源		
教室环境及教具	√	
参观企业清单和安排表	√	√
学生记分考勤表	√	
学习路径、个人发展计划	√	√
讲座及培训师清单和安排表	√	√

教学基本信息:

"项目销售新兵训练"课程教学基本信息

课程名称	项目销售新兵训练	教学地点	企业与学校	教学阶段	第1阶段
典型任务	项目销售认知	课程教师	校企教师团队	等级	4级
教学载体	用友公司的IT项目销售			学时	4周

能力标准(能力体系中的能力项)

| 社会能力
(代码SO) | SALSOMO01 遵守法律
SALSOMO02 规范行为
SALSOMO03 承担责任
SALSOHE04 公益环保
SALSOHE05 身心健康
SALSOCO06 团队合作
SALSOCO07 人际沟通
SALSOCO08 冲突管理 | 职业能力
(代码VA) | SALVATH18 客户导向
SALVATH19 商业洞见
SALVATH20 分析思维
SALVATH21 职业认知
SALVAMA23 影响能力
SALVAPE26 成功导向
SALVAPE27 自信心
SALVAPE28 坚持不懈 | 发展能力
(代码DE) | SALDELE32
自我完善与发展 |

教学说明

教学主题	主题内容	项目	训练方式	评价	工具
激发专业与职业兴趣	1. 调整学习心态 2. 树立自我愿景 3. 职业深入思考 4. 自我营销 5. 企业经营基础知识 6. 校园营销实践	用友"一日游"	参观企业、现场讲座	•学员参观报告评审	
		兴趣激发室内教学	•视频、研讨 •室内教学 •阅读与自学	•后续课程与活动的观察	•视频案例
		"自我营销第一次"	•室内教学 •学员呈现	•学员呈现 •室内点评	•自我介绍方法视频案例
		"职业成功人士座谈"	•室内讲座 •现场问答	•后续课程与活动的观察	•用友优秀营销员工经验
		"赢在校园——校园营销实战300天"(此项目将贯穿职业认知四个教学主题,在各个阶段发挥作用)	•室内教学 •学员呈现 •实战检验 •模拟训练 •案例研讨	•经营成果评价 •教师现场观察与评价 •学员呈现 •个人总结报告评审	•企业经营模拟平台 •企业经营表单集 •商业案例
自我认知与职业信念树立	1. 自我特征、特长、性格定位与认知 2. 自我职业目标定位 3. 营销专业情况及发展方向理解 4. 职业特征、优势理解 5. 个体、个性辅导与职业发展规划	个人偏好、特长评测	•个人测评 •人力资源专家咨询指导 •模拟训练	•答辩 •沟通 •经理、教师检查 •演示 •演讲	•职业测评题库及测评结果报告 •咨询师测评咨询记录表 •学生个人分析记录

(续表)

教学主题	主题内容	项目	训练方式	评价	工具
提高职业意识	1. 理解项目销售的本质 2. 认识项目销售的相关因素 3. 了解项目销售成功的条件	"大生公司"市场调研、分析与选择策略	• 阅读 • 模拟训练 • 研讨制订方案	• 口试老师检查 • 撰写报告	• 产品教具
		"10天面对面销售大突破"	• 模拟训练 • 现场呈现 • 录像、标准示范	• 教师现场点评	• 录像 • 案例 • 面对面营销 • 工具表集
规划职业发展	1. 如何使学习路径与职业成长路径同步发展 2. 如何将理论与实践学习达到协调平衡 3. 如何主动学习与发展职业能力	"我的成长路径图"	• 讲座 • 视频 • 研讨 • 座谈 • 案例分析 • 自我设计	• 教师检查 • 自制成长路径图	• 视频 • 案例库 • 教具 • 成长路径设计方法
		"我的三年后"	• 书写报告 • 自我设计	• 教师审查	

(2) 课程教学引导表

课程教学引导表

第一阶段(4周)

阶段培养定位		职业认知		
阶段教学核心		激发专业与职业兴趣		
		标准	考核方式	资源
阶段考核标准	任务动作	1. 调整学习心态 2. 树立自我愿景 3. 深入思考专业与职业发展 4. 实现自我营销 5. 掌握企业经营基础知识 6. 校园营销实践	笔试 现场呈现 实战活动 报告评估 经理检查	报告、工具表集、样板 企业案例、资料、视频 资金、企业模拟场地、学校及用友专家支持
	提交成果	1. 学员参观报告 2. 企业经营成果(包括各阶段报表、感悟报告、总体报表、账目) 3. 企业经营总体感悟报告 4. 个人成长路径图、我的未来报告		成长路径设计方法 各类报表模板

(续表)

维度	要点	训练方式	资源
知识要点（背的）	1. 企业基础知识、规章制度	阅读、课堂讲座、心得分享	企业经营基础（公司介绍、发展）《员工利益禁止行为》
	2. 销售人员道德规范	阅读、室内授课、案例演练	销售制度、报销制度等《阳光经营》
	3. 销售基础技巧	阅读、室内授课、情景模拟、赢在校园	《销售基础篇》《销售人员心态》
	4. 产品卖点、客户群、市场选择等要领	课堂讲座、案例分析、现场模拟	《产品线及目标客户介绍》《产品知识》《市场调研基础》
	5. 什么是销售，销售模式、销售岗位的技能素质要求	课堂讲座	《销售模式解读》
	6. 销售漏斗定义、销售流程及里程碑	案例讨论	《销售漏斗管理》
	7. 企业管理知识	心得分享、集中授课	《高管与信息化》
专业技能要点（做的）	模拟项目销售	室内授课、实战训练、情景模拟	《训练指引》
发展技能要点	1. 制订工作计划（时间管理、自我管理） 2. 制定个人成长路径图	课堂讲座、心得分享	《时间管理》《个人绩效目标》《我在销售之路》《优秀销售人员》
学校与企业资源支持	1. 企业高管面谈、授课 2. 职场成功人员面谈、授课 3. 学校场地、设施建设与资金支持 4. 辅导教师参与		

（3）教学方案

"项目销售新兵训练"课程教学方案

课程名称：项目销售新兵训练	教学时间：200课时

教学目标	1. 让学员亲身参与到真实的营销活动中，体会到营销的学问、价值、特点与乐趣； 2. 锻炼学员的营销能力，如职业认知能力、客户沟通能力与客户需求挖掘能力等； 3. 检验学员将从理论和模拟阶段所学的知识应用到真实实践当中的效果，加深学员的感知、感悟和反思，加速其个人成长； 4. 加强学员对专业与职业的认同感，产生强烈的职业兴趣，主动、积极、热情地参与专业与职业相关活动； 5. 通过实践活动，让学员能够较为客观地进行自我认知、自我定位，在活动中完成自我定位与成长路径设计； 6. 对学员的表现和成果进行跟踪、评估与反馈，进而帮助学员提升能力、增加师生交流，也有助于在更客观的角度帮助教师给予学员合理的学业评价。
教学载体	"赢在校园——校园营销实战30天"项目
工作原理	通过全程真实的营销体验活动，使学员亲身参与到真实的营销活动中，体会到营销的学问、价值、特点与乐趣；在真实的营销活动中也可以锻炼学员的营销能力；利用模拟公司的方式进行活动管理增加了活动的趣味性，让学员有更多的积极性参与到营销专业的学习和实践中来，也让学员能够更深刻地感受到营销岗位的特征与奥妙；整个活动会分阶段、分模式贯穿整个学业过程，教师可以在整个过程中对学员的表现和成果进行跟踪、评估与反馈，进而帮助学员提升能力、增加师生交流，也有助于在更客观的角度帮助教师给予学员合理的学业评价。
工作方法	学校场地、资金支持、教师全程参与、全真实战演练
工具材料	企业经营工具表集 模拟银行、政府部门及企业成立流程 办公场地、配套设施建设： 1. 办公、仓库场地建设 2. 营销实战平台建设 办公场地示意图

(续表)

课程名称:项目销售新兵训练	教学时间:200课时
工作规则	3. 广告板建设 （销售台布局示意图：食堂前方布置8个销售台，分两排各4个） 整个活动将严格按照社会真实状况进行模拟,如工商部门的登记费、税务机关的报税、售后的回访调研等; 小组成立公司后,各职务会以月度为刻度进行轮岗,以保证每一位学员都有各岗位的实践机会,同时每个学员都必须参与到公司整体运作中来; 活动的目的是让学员有一个营销实践的机会,帮助学员在真实的营销场景中锻炼自己,所以过程中严令禁止自买自销和报假账、贪污、腐败等行为,一经发现将处以200—500元罚款,第二次将取消游戏资格,本课程将记为零分; 各公司有实体销售场所,每个周×为全体出勤日,教师将到现场进行考察,对每一位学员的表现进行标注、分析,作为日后学员能力、性格分析及谈话的依据,同时阶段性结果将计入学员的学习档案中。
工作过程	赢在校园体验活动并非模拟,而是真实的市场营销体验,活动的具体设想如下: 1. 学员按照5—8人一组的组合方式进行分组,小组选出董事长、市场部经理、销售部经理、财务部经理、物流经理,取公司名称,同时每人都要客串直接销售人员; 2. 每个小组自行寻找渠道、选择产品,产品范围主要是文体类、服装类、艺术品类、生活用品类等; 3. 各小组制定项目计划文件和PPT,并由小组成员进行项目呈现,银行人员负责评估项目可行性,并给予相应的贷款额度; 4. 学员可以自行设计市场活动,学校负责交付定量的市场费用,比如200元/300元/500元等; 5. 学校申请特定区域作为市场营销学员主场,学院定制广告地点,并每月举行广告招标活动,广告设计由小组成员自行设计,学校提供广告版与要求; 6. 产品宣传由各小组自行开展,可使用任何合法、合规的模式,宣传费用限于规定配额; 7. 销售过程中,各小组成员负责相互监督,不得有为了追求销售量而自销自卖的现象发生,同时每次发生销售的数据需要由财务经理统计整理,内容包括姓名、联系方式、产品、价格、数量,以备学校教师回访与监督; 8. 学校和企业教师负责巡场、督导,并在过程中收集对每个学员的印象,作为活动终结后的评价依据; 9. 学员评价在活动中、后共设计三次,具体见"活动实施细则"。
教学组织	一、活动总动员(室内授课,PPT 10分钟) 1. 过去参与的营销案例分享 (1) 你是否参与过营销活动 (2) 分享一下你的营销经历与感悟

(续表)

课程名称:项目销售新兵训练	教学时间:200课时

(3)分析你成功/失败的原因
2.如果在校园里引入一个营销项目,你会关注哪些方面
3.一些营销基础知识课程(如选择项目、市场调研、营销场地、基本谈判策略等)
4.课堂营销演练
5.宣布学校给予的营销项目
6.宣布活动目的、方法与规则

二、活动安排与实施过程
1.团队组建
(1)什么是团队?(室内授课,PPT 10分钟)
(2)团队的组建(室内活动,40分钟)
接下来开始进行团队领袖"应征"(40分钟),方法是:
① 宣布由学员举手,并上台进行1分钟演讲,由台下学员举手来判定你是否可以成为领袖,7人以上举手代表应征成功,思考5分钟开始应征,领袖的人数为8人;
② 静默5分钟,让学员思考演讲词,之后开始鼓励上台演讲,演讲结束的学员可以站在讲台一侧等待(注意:这里的挑战是"没有人自愿上台",所以这个方式需要看课堂气氛进行,如果课堂气氛不好,则采取自愿组合,各自选择组长的方法);
③ 待8人全部选出,开始号召台下学员上台,以每个领袖为排头,选择自己希望参与的团队队列,一字排开,达到8人的不允许再有人排队;
④ 小组组建完成,以小组为单位入座,准备开始下一轮流程。
(3)组员任命(20分钟)
(4)宣布小组需要成立公司
小组成员即为公司成员,公司需要选举出如下角色并确定相应的岗位职责:
① 总经理1人;
② 市场部经理1人;
③ 销售部经理2人;
④ 财务部经理1人;
⑤ 采购经理2人;
⑥ 物流经理1人。
值得注意的是,公司角色会在每个月上交报表的同时进行重新选举,原则上每位成员都需要变换自己的角色。首月的总经理由领袖担任,其他成员由小组选择,可以自愿,也可以任命。
总经理要把成员基本信息填写到"小组成员登记表"中。
2.公司成立
(1)公司名称、口号、商标确认(10分钟)
组长带领成员确认公司的名称,名称的组成规范为"城市+名号+行业+性质"(如"北京长风乐器有限公司"),此处只先确定公司名号即可(因为经营范围和公司行业需要调研和深入探讨才能确定,所以这里只先确定名号)。
口号、商标需要填写清楚,并要求上台进行团队展示。
(2)公司经营范围确定(2周)
公司经营范围是公司日后经营的一个约束,超出范围经营的,需要申请范围变更,否则将接受罚款。

(续表)

课程名称：项目销售新兵训练	教学时间：200课时
经营范围的确认是一个市场调研、分析和预测的过程，小组市场部经理负责组织市场调研活动，其他成员予以配合。调研报告主要侧重于消费群体及其特征和偏好、市场空间、已有和潜在的竞争状况、成本与投资计划、投资回报率等内容。 3. 首次银行贷款 此处需要组织教师成立评审团，企业与院校教师评委 5 人左右，对小组进行评估并填写评估表，评估表最后一项是投资额，最终投资额去掉一个最高分、去掉一个最低分，剩下取平均值。 (1) 制作可行性研究报告 学员需要根据市场调研结果制定相应的PPT，其目的主要是说服银行发放贷款。 (2) 项目呈现与风险评估 项目呈现侧重项目情况和价值呈现。 项目呈现以小组为单位，每组呈现时间为 10—20 分钟，呈现的核心内容包括： ① 项目介绍：包括经营范围、营销手段、项目策略等； ② 投资效益分析：学校消费者情况、竞争状况和销售预期。 (3) 项目评估与反馈 针对学员呈现，评审团进行评估并填写评估表和建议，最终确定投资额。 (4) 发放贷款 按照评估结果发放贷款，贷款分批发放，首次发放一半，下一次汇报结束发放另一半。 4. 企业试运营 (1) 临时营业执照申领 学员需要将调研报告、小组成员登记表交给教师，教师会发放临时营业执照和税务登记证。 (2) 广告位申请 颁发证书和拥有现金流后，学员需要申请广告位，各公司需要以竞价方式获取广告位，广告板分 3 个版位，A 版位底价 20 元/月，B 版位底价 10 元/月，由各小组竞拍获得广告刊登机会，广告设计由小组完成（如果可能也可联合广告学员完成）。 竞价方法： 教师宣布，广告位竞拍"A 版位底价 20 元/月，B 版位底价 10 元/月"，请各小组代表出价，价格一路上涨，到没人再竞争时，××价格第一次，××价格第二次，成交。办理手续付款，开收据（当作发票）。 (3) 试运行 (4) 场地抽取 在此阶段，各公司开始自行销售，每周三 13:00—17:00 的营销大卖场，至少有 3 个学员参加销售活动。 学员可以自行探索其他销售方法与销售渠道，在任何时段进行销售活动，但前提是不耽误上课。 5. 反馈与调整 (1) 月度汇报 每月周×上午××点××分上课，全体成员需要参加课程，公司总经理、销售人员和财务人员进行工作汇报，具体流程如下：	

（续表）

课程名称:项目销售新兵训练	教学时间:200课时
	第一步:上交本月记账表。 税务部门进行账目核查,每次发现错误,需要团队扣除3分,罚款30元。 第二步:进行经营成果课堂汇报。 教师需要听取并给予点评,汇报内容为一个月的经营状况,包括采购、销售、现金流等情况,以及一个月的经历、感受和感悟。 （2）反馈与建议 听取汇报后教师要给予点评,并给予相应的建议,以帮助学员进行后续的经营调整。 点评的侧重点不在于公司经营,而在于教师平时观察得到的学员表现反馈,以及汇报资料整理情况(包括报表情况、PPT情况)、现场汇报表现、个人感悟情况。 6. 正式运营 （1）轮岗 每月进行一次轮岗,轮岗按照职位顺序依次循环下去。 （2）销售与运营 各尽所能,增加销售机会和利润空间,每月点评和广告宣传活动继续。 （3）市场大促销 为了维持学员的积极性和增加销售数量,学校可以展开让利大促销活动,针对特定的商品,按照销售数量和规定额度给予补贴,如瓶装水一瓶1.5元,财政补贴0.3元,每瓶售价1.2元即可维持盈利。 7. 二次银行贷款 （1）半年经营状况总结 对半年的经营状况需要进行整体总结,制定半年度报表,汇报经营状况、投资收益比、下半年发展战略。 （2）申请银行二次贷款或延期还款 根据经营状况和下半年的经营计划及投入产出预计,进行二次贷款申请。 对于经营不善的公司,也可以申请延期还款。 8. 经营结束 （1）亏损与利润处理 （2）宣布结业,布置结业报告
教学评价	1. 公司收支(占比30%,共30分) ① 学期结束时资不抵债的小组成员将在本科目的总分中扣除20分; ② 公司收支持平的扣除10分,公司盈利10%的不扣分,公司盈利超过(包含)20%的将给予10分的奖励。 2. 纪律(占比20%,共20分) ① 存在舞弊、违规行为的,酌情予以扣分处理; ② 不履行职责,拒绝参与公司工作,且经过教导不改的,扣除20分。 3. 每个月的报告(占比20%,共20分) ① 报告内容及其准确性、合理性10分; ② 汇报过程的表现10分。

（续表）

课程名称：项目销售新兵训练	教学时间：200课时
4. 客观表现（占比20%，20分） ① 教师现场观察给出评估结果，包括个人的活动积极性、参与性以及沟通能力、协调能力、个人素养等10分； ② 个人全学年的转变与提升10分。 5. 活动总体报告（10分）	

5.2.2　高职专科第二阶段（提高者）课程方案

市场营销专业（销售方向）专科层次面向的职业岗位类型是项目型销售。"特定目标客户的成交"课程是为市场营销专业（销售方向）高职专科学生在第2阶段训练专业能力的课程。第2阶段课程主要围绕学习"是什么"的知识，完成特定的任务，其课程编号为SC42-1，其课程方案详细地描述了课程目标、课程作用、课程设计逻辑、课程教学开发路线、课程教学基本信息、教学方案。

"特定目标客户的成交"课程方案

（1）课程基本信息

课程编号：SC42-1。

课程名称：特定目标客户的成交。

课程介绍：

本课程面向的是市场营销专业二年级学生，其针对的职业任务是对已知的客户进行从确认需求到成交的一整套工作内容，培养目标是学生从销售职业初学者成长为销售职业提高者，旨在帮助学生感知、体验和掌握一个销售小单的成交过程，训练内容包括：

① 训练如何在各种情景下面对不同客户获取信任；

② 训练如何与客户沟通达到了解客户需求的目的；

③ 训练如何查询客户资料包括利用互联网等现代技术查询信息；

④ 训练如何制订客户需求方案并将之呈现；

⑤ 熟悉基本合同文本以及训练如何成交的方法。

在课程开展核心任务前，为了让学生能够增加对社会、行业、产品知识的理解，了解销售流程及销售技巧，体会"客户思维"的营销理念，增添教学任务中的"情景感"，本课程安排了"客户体验"及"需求调研"教学项目,让学生不只是在课堂模拟,还要走出校园,到社会真实的销售场景中去体验,并搜集资料和总结感悟,为课程后期项目的实施打下坚实的基础,学生也能够通过亲身体验感悟和证实本课程教学与社会实际情况接轨,感受到学有所用,学习热情也就得到了提升。

课程培养对象:

市场营销专业(销售方向)4级。

课程总目标:

在课程结束时,学生将能够:

① 掌握并实践通过互联网查询客户信息的方法;

② 掌握开展市场调研的流程及设计、实施方法;

③ 掌握并演示特定客户访谈的方法、技巧及策略;

④ 掌握客户需求及需求背后需求的概念,演示准确描述客户需求;

⑤ 掌握并演示与客户沟通的商务礼仪;

⑥ 掌握撰写客户需求方案的方法;

⑦ 掌握并演示公众演讲、呈现技巧及方案呈现方法;

⑧ 了解合同基本常识,熟悉合同基本要素,能够撰写简单合同文本;

⑨ 熟悉成交话术和成交流程,演示促单技巧与策略;

⑩ 明确实现成交后的后续工作,确保项目完成。

课程作用:

通过完成对特定客户的成交方法的训练,掌握职业销售人员的入门技能,达到销售人员职业标准和资格。

通过本课程的学习,学生将能够理解并体验项目型销售的整体流程,掌握在整体流程下的每一项典型工作任务下的关键技能,步步为营地完成整个小型项目的销售流程,课程结束后,学生将可以达到企业初、中级销售人员的素质要求。

课程设计逻辑:

本课程提取典型工作任务,分析其工作流程中的关键任务节点,通过设计教学载体,承载完成任务所涉及的知识、素质以及技能,通过教学任务训练,达到任务完成的评价标准。课程设计包括典型工作任务提取、载体设计、工作流程分析、教学任务设计、教学标准与评价设计。

本课程是一个完整的营销过程,学生从开始网上检索资料—以客户身份参与"实体体验"项目—实地考察、访谈—市场策划、方案制作、方案呈现—促成订单、完成回款,可以完整地经历并体会到营销的大流程,让学生所学所做与企业人才实际需求相匹配;同时对流程下的每一个典型工作任务都进行专项训练;学生可以在理解和把握整体营销流程的同时,形成每个典型工作任务下的专项能力提升,并通过深度的专项练习,使所学知识和技能与发挥个人特征和优势相结合,形成符合个人特质的、体系化的销售技能。

课程开发路线图:

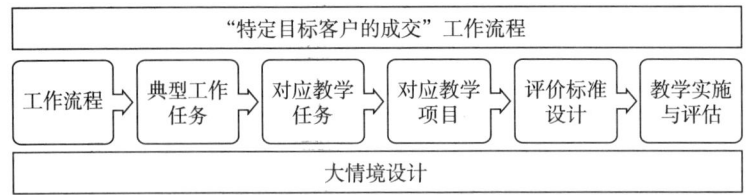

路线图内容细化如下表所示:

路线图内容

工作流程	典型工作任务	对应教学任务	教学项目设计	教学项目说明
了解产品及行业	讲述产品和行业的现状、特征及发展方向	多媒体信息搜集(行业与产品)	×区域×行业市场分析(基于互联网)	利用所学互联网、搜索引擎知识完成教师指定的市场分析任务
		市场调研与分析(行业与产品)	×行业市场调研(以大情景为基础)	基于大情景下的市场调研活动,包括网络信息搜集、实地调研及分析
确定需求	获取客户信任	信息从何而来	"如何让他信任你"	本项目通过不同场景的模拟使学员掌握根据具体情况(场景、客户等)快速建立信任的方法
		如何获取信任		
		商务礼仪	"礼仪之邦"	此处情景设计将脱离大情景,设计话剧式的场景,让学员体验一种全新的情景演练教学模式
	把握销售流程	基于不同情景的销售流程设计	客户体验	以客户身份到实体销售场所,或寻找销售人员体验销售与采购过程
	分析客户现状	多媒体信息搜集	客户深度沟通(以大情景为基础)	在大情景下,各小组成员根据自己前期调研与分析成果,以及掌握的模拟客户资料进行现场模拟演练,利用"合作经营流程"进行需求沟通与确认,为制订解决方案打下基础
	诊断客户问题	诊断客户问题		
	建立购买愿景	与客户建立购买愿景		
	确定客户需求	确认客户需求		
形成方案	方案制作	可行性方案制作	"解决方案大比武"	课程有4个情景,每个情景有2—3个小组设计方案,组间对决
	方案呈现	解决方案呈现	详见"方程呈现"课程	呈现能力是销售人员最重要的素质之一,故独立拟定课程,此处不做重点

（续表）

工作流程	典型工作任务	对应教学任务	教学项目设计	教学项目说明
实现成交	商务报价技术	商务报价原则	"决战谈判桌"	根据学员方案及报价，在教师安排下应用谈判技巧进行价格协商
	提交合同	合同商讨	"合同商讨会"	学员根据方案及报价撰写合同，并提交给客户评审团（教师模拟组建）进行合同条款协商，学员需要与评审团达成双赢结果
	客户意见反馈			
	结款	商务汇款操作	"结款了事"	教师安排了几种结款过程中容易出现的问题，学员根据所学进行规避

本课程将以基础教学为"链条"，通过教学项目的设计，使所有教学项目都贯穿在这个链条下的大情景中，同时在链条的每一个教学任务处都进行专项学习与训练，这样可以做到学生在每一个关键点上都能获得较深入的学习、练习与思考，又因为大情景和大课程的串联作用而不至于分散，保证学生的综合素质与能力提升。

此外，本课程的教学项目设计不限于室内教学或者模拟演练，而是由学生成立工作组，建立名义公司，给予特定任务，通过上机实践、实地考察、市场调研、实地访谈、客户体验、小组竞赛等，完成客户分析、销售理解、营销设计、需求挖掘、方案呈现、竞标比赛、签约回款，不仅是演练，而且是真实的营销过程和系统的学与实践过程。

教学载体：

本课程让学生有多种选择，共设计了四种教学载体，每种载体配备个性化情景，学生以小组为单位，自愿和抽签选择载体。

四种载体分别是：

电脑

化妆品

汽车

花卉

情景设计：

整个年级学生将被分成八组，同时大情景分为四个方向，即电脑、化妆品、汽车、花卉，学生将根据抽签的方式，每一个方向被分配两个小组进行教学。

大情景是连续的，贯穿整个课程教学过程，但在每个教学项目处，都会有小情景设计，大情景是与教学设计框架相结合的，小情景是与教学项目相结合的。

在"获取客户信任"的典型工作任务处，大情景(以载体为电脑的为例)开始呈现：

你们刚刚成立一家电脑销售公司，公司的经营方向是品牌电脑、组装机、电脑配件、打印机。公司现在刚成立，现金流紧张，急需抓几个销售项目(为了让学生有销售压力的感觉，但这种压力往往会使学生忽略了获取信任的重要性，一开始就为了挣客户的钱而推销产品)，否则公司将面临倒闭。

如上就是"获取客户信任"处的大情景，学生有充分的发挥和想象空间："我们是什么样的公司？产品到底有哪些？能有什么样的方案？谁能是我们的客户？……"

接下来是"如何让他信任你"的小情景设计，以完成此处的教学项目任务，情景描述：

你的一个朋友告诉你他现在在一家叫唯美的工厂做采购员，唯美集团是全球知名的电路板生产企业，目前在城西有8 000人的唯美一厂，去年在城东新开发区投资1.5亿美元成立了唯美电路有限公司，5月初厂房已经建好，预计6月初将有第一批工程师300人进驻，计划到8月底正式试产，年底公司人数将达到3 000人，3年内全负荷生产，预计公司总人数将达到20 000人。

公司为了鼓励一厂员工到二厂来推动二厂尽快投产，特要求IT部门为每位工程师及主管级以上员工配备笔记本电脑一台。

金迪电子家IT企业，主营业务为品牌电脑、兼容机、电脑配件、打印机等办公设备以及IT服务，为唯美集团城西一厂的IT设备长期供应商。

你想打入这个项目组，现在你有机会拜访采购部张经理，为了获取信任，你要如何与他沟通?

张经理可能有的四种特点(教师资料):

- 很感性,穿着随意,桌面乱七八糟,性格属关系导向型。
- 西装革履,眉目紧锁,工作专注认真,性格属业务导向型。
- 老好人,对人很和善,但你永远不知道他喜欢还是不喜欢你,穿着比较中庸,讲话非常圆滑。
- 喜欢绷着脸,他喜欢对所有的供应商说"No",让供应商的销售人员心虚,以压低价格。

整个情景模拟会在"模拟企业办公场"中进行,学生将围绕小情景的不同客户表现进行模拟演练,最终两组学生会在大情景下参加一个"竞标大赛",客户根据小组的需求匹配情况及小组整体表现,确定获胜一方。

课程所需设备及材料:

课程所需设备及材料表

设备及材料	教师	学生
课程设计手册	√	
教材	√	√
教学大纲	√	
教师指导用书	√	
学生练习手册	√	√
教案及PPT	√	√
职业测评文件(题库及测评结果报告、咨询师测评咨询记录表、学生个人分析记录)	√	√
笔记本电脑/台式电脑	√	
音像设备(电视及录像机)	√	
黑板/白板	√	
粉笔/白板笔	√	
标准16开白纸(100张)	√	
彩色笔(5盒)	√	
姓名卡片		√
参考资料	√	
视频《公司的力量》	√	
商业虚拟平台、商业案例软硬件资源	√	
教室环境及教具	√	

（续表）

设备及材料	教师	学生
参观企业清单和安排表	√	√
学生记分考勤表	√	
学习路径、个人发展计划	√	√
讲座及培训师清单和安排表	√	√

教学基本信息：

"特定目标客户的成交"课程教学基本信息

课程名称	特定目标客户的成交	教学地点	企业和学校	教学阶段	第2学期
典型任务	市场调研、确定需求、形成方案、实现成交	课程教师	校企教师团队	等级	4级
教学载体	电脑、化妆品、汽车、花卉			学时	8周

能力标准（能力体系中的能力项）

社会能力（代码SO）	职业能力（代码VA）	发展能力（代码DE）
SALSOMO01 遵守法律	SALVAPR10 确定需求	SALDELE29 基础知识与工具
SALSOMO02 规范行为	SALVAPR11 形成方案	
SALSOMO03 承担责任	SALVAPR13 实现成交	SALDELE31 学习与创新
SALSOHE04 公益环保	SALVAPR14 商品争议处理	
SALSOHE05 身心健康	SALVAPR16 客户关系处理	SALDELE32 自我完善与发展
SALSOCO06 团队合作	SALVARE18 客户导向	
SALSOCO07 人际沟通	SALVARE19 商业洞见	SALDEIN33 信息能力
	SALVARE20 分析思维	
SALSOCO08 冲突管理	SALVARE26 成功导向	SALDESB35 解决问题能力

教学说明

教学主题	主题内容	项目	训练方式	评价	工具
确定需求	1. 市场调研（通过网络及实地考察、调研搜集客户与行业资料） • 网络信息检索； • 业务调研与访谈实战（客户现状诊断与分析、客户愿景开发与建立、客户需求确认）； • 客户及行业资料整理与分析。	1. 基础教学	• 室内教学	• 训练场表现 • 笔试考核 • 大情景总考核	• 学员手册
		2. ×区域×行业市场分析（基于互联网）	• 上机操作 • 案例研讨 • 学生呈现	• 训练场呈现 • 市场分析报告（网络）	• 搜索引擎 • 学员手册 • 互联网资料
		3. 市场调研与分析	• 情景模拟 • 真实体验 • 学生呈现	• 市场调研报告 • 训练场呈现	• 市场调研报告样板 • 学员手册 • 市场调研工具表集
		4. 如何让他信任你	• 模拟训练	• 现场表现 • 技巧应用 • 笔试考核	• 学员手册 • 信任准备表

(续表)

教学主题	主题内容	项目	训练方式	评价	工具
	2. 大情景模拟 在前面的调研中,学生已经对客户的需求、特征及行业情况有了较深入的了解,接下来需要在大情景下,与模拟客户(老师组成的客户组)进行需求挖掘,确定模拟客户最终需求。	5. 礼仪之邦(商务礼仪训练)	•情景模拟 •真实体验	•笔试 •现场表现 •技巧应用	•学员手册 •网上学习
		6. 客户体验(以客户身份到实体店采购体验)	•模拟训练 •真实体验	•体验记录表 •体验总结	•学员手册 •学生工具表集
		7. 客户需求深度沟通	•室内教学 •学生呈现 •模拟训练	•笔试(根据案例,进行工具表集填写) •教师评审	•学员手册 •工具表集(客户现状分析表、客户诊断情况分析表、建立购买愿景、客户需求确认单)
方案形成	1. 方案撰写 根据见面了解的客户需求,小组合作制订销售方案,为后面方案呈现、讲标做准备。 2. 方案呈现 呈现本小组方案是如何满足客户需求和价值取向的,最终与其他小组成员竞争夺标。	8. 解决方案大比武(解决方案制作)	•模拟训练	•成果及PPT •团队协作	•销售演讲工具表集 •学员手册
		9. 方案呈现(详见"方案呈现"课程)	•模拟训练 •现场呈现 •录像 •标准示范	•呈现能力/效果、最终解决方案、个人提升、个人能力	•学员手册 •销售演讲工具表集
实现成交	1. 成交判断与推进 2. 合同文本撰写 3. 商务回款操作	10. 促单高手(快速促成订单)	•模拟训练	•现场表现 •技巧应用	•学员手册 •话术清单
		11. 决战谈判桌(商务谈判训练)	•模拟训练 •标准示范	•口试 •格式文本撰写 •现场表现 •谈判结果	•录像 •案例 •营销工具表集 •学员手册
		12. 合同商讨会	•模拟训练	•现场表现 •研讨结果	•合同范本 •学员手册
		13. 结款了事	•模拟训练	•流程规范	•学员手册

(2)课程教学引导表

课程教学引导表

第二阶段(8周)	
阶段培养定位	小单成交
阶段教学核心	确定需求、实现成交

（续表）

		标准	考核方式	资源
阶段考核标准	任务动作	1. 资料收集与整理 2. 客户需求分析 3. 制作销售方案简报 4. 客户现场销售演讲 5. 项目型销售促进成交技巧	笔试 现场呈现 实战活动 报告评估 工具集填写 综合评估	报告、工具集、样板 企业案例、资料、视频 企业模拟场地、学校及用友专家支持
	提交成果	1. 市场调研报告 2. 客户需求工具表集 3. 销售方案（过程考评，侧重于学生上台演讲、呈现的表现） 4. 项目进展计划表 5. 商务谈判表		示范工具集 视频资源 参考资料（样本、模板、书籍、文档）

维度		要点	训练方式	资源
知识要点（背的）		1. 市场调研 (1) 资料收集方法 (2) 资料整理方法	阅读、训练场讲座、作业分享、互联网教学	市场调研基础、企业经营基础（公司介绍、发展、行业）、市场调研范本 搜索引擎攻略
		2. 需求确认 (1) 客户现状分析方法 (2) 客户问题诊断路径 (3) 预测购买愿景的方法 (4) 客户需求清单要素 (5) 客户访谈流程	训练场讲座、情景模拟、工具集填写、专项训练	新概念销售、SPIN① 大单销售、双赢销售 专业化销售拜访、SPIN、方案呈现
		3. 方案形成 (1) 制订、评估方案 (2) 拟订项目实施计划 (3) 建立项目阶段性"成功标准"	阅读、室内课程、案例分析	解决方案制作 解决方案样本、解决方案概念及特征 方案制作
		4. 方案呈现： (1) 演讲基础 (2) 语言能力 (3) 非语言沟通 (4) 逻辑思维 (5) 销售演讲流程	室内课程、实战训练、情景模拟、专项训练	教材、工具集、样板 企业案例、资料、视频 标准示范、教师指导
		5. 实现成交 (1) 如何判断成交时机 (2) 异议处理 (3) 成交推进技巧	训练场讲座、案例分析、现场模拟	示范工具集、快速促单技巧 促单大揭秘

---

① SPIN 技法由四种类型的提问构成，每一种提问都有不同的目的，包括有关现状的提问（situation questions）、有关问题的提问（problem questions）、有关影响的提问（implication questions）、有关需求与回报的提问（need-payoff questions）。

(续表)

维度	要点	训练方式	资源
专业技能要点（做的）	1.模拟项目——项目十三	室内课程、实战训练、情景模拟	《工具集》《案例集》《情景》《技巧集专项训练视频库》教师团队（观察员、模拟客户团队）
发展技能要点	1.专业态度与激情	实战演练、训练场讲座、心得分享	《我在销售之路》《优秀销售人员》《十道羊皮卷》《下一个奇迹》
	2.创新与解决问题能力	实战演练、训练场讲座、心得分享	《大败局》《成功的启示》《乔布斯传》《我的销售之路》《优秀销售人员》
学校与企业资源支持	1. 企业高管面谈、授课 2. 辅导教师参与		

（3）教学方案

"特定目标客户的成交"课程教学方案

项目一:基础教学	教学时间:40 学时
教学目标	1. 掌握通过互联网查询客户信息的方法 2. 掌握市场调研的流程及设计、实施方法 3. 掌握特定客户访谈的方法、技巧及策略 4. 掌握客户需求及需求背后需求的概念 5. 掌握与客户沟通的商务礼仪 6. 掌握撰写客户需求方案的方法 7. 掌握公众演讲、呈现技巧及方案呈现方法 8. 了解合同基本常识,熟悉合同基本要素 9. 熟悉成交话术和成交流程 10. 明确实现成交后的后续工作。
教学载体	电脑、化妆品、汽车、花卉
工作原理	本项目是整个课程的基础教学部分,大部分会在室内进行,基础教学是理念、知识、技能的导入,但导入方式不仅是宣贯,更多的是最佳实践、样板标杆的推广,案例、情景演练与讨论、实践操练、感悟分享等方式,使 ASK（A:attitude,态度；S:skill,技巧；K:knowledge,知识）三项技能在学生头脑、行为中自然地建构出来。 同时,本项目也是其他项目的"链条",每当本项目一个教学环节开始或结束时都会伴随其他项目的开始与结束。

(续表)

项目一:基础教学	教学时间:40 学时
工作方法	情景演练、社会实践
工具材料	案例、练习册、学员手册、参考资料
工作规则	1. 本项目主要为室内课程,讲授内容以及视频、演练、案例分析各占 50% 的课时 2. 每个学生至少要有两次上台演练的机会,否则会扣分
工作过程	1. 课程与大情景导入 ● 传统销售向顾问式销售的转变; ● 大情景介绍; ● 网络调研获取客户及行业信息; ● 实地调研获取客户及行业信息。 2. 获取信任是与客户互动中最重要、最基础的环节 3. 商务礼仪 4. 如何获取客户信任 5. 顾问式销售的需求挖掘方法 ● 客户沟通如何问; ● 倾听真的很重要; ● 如何呈现才有效。 6. 需求确认的销售方法(SPIN) 7. 整理需求制作方案 8. 方案呈现 9. 商务报价策略与商务谈判方法 10. 合同文本撰写及商讨会 11. 完成结款跟踪订单
教学组织	本项目过程即为整体课程流程。在项目开始阶段,学生需要分好小组,选出组长,成立模拟公司,拟定组员职位及职责,之后确定经营方向,方向为四个教学载体之一,按照学生数量,总共分为八组,每个载体有两组学生。之后进行网络信息检索、市场调研,分析市场状况、客户情况,掌握客户价值取向和购买倾向,以及行业信息、供应商信息等。以这些信息为基础各小组进行行业细分、产品细分,最终确定经营理念、经营方向、营销策略、目标客户等。教师团队根据各小组目标客户的实际需求进行情景设计,学生根据情景对教师团队进行深度访谈,确定客户需求,拟订解决方案并呈现,最终两组竞标,教师团队根据各组方案情况及学生表现进行分数核定。本项目每个章节都会穿插其他项目,所以称本项目为课程的"链条"。
教学评价	此处的教学评价结果,即是"特定目标客户的成交"课程的评价结果。评价分为三个部分: 1. 笔试考评(30 分) 笔试考评侧重于本项目的知识内容,应用考试卷子。 2. 课程项目加权评价(50 分) 本课程其他教学项目按照项目难易度、重要性,对各自的得分进行加权核算分数。 3. 大情景综合考评(20 分) 课程始终围绕四类行业的大情景展开,所以本考评针对的是最终形成的文档成果,以及汇报呈现、个人感悟等方面。

项目二:×区域×行业市场分析(基于互联网)	教学时间:4学时
教学目标	1. 做好四个大情景(电脑、化妆品、汽车、花卉)方向的导入 2. 掌握并实践针对特定区域与行业的信息搜集途径 3. 实践所学互联网知识、网络检索知识搜集、整理有用信息 4. 了解网络电子商务发展阶段及现状
教学载体	电脑、化妆品、汽车、花卉
工作原理	本项目为基础教学项目进行到电子商务和互联网检索内容时进行的专项训练。 基于大情景,每个人进行信息搜索,针对所选行业,利用百度、搜狗等搜索引擎进行相关信息检索,利用道客巴巴、百度文库、维基百科等知识库进行相关信息采集,形成结构化的行业及产品资料,整理分析,在教师的指导下,形成初步的市场分析报告。
工作方法	课题实践(教师规定任务,学生利用互联网完成任务)
工具材料	电脑、互联网
工作规则	1. 每个小组一个方向,每个组员独立完成教师给予的基于该方向的课题 2. 同学之间可以互相讨论、相互学习,但不能抄袭剽窃 3. 最终的市场分析报告中要体现个人观点
工作过程	1. 教师给予小组课题,小组进行课题分配 2. 安排一次机房上机操作,教师辅导学生各自开始课题研究 3. 学生利用课下实践进行课题信息搜集和深入分析,形成结构化数据 4. 加入个人对数据分析结果的看法及趋势分析,形成最终报告
教学组织	本项目是基于互联网的工作过程,学生在基础教学项目中所学的知识将在本项目中得到充分应用。 学生首先根据小组分到的方向以及老师给予的课题进行数据分析,选择最佳的信息检索途径,之后对所检索到的信息进行整理分析,完成课题报告。
教学评价	本项目中,最终报告为评估的核心: 1. 学以致用(30分) 利用的检索工具与网站,使用的检索方法与技巧,有哪些来自网络的信息。 2. 工作结果(30分) 信息是否充分、必要、有效。 3. 个人观点(40分) 观点是否由前面分析结果得出,是否体现个人思想,是否深刻。

项目三:市场调研与分析	教学时间:16学时
教学目标	1. 做四个大情景(电脑、化妆品、汽车、花卉)导入的基础 2. 掌握并能实施针对特定行业的市场调研并加以分析,完成合格的调研报告 3. 实践网络检索技能,搜集互联网中有价值的信息 4. 通过与特定行业企业关键人的沟通,实践所学沟通技巧,掌握并应用"调研问题工具表"完成访谈

（续表）

项目三：市场调研与分析	教学时间：16 学时

	5. 掌握客户需求及需求背后需求的意义，并应用所学技巧诊断对方的真实需求 6. 针对调研结果进行市场分析和预测，制订市场策划案及项目实施计划
教学载体	电脑、化妆品、汽车、花卉
工作原理	要了解客户现状、困难和愿景是客户需求确认的前提，销售人员需要根据所了解的客户资料，深入挖掘客户的需求，建立双方都认可的、双赢的解决方案愿景，并与客户一起开发双赢的解决方案，而双赢的解决方案是促进成交的关键。 所以，分析客户现状是需求确认的最基础工作，而市场调研是了解行业和客户的最基本方法。 本项目打破了传统的宣讲式、模拟式的教学方法，给学生设定四个行业，让学生组成小组进行实地考察与访谈，开展真实的调研工作，最终学生需要对调研结果进行整理，分析并拟订自己小组的市场策划案和项目实施计划，之后学生可选择模拟模式和实战模式，即虚拟情景和真实销售情景。在模拟模式中，教师组成采购项目组对学生的调研结果进行评估，并在后面的"客户需求深度沟通""解决方案"等项目中进行实战演练；在实战模式中，需要学生寻找真实客户以实现销售，并全程记录营销过程，作为呈现和评估依据。
工作方法	情景演练、社会实践
工具材料	案例、市场调研工具表集、学员手册、练习册、资料
工作规则	1. 每个人必须亲自参与调研过程，尤其是实地访谈、调研过程 2. 学生必须应用调研工具表集，结构化搜集信息 3. 必须形成至少 20 份有效市场调研问卷 4. 报告必须体现通过网络搜到的内容 5. 调研报告的结尾必须体现小组对行业的观点和小组公司市场策划信息 6. 每组的每一位成员都要书写一份自己的访谈流程与心得
工作过程	1. 各小组/公司选定本学期课程大情景的行业（4 选 1） 2. 进行市场调研前期策划 • 网络信息搜集与分析； • 进行实地考察； • 选取调研区域与标的，设定调研标准； • 设计调研报告及调研信息表； • 确定人员分工。 3. 实施调研 • 网络信息搜集与分析； • 问卷调研； • 实地深度访谈调研。 4. 小组整理调研结果 • 调研过程记录； • 形成调研成果（国家政策、行业特征、企业特征、产品特性、业主需求……）。

(续表)

	项目三:市场调研与分析		教学时间:16 学时	
	5. 制定调研报告 6. 加入营销策划 7. 提交调研成果(调研过程记录、调研报告等) ● 呈现与评估。			
教学组织	本项目将随着项目一基础教学的展开而开展,学生被分成若干个调研小组,必须全部参与。在理论教授之前,小组需选定行业,并通过市场调研确定要调研的区域与公司,做好前期策划。在给予市场调研工具后,进行实地调研,完成调研内容,记录调研过程,同时需要小组成员通过互联网检索搜集相关信息,最终汇总形成市场调研报告。			
教学评价	评价项	评价方式	评价标准	评价分值
	工作过程评价	实践活动	素质:态度 10 分 合作 5 分 勤奋 5 分 能力:了解需求方式 10 分 调研数量 10 分 沟通技巧 10 分	50 分
	知识内容评价	测试、演讲展示	思路逻辑:8 分 重点突出:5 分 展示合理:3 分 表达清晰:4 分	20 分
	工作成果评价	调研报告	内容符合要求:10 分 写作规范:10 分 具有分析、创造意识:10 分	30 分

	项目四:如何让他信任你	教学时间:8 学时
教学目标	1. 理解并亲身感受信任的产生过程 2. 掌握快速分辨客户人际风格以灵活调整个人风格获取共通点的方法 3. 应用四种信任表达途径进行客户沟通,并获得客户的信任和认可 4. 应用破冰的方式进行基于信任的沟通的开场	
教学载体	电脑、化妆品、汽车、花卉	
工作原理	获取信任是与客户沟通的基石,也是与客户沟通的期望,每一次与客户的互动过程都是为了累加信任。基于此,特增加本教学项目。 每个人都有自己感受信任的方式,但大体分为四个方向:专业形象、专业能力、同理心、真诚,通过大量的情景演练,学生在此项目中会感受到不同人对信任的期待,并快速掌握获取客户信任的方法,成为一个灵活多变的营销高手。	

(续表)

项目四:如何让他信任你		教学时间:8学时
工作方法	情景演练、案例分析、标准示范	
工具材料	正装领带、学员手册、名片、案例情景、客户信任计划表	
工作规则	1. 每个学生都要上台演练至少一次 2. 前三次演练由学生与教师搭档 3. 三次后的演练由学生互相搭档,之后互相点评 4. 小组助教需要监督、记录、点评小组成员表现	
工作过程	1. 小组排序,安排训练场时间 2. 学生上课,分发根据大情景设计的小情景 3. 学生小组展开讨论制订客户信任计划表 4. 学生轮次上台,教师扮演客户 5. 师生互评,从客户与销售的双重角度解释和总结信任的由来 6. 调整重新示范 7. 下一组学生,重复过程2—6 8. 全部学生结束本轮模拟,项目结束 9. 次周第二轮模拟,更换场景 10. 项目结束	
教学组织	首先小组排序,顺时针走一组,即原来的第一组变为第二组,第八组变为第一组。学生小组开始按顺序走入模拟训练场,分发情景,小组需要在组长的带领下讨论情景中的客户感知、特征、喜好、看待信任的角度等,之后每个组员制订自己的信任计划表,按顺序上台演练,演练结束后,其他学生给予点评,教师给予反馈,学生讨论和接收建议,重新演示部分模拟内容。次周训练提供变换情景,让学生在不同情景下围绕专业形象、专业能力、同理心、真诚四个方向进行灵活应变。	
教学评价	1. 态度(30分) 积极度、参与性、认真度、出席率等。 2. 学以致用(10分) 对所学内容(主要是信任的由来、信任的建立、获取信任的角度与方法)的应用。 3. 工作成果(40分) 演练表现,获取客户信任的能力,以及在项目过程中的提升、转变。 4. 个人总结与感悟(20分) 训练场感悟的呈现;对信任的认识。	

项目五:礼仪之邦		教学时间:8学时
教学目标	1. 示范与客户交往基本礼仪 2. 掌握并应用适应不同场景的商务礼仪规范 3. 形成符合个人特质的商务礼仪标准 4. 掌握并应用文件、电邮等非语言类客户沟通渠道商务礼仪标准	

(续表)

	项目五:礼仪之邦	教学时间:8学时
教学载体	电脑、化妆品、汽车、花卉	
工作原理	客户第一印象形成于首次沟通或见面的前30秒,而客户往往通过视觉、听觉及主观感觉来感受信任。这其中非常重要的部分就是商务礼仪。 商务礼仪是本课程中众多13个项目里最容易形成规范、最具可塑性的一种技能,同时又是其他所有项目,尤其是涵盖客户沟通的项目中最通用、最基础的技能要求,所以放在课程的最前面进行训练。	
工作方法	标准示范、情景演练、案例分析、网上学习	
工具材料	学员手册、礼仪手册、商务服装	
工作规则	1. 本项目情景不局限于大情景,会设计多种场合、多种行业,学生抽签分配情景 2. 每个学生都会进行一次较完整的多场景(至少包括吃饭、会议、参观三个场景)的商务礼仪模拟 3. 每个学生都要基于大情景书写一份特定需求的电子邮件或函件(如会议通知、邀请函、日常沟通函件等)	
工作过程	1. 小组排序,安排训练场时间 2. 分组上课,分析正确和错误案例、视频,学生总结商务礼仪并分享 3. 教师引导,学生分享,教授基本商务礼仪 4. 学生模仿、简单练习 5. 教师给予个性化指点,结合个人特质进行调试 6. 给予变换的情景,每个学生抽签演练,灵活应变 7. 师生点评,学生改进重试 8. 其他人上台直至所有人演练完毕,本次演练结束 9. 第二次演练,交换、变换情景,重复流程 10. 项目结束	
教学组织	教师在项目开始前先给予一些成功与失败的案例,以及一些视频,学生分析视频,并跟随、模仿,结合个人特质感悟自己的风格,过程中教师需要给予一些个性化的指点,之后便发放情景,此处情景内容非常广泛,有"鸿门宴(现代版)"场景,有"杜拉拉升职记"场景,有根据大情景设计的场景,也有其他诸如吃饭、参观、会议等众多模拟场景,学生进行场景抽签,之后给予他们3分钟准备时间,然后开始演练,其他学生互评,教师参评并给予建议。 每次课8个小时,每组1个小时的时间,共进行两次演练。	
教学评价	1. 学以致用(30分) 对所学知识与技能的应用程度,师生评价后的自我调整程度。 2. 个人风格(30分) 是否了解个人风格的特征、优势、劣势,能否充分发挥个人优势驾驭所学技能。 3. 整体表现(40分) 学生在整个项目过程中所展现的个人素质、工作能力、学习能力、合作能力等。	

项目六:客户体验	教学时间:8学时
教学目标	1. 化身客户,换位思考,体会不同销售模式下的客户感受 2. 体验和记录特定行业销售人员的销售流程与技巧 3. 对比不同销售模式的销售方法,反思个人销售理念与行为 4. 总结体验经历,设计个人及小组销售流程与技巧
教学载体	电脑、化妆品、汽车、花卉
工作原理	学生在选择了大情景行业后,因为对各行业产品、服务及相关状况都不太了解,故设计此项目。 学生需要以小组为单位(每组2-3人),以客户身份到电脑、化妆品、汽车、花卉等实体经营店进行"采购体验"(不必成交),感受不同店面销售人员的销售流程及技巧,并反衬到自己的营销理念及行为上。同时,通过这样的沟通,学生也可以学到行业知识、产品知识,为大情景的市场营销设计打下基础。
工作方法	社会实践、角色扮演
工具材料	工作组、沟通记录表
工作规则	1. 学生小组需要根据选定的大情景进行体验对象选择 2. 小组自行打散,扮成购买者,三两一组到实体店体验,要详细记录沟通过程,总结销售人员的销售流程及技巧 3. 项目结束时,每个小组至少要体验10次销售 4. 每个小组成员都要至少经历2次被销售的过程 5. 项目结束的考核点 学生记录的销售过程和总结的销售特征及行业、产品状况,以及呈现的感悟。
工作过程	1. 教师讲授规则 2. 小组搜寻相关店面信息,选定拜访对象 3. 小组做好分工,扮演客户,分散去各店面调查、访问 4. 访问过程中登记基本信息,记录沟通过程 5. 整理记录和感悟 6. 与本小组全员分享经历 7. 所有小组成员完成调查与访问 8. 综合整理,形成报告,包括经历过的门店基本信息、沟通的结果、整理的记录、整合的总结、个人的感悟、公司规划(模拟) 9. 呈现与评估
教学组织	学生根据大情景方向选定实体店面,以客户的身份与对方销售人员沟通,学生可以通过录音、记笔记的方式将销售过程记录下来,并分析销售人员的销售模式及方法。小组在每次拜访客户后,都需要把过程及感悟回校分享给小组成员,共同整理销售人员的销售特征,并形成最终报告,在项目结束时进行呈现。
教学评价	1. 规则(30分) 是否每个组员都参与了项目;

(续表)

项目六:客户体验	教学时间:8学时
	是否按照规定完成了沟通、访问数量; 沟通是否合格; 报告内容是否符合规格。 2. 过程(40分) 是否进行了详细、客观的记录; 是否有深刻的个人感悟与体会; 是否掌握了足够的行业、产品信息。 3. 成果(30分) 报告的质量。

项目七:客户需求深度沟通	教学时间:16学时
教学目标	1. 掌握并应用基于信任的沟通流程,感悟获取信任的方法 2. 解释并应用灵活多变销售人员的沟通技巧,在不同场景下根据客户的人际风格进行沟通方式转换 3. 掌握需求挖掘流程,解释"明确需求""隐含需求""解决方案"的内涵 4. 熟练应用客户需求深度挖掘的提问、倾听、静默、呈现技巧 5. 理解"为客户着想"的含义,形成"客户思维"的沟通理念与沟通习惯
教学载体	电脑、化妆品、汽车、花卉
工作原理	沟通是一个迁移性极高的素质与能力,在所有企业中都是培训的重点,经常作为长期的、周期性的专项训练项目。基于其在职场人才能力需求中的重要作用,本项目被作为整个课程教学设计中核心的教学项目,基础教学中,"客户沟通"的内容也是最丰富、最重要的部分。 本项目要在四个教学载体中设计不同的教学场景,不同的学生在不同的场景中灵活应变,获取客户的信任,适应客户的交往风格,深度挖掘客户的需求以及需求背后的需求;充分利用"十一类问题"进行结构化客户信息提问,充分利用倾听和沉默技巧鼓励客户说出自己的深层需求,运用差异化优势呈现的技巧进行优势呈现获取客户认可,累加信任。通过往复的专项训练,使学生掌握所学、所需技巧,灵活应用,实现素质与能力的迁移。
工作方法	情景模拟、自我映射(训练场的学生录像,自我观察、评估、改善)、师生互评、社会实践(到实地销售场所体验被销售、打短期工、采购并寻找客户销售产品)
工具材料	情景案例、学员手册、摄像机、视频
工作规则	本项目的情景是在学生市场调研后,根据学生的体会、感悟、行业及产品认知、明显欠缺的知识点和关键能力等,调整项目设计的原有情景,最终形成既能顺应学生认知,又能补充其知识、技能欠缺的教学情景。学生在此非常个性化、符合其个人实际需求的情景中往复训练,快速提升。教学工作规则如下: (1) 每个学生至少要上台主导沟通两次以上;

(续表)

项目七:客户深度沟通	教学时间:16学时
	(2) 学生要应用所学技巧,可以根据个人素质、特征进行调整; (3) 学生可以寻找社会实践机会体验所学内容,记录体验过程(既可作为本项目的评估依据,也可以作为额外加分的凭证); (4) 学生以小组为单位,每一个学生上台表现后,其他学生要积极给予回应,原则上,每一次每一个学生都要给予建议。
工作过程	1. 根据学生调研与呈现结果进行情景设计 2. 排列小组顺序,一次课8学时,每学时一组学生进行练习 3. 学生上台演练,教师与其他组员要记录其行为,并在其结束后给予反馈 4. 学生根据反馈做出调整,再次进行演练 5. 学生同意其下台,教师给予总评 6. 下一个学生上台演练并重复过程3—4 7. 下一组学生进入教学并重复过程1—5 8. 下一次课重新排序,新一轮情景演练 9. 结束及学生总评 10. 学生有社会实践的,可以记录其沟通场景、过程,作为教学演练的课时补充或加分依据
教学组织	根据学生调研结果进行个性化整理,为每个小组制定出3—5个典型的销售情景,教学以小组为单位,同一时间只有一组学生(为了保证学生的参与性,不至于一人上台,几十人在台下闲聊,小组模式可以让组内学生感到相关性,互评模式可以让学生各抒己见,积极参与)参与教学。教学过程中,每个学生会上台2—3次,根据情景进行模拟,教师与其他成员给予评价,学生在评价中往复训练,直到所有成员同意其结束、下台。
教学评价	1. 态度(10分) 积极性、参与性、对师生评价的反馈。 2. 学以致用(30分) 对所学知识与技能的应用程度,师生评价后的自我调整程度。 3. 个人风格(20分) 是否了解个人风格的特征、优势、劣势,能否充分发挥个人优势驾驭所学技能。 4. 整体表现(40分) 学生在整个项目过程中所展现的个人素质、工作能力、学习能力、合作能力等。
项目八:解决方案大比武	教学时间:4学时
教学目标	1. 掌握并应用解决方案框架设计方法 2. 掌握并应用整理及排序客户需求的方法与技巧 3. 针对客户需求制作适宜的客户整体解决方案 4. 示范解决方案工具(PPT/Word/Project等办公软件)技术

(续表)

项目八:解决方案大比武		教学时间:4学时
教学载体	电脑、化妆品、汽车、花卉	
工作原理	在大情景中,经过客户需求访谈、分析,学生已经大体掌握客户的需求,此时,各小组需要对客户的需求进行归类、排序,根据需求制作解决方案。此处是小组协作的工作过程,学生需要在组长的组织下分工协作,在规定的时间内完成解决方案的制作,并提交最终的电子文件和纸质文件。	
工作方法	案例分析、专题讨论会	
工具材料	学员手册、方案框架、需求分析表、方案模板库、方案参考册	
工作规则	1. 以小组为单位,组长组织组员整理客户需求 2. 最终成果为小组讨论的共识结果 3. 此处的方案要与前面的需求调研、需求挖掘结果相承接 4. 工作过程中学生可与教师联系,咨询方案撰写难点 5. 为了公平起见,教师直接参与任何小组项目,同时对本项目中的客户接触时间及次数做出限制,且每个小组的限制相同,一方面是与企业真实的情况接轨:在真实的企业情景中,客户也不会没事就与销售闲聊,每一次见面销售都要有进展;另一方面是在要求学生提高沟通效率,同时保证各组的竞争环境公平化。	
工作过程	1. 方案制作准备会(小组长带领组员开会,分析方案制作过程中的困难、问题、不清楚的因素等,然后制订客户访谈工作计划) 2. 每组三次客户会面机会(学生可以根据计划,拜访三次客户,可以是拜访一人,也可以是拜访多人,学生根据计划实施,但客户有权根据他认知的会面合理地拒绝会面) 3. 整理最后需求及客户资料 4. 制作方案框架,明确细节条款 5. 完成方案制作 6. 提交方案及配套文件	
教学组织	本项目的考核内容是小组成果,同时承接"确定需求"教学项目的内容,没有新的情景给到学生,学生首先会被安排两个小时的讨论,即方案制作准备会。小组将讨论结果制订一个工作计划,之后根据计划与客户访谈,探索和确认最终客户需求方案及客户对小组所提供的方案的认可度,但此处的访谈、会面次数最多为三次。 之后学生整理客户资料,制作方案框架,明确细节条款,完成方案制作并提交给评审组做初审,之后准备下一个项目"方案呈现"。	
教学评价	1. 学以致用(30分) 方案框架、方案前需求调研与计划表、需求排序、需求分析、方案设计等知识及技能的应用。 2. 工作过程(30分) 方案确认阶段的需求分析、三次客户访谈效果、组内共识程度。 3. 最终方案(40分) 方案的客户需求的匹配度是本项目最重要的评价标准,文档、文件制作也是本项目的一个评价指标。	

项目九：方案呈现	教学时间：16学时
教学目标：	1. 掌握并熟练应用公众演讲基本技巧 2. 灵活应用非语言表达技巧 3. 演示论证能力 4. 掌握方案呈现流程、方法与技
教学载体	教室、大礼堂
工作原理	本项目是课程的授课部分，其他项目均是穿插在本项目之中的。 本项目侧重于学生演讲基本理论、能力与技巧的掌握，教师会对演讲的基本技能进行专业训练，过程中穿插辩论赛、肢体语言练习、记性演讲等诸多体验活动，帮助学生消化与吸收。
工作方法	室内教学、教师标准示范、教师全程指导、学生相互点评、情景演练、分阶段专项训练工具材料情景案例、辩题、学生手册、练习册、绕口令集、视频资料
工作规则	1. 学生上台呈现方案，并且每个学生至少有5次上台机会 2. 教师给予点评、指导与强化 3. 学生也可以自发组织朗诵晚会、演讲会、辩论赛等活动，或者个人录制演讲音频、视频等进行网络宣传
工作过程	1. 学生分成小组，每个小组有对应的指导教师 2. 教师讲授规则 3. 小组成员上台呈现方案 4. 教师点评并给出指导意见
教学组织	学生针对教师给出的题目上台进行呈现，教师找出学生方案呈现过程中常见的问题，归纳出方案呈现过程中需要注意的事项。 通过学生的方案呈现体现出的问题和思考进入学习内容——方案呈现到底要注意些什么。
教学评价	1. 知识掌握（20分） 学生笔试、问答成绩。 2. 技能掌握（20分） 学生方案呈现过程中使用的演讲技巧、非语言表达等。 3. 态度（30分） 学生主动上台情况、课程参与情况、学习积极性等。 4. 呈现效果（30分） 学生在方案呈现过程中展现出的个人素质、学习能力等。

项目十:促单高手	教学时间:8学时
教学目标:	通过本项目的学习,学生能够在面对不同场景、不同客户的情况下: (1) 掌握识别和应对客户成交信号的技巧; (2) 抓住成单时机,快速完成订单; (3) 熟练应对客户顾虑与异议,推动促成订单。
教学载体	电脑、化妆品、汽车、花卉
工作原理	销售的最终目的都是成交,然而在实践工作中,有很多销售人员因为把握不好客户的成交信号或欠缺促单技巧,或者没有合理应对客户顾虑与异议而浪费了无数的商机。本项目根据大情景书写多个客户背景,让学生在多种场景下实施销售促单,客户会用不同的方式释放成交或顾虑信号,学生在多场景下往复练习,形成符合逻辑的促单习惯。经过前面项目的练习,学生已经具备一定的客户知识,理解一定的客户心态,所以此处的客户也由学生扮演,教师将情景交给学生并给予解释与嘱咐,学生互练、互评,教师给予总结评估。
工作方法	情景演练
工具材料	情景案例、学员手册、摄像机、视频文件
工作规则	1. 每个学生都要至少一次上台演练 2. 以小组为单位进行练习,共八个小组,每组一个小时,两次练习机会
工作过程	1. 教老师根据前期课程进展进行促单情景设计 2. 排列小组顺序,一次课8学时,每学时一组学生进行练习 3. 学生演练,教师与其他组员要记录其行为,扮演客户的学生先给予反馈,之后其他组员及教师给予反馈 4. 学生根据反馈做出调整,再次进行演练 5. 同意其下台,教师给予总评 6. 下一个学生上台演练并重复过程3—4 7. 下一组学生进入教学并重复过程1—5 8. 下一次课重新排序,新一轮情景演练 9. 结束及教师总评 10. 学生有社会实践的,可以记录其沟通场景、过程,作为教学演练的课时补充或加分依据
教学组织	每个小组按照演练的时间表顺序到教室,学生抽取情景,做少许准备后进行促单演练,教师与学生互评,督促其持续改进。
教学评价	1. 态度(10分) 积极性、参与性、对师生评价的反馈。 2. 学以致用(30分) 对所学知识与技能的应用程度,师生评价后的自我调整程度。 3. 个人风格(20分) 是否了解个人风格的特征、优势、劣势,能否充分发挥个人优势驾驭所学技能。 4. 整体表现(40分) 学生在整个项目过程中所展现的个人素质、工作能力、学习能力、合作能力等。

	项目十一：决战谈判桌	教学时间：8学时
教学目标	1. 理解商务谈判的重要性和价值谈判理念 2. 熟练应用谈判准备表进行谈判前准备 3. 掌握并利用个人特长及性格特征，形成个性化谈判方法 4. 体会把握谈判节奏的重要性，根据具体情况规划谈判节奏及流程 5. 掌握并应用谈判中的博弈技巧 6. 灵活应对不同情景下的谈判策略及客户表现	
教学载体	电脑、化妆品、汽车、花卉	
工作原理	谈判是销售过程中最灵活、最难以规范章法的能力，在规范的谈判流程及方法里，学生很难学到真正适合自己的谈判技巧。学生需要学习规范，在不同场景中检验和应用规范，最终形成一套适合自己的谈判风格，以应对不同场景、不同对象的商务谈判。 本项目设计的场景不局限于谈判桌，谈判前的准备很重要，而准备的前提需要销售人员了解关键人的谈判想法以及客户谈判筹码分布情况等信息，所以学生将置身于一个真正销售项目的商务谈判阶段情景中，设计拜会谁、了解什么、获取谁的支持、有哪些筹码等，最终形成拜访准备表，设计谈判流程（比如"一个一个谈判"是一个流程，"所有关键人一起谈判"也是一个流程），再约见客户进行商务谈判。	
工作方法	情景演练、案例教学	
工具材料	学员手册、拜访准备表、谈判场景应对技巧库	
工作规则	1. 情景演练过程可以是多人同时上台，但每个学生至少做一次主谈判手 2. 学生要按照规定制定谈判准备表 3. 学生必须应用所学技巧，但可以根据个人风格进行改良	
工作过程	1. 教师给予部分"客户谈判前信息" 2. 学生分析并制订谈判前信息搜集计划 3. 制定谈判准备表 4. 拟定谈判策略 5. 约定谈判会，实施谈判策略 6. 谈判结果宣布 7. 学生互评、教师点评 8. 课下小组自行训练并提交过程报告	
教学组织	每个小组在自己决定的大情景下进行练习，在方案呈现结束后，教师将给予部分客户谈判前信息，学生需要设计一些拜访关键人的机会来获取更多的客户信息。最终小组探讨，形成商务谈判准备表，并制订谈判计划，约见或组织关键人进行商务谈判。谈判后学生互评及教师点评，之后学生需要继续互相协作练习，此类练习每个小组有两次机会，课下由小组组长带领学生自由练习。	

(续表)

项目十一:决战谈判桌	教学时间:8学时
教学评价	1. 小组工具准备(20分) 主要指谈判准备表、Give-get表、其他准备资料的情况,是否全面、有效。 2. 小组谈判策划(30分) 谈判前客户信息挖掘是否到位; 谈判流程及策略设计是否符合实际情况。 3. 谈判效果(20分) 即谈判最终实现的结果,包括折扣、附送、礼品、需求切合度等。 4. 个人表现(30分) 侧重于个人在谈判过程中发挥的作用以及整体表现。

项目十二:合同商讨会	教学时间:8学时
教学目标	1. 示范合同撰写规范及策略 2. 示范合同条款的拟定及关键细节审查 3. 示范组织签订合同的流程 4. 掌握并应用所学的沟通技巧进行合同条款的最终商讨
教学载体	电脑、化妆品、汽车、花卉
工作原理	在真实的业务场景中,商务谈判后,便要进入签订合同环节,有些时候会在商务谈判中签订合同,不过这都不影响"签订合同"和"合同商讨"作为一个独立的教学项目进行训练,因为它们是一个完整的工作任务,即从确定签约开始到完成签约结束。 签约过程中,会发生很多情况,比如有时客户会对一些标准条款提出异议,或是咬住一个条款不放以不签约为要挟,甚至会添加一些超出谈判内容或极其不公平的条款,这些都是销售人员在真实的业务场景中需要处理的。 本项目将承接决战谈判桌的情景,以谈判的结果为起始设计"正式"与"反式"场景,学生小组细分为两三人的小组,商讨对策,情景演练。最终在一个小组内,将合同签订过程中的大部分典型场景都经历至少一次,完善学生经验及技能体系。
工作方法	案例教学、情景演练
工具材料	学员手册、合同范本、签约注意事项
工作规则	1. 学生以小组为单位讨论、准备 2. 学生小组细分为两三人的小组,上台演练以细分小组为单位 3. 每个学生都需要发言,这是获得表现分数的关键 4. 每组有两次课堂机会,每周一次,一次一小时
工作过程	1. 学生小组从拟订合同到模拟客户现场签约 2. 教师及学生代表(客户身份)审核合同 3. 选择不同情景提出异议或设置障碍(也可能是正式练习,即不设置障碍,正式练习考察和强化的是签约的流程、注意事项) 4. 学生根据所学知识进行应变和处理

（续表）

项目十二：合同商讨会	教学时间：8学时
	5. 学生互评、分享与改善 6. 其他情景往复练习 7. 二次练习（第二周课程） 8. 客户签约，项目结束
教学组织	因为整个课程过程中，学生一直在公司经营的氛围里，所以这里依然维持大情景进度，学生在决战谈判桌阶段的成果成为本项目的起始。学生在来到模拟客户现场前需要先做好准备，主要是合同以及其他客户要求的资料（如公章、营业执照等）。之后学生提交合同，与客户组商讨合同内容，客户组会提出异议，学生小组可以共同讨论对策，然后由细分小组上台进行合同协商，之后学生互评、教师给予评估。在所有情景完成后，学生离场，下一个小组学生入场。 第二周课程是根据第一周的点评及学生反思重新进行第一周的情景模拟，最终客户组给予签约，当然也可能某一方放弃签约，这时学生小组的表现才是最关键的，也将成为评估给分的重点。
教学评价	1. 学以致用（30分） 沟通技巧、异议处理技巧、商务谈判技巧的应用，以及合同规范、条款制定、注意事项等知识及技能的应用。 2. 综合表现（40分） 演练过程中的表现，包括处理客户异议的方式、态度，客户沟通过程中的洞察力，合同商讨过程中的博弈能力等方面，总体表现出的个人素质。 3. 最终结果（30分） 最终合同签订的结果是否符合公司利益，是否达到初始预期，让步程度及客户满意程度如何。

项目十三：结款了事	教学时间：4学时
教学目标	1. 掌握并记忆在合同签订后的后续工作内容 2. 记忆在合同签订后的回款注意事项及公司立场 3. 安排回款节奏，设计回款策略 4. 理解回款方式对公司及个人的影响 5. 处理回款过程中可能发生的典型问题
教学载体	电脑、化妆品、汽车、花卉
工作原理	在签订合同后，对于销售人员来讲，并不代表订单已经结束，现实工作中有很多客户在签订合同后改变需求、改变主意、变更条款，甚至撕毁合同，拒绝履行义务的情形。所以合同签订后，按照合同约定，抓紧安排回款非常重要。 本项目承接"合同商讨会"项目情景，教师需要根据学生签订的合同的具体情况进行教学情景设计。学生在步入客户场景时，学生团队以公司名义出席，教师团队及学生代表是一个客户场景，学生要争取拿到客户回款；客户有不同的部门，学生需要根据回款流程及客户的实际情况找对人，拿到回款；回公司后也要按照公司的入账流程入账，课程结束。

(续表)

项目十三:结款了事		教学时间:4学时
工作方法	案例分析、情景演练、视频教学	
工具材料	学员手册、合同范本、回款流程	
工作规则	1. 本项目学生小组要细分为两三人的小组 2. 讨论过程为全员讨论,演练过程为细分小组演练 3. 保证每人都能走一遍流程	
工作过程	1. 给予学生小组"客户签约后一直没有打款"的情景 2. 学生小组讨论问题以及合同细节,确定完成回款策略 3. 客户团按角色各就各位 4. 学生细分小组寻找合适的客户,进行催款 5. 跨越客户设定的障碍,完成回款任务 6. 下一个细分小组上台 7. 完成回款任务的小组进行公司账目入账,算出个人提成,完成任务 8. 教师检查结果并给予意见	
教学组织	首先延续大情景到此项目处,客户需要履行义务打款给学生小组,此处情景为客户一直没有打款,给出现在比较忙、公司现金不够、老板不在等理由,同时模拟客户现场是在模拟企业教室进行的,财务、物流、生产、董事长、秘书等角色都会出现在学生面前,学生需要根据情景商讨对策,以细分小组为单位催款,核心点是要找对人、找对时间、说对话、做对事,符合客户的付款流程,最终完成回款,并回到公司入账,核算提成。	
教学评价	1. 学以致用(30分) 是否掌握客户回款流程,包括客户付款流程和公司入账流程; 是否有效处理客户异议并应用催款所学技巧。 2. 工作过程(40分) 学生的综合表现,包括沟通能力、催款技巧、催款策略、资源利用等。 3. 最终成果(30分) 完成的回款额、形成的客户关系、是否缩短账期、是否增加首付款比例、是否设定回款时间表等。	

注:由于项目一要与其他项目并行,所以课程的总周数并非项目一到项目十三的周数之和,总学时为130学时,总周数为20周。

参 考 文 献

[1] Andrew, M. (2005). Vocational education and training in England. Middlesex University.

[2] ANTA. (2000). The Vocational Education and Training System.

[3] Apple, M. W. (2004). *Ideology and Curriculum* (3rd Edition). New York: Routledge.

[4] Asian Development Bank.(2009). Good practice in technical and vocational education and training. Mandaluyong City, Philippines.

[5] Auernheimer, G. (2006). The German education system: Dysfunctional for an immigration society. *European Education*, 37(04), 75-89.

[6] Australian Government Department of Industry. (2012). Annual national report of the Australian vocational education and training system 2012.

[7] Australian Qualifications Framework (AQF). (2018). Australian qualifications framework.

[8] Australian Skills Quality Authority (ASQA). (2015). Users' guide-standards for registered training organisations (RTOs) 2015.

[9] Barlow, M. L. (1967). *History of Industrial Education in the United States*. Peoria, Illinois: Chas. A. Bennett Co.

[10] Barr, R. B., & Tagg, J. (1995). From teaching to learning: A new paradigm for undergraduate education. *Change: The Magazine of Higher Learning*, 27(06), 12-26.

[11] Bates, I. (1995). The competence movement: Conceptualising recent research. *Studies in Science Education*, (25), 39-68.

[12] Bath, D., Smith, C., Stein, S., & Swann, R. (2004). Beyond mapping and embedding graduate attributes: Bringing together quality assurance and action learning to create a validated and living curriculum. *Higher Education Research & Development*, 23(03), 313-328.

[13] Beckett, D. (2008). Holistic competence: Putting judgments first. *Asia Pacific Education Review*, 9(01), 21-30.

[14] Benson, C. S. (1997). New vocationalism in the United States: Potential problems and outlook. *Economics of Education Review*, 16(03), 201-212.

[15] Berger, P. T., & Luckmann, T. (1967). *The Social Construction of Reality: A Treatise in the Sociology of Knowledge*. New York, NY: Anchor Books.

[16] Blair, T., Kelly, R., & Brown, G. (2006). Further Education: Raising Skills, Improving Life Chances. Secretary of State for Education and Skills.

[17] Blank, W. E. (1982). *Handbook for Developing Competency Based Training Program*. Englewood Cliffs, New Jersey: Prentice Hall.

[18] Boreham, N. (2004). A theory of collective competence: Challenging the Neo-Liberal individualization of performance at work. *British Journal of Educational Studies*, 52(01), 5-17.

[19] Bowers, H. (2006). Curriculum design in vocational education. Australian Association for Research in Education-2006 Conference, 26 to 30 November 2006, Adelaide.

[20] Brockmann, M., Clarke, L., & Winch, C. (2008). Knowledge, skills, competence: European divergences in vocational education and teaching (VET): The English, German, and Dutch cases. *Oxford Review of Education*, 34(05), 547-567.

[21] Brolin, D. E. (1995). *Career Education: A Functional Life Skills Approach*. Englewood Cliffs, NJ: Prentice-Hall.

[22] Brooking, A. (1996). *Intellectual Capital*. London: International Thomson Business Press.

[23] Brown, B. L. (1998). *Task Analysis Strategies and Practice, Practice Application Brief*. Columbus: ERIC Clearinghouse on Adult, Career, and Vocational Education.

[24] Brown, J. S., Collins, A., & Duguid, P. (1989). Situated cognition and the culture of learning. *Educational Researcher*, 18(01), 32-42.

[25] Brundrett, M. (2000). The question of competence: The origins, strengths and inadequacies of a leadership training paradigm. *School Leadership & Management*, 20(03), 353-369.

[26] Burbules, N. C. (2008). Tacit teaching. *Educational Philosophy and Theory*, 40(05), 666-677.

[27] Butler, F. (1978). The concept of competency: An operational definition. *Educational Technology*, (18), 7-18.

[28] CareerOneStop. (2010a). Technical assistance guide for developing and using competency models? One solution for a demand-driven workforce system.

[29] CareerOneStop. (2010b). Help and FAQs.

[30] Cheetham, G., & Chivers, G. (1996). Towards a holistic model of professional competence. *Journal of European Industrial Training*, 20(05), 20-30.

[31] Chen, D. N., Liang, T. P., & Lin, B. (2010). An ecological model for organizational knowledge management. *Journal of Computer Information Systems*, 50(03), 11-22.

[32] Chomsky, N. (1965). *Aspects of the Theory of Syntax*. Cambridge, MA: MIT Press.

[33] Clarke, L., & Winch, C. (2007). Introduction. In L. Clarke, & C. Winch (Eds.), *Vocational Education* (pp. 1-17). New York: Routledge.

[34] Colardyn, D., & Bjornavold, J. (2004). Validation of formal, non-formal and informal learning: Policy

and practices in EU member states. *European Journal of Education*, 39(01), 89.

[35] Collins, A, Brown, J. S., & Newman S. E. (1989). Cognitive apprenticeship: Teaching the craft of reading, writing and mathematics. *Thinking: The Journal of Philosophy for Children*, 8(01), 2-10.

[36] Compton, J. I., Frankie S. L., & Starobin, S. S. (2010). Career and technical education as pathways: Factors influencing post college earnings of selected career clusters. *Journal of Education for Students Placed at Risk*, (15), 93-113.

[37] Cronshaw, S. F., Best, R., Zugec, L., Warner, M. A., Hysong, S. J., & Pugh, J. A. (2007). A five-component validation model for functional job analysis as used in job redesign. *Erogmtrika*, (04), 12-31.

[38] Dandara, O. (2014). Career education in the context of lifelong learning. *Procedia-Social and Behavioral Science*, (142), 306-310.

[39] DEEWR. (2018). National training framework.

[40] Delamare-Le Deist, F., & Winterton, J. (2005). What is competence? *Human Resource Development International*, 8(01), 27-46.

[41] Diamond, R. M. (1997). *Designing and Assessing Courses and Curricula: A Practical Guide*. San Francisco, CA: Jossey-Bass.

[42] Dostal, W. (2008). Occupational research. In F. Rauner & R. Maclean(Eds.), *Handbook of TVET Research*. Dordrecht: Springer.

[43] Dreyfus, H. L., & Dreyfus, S. E. (1986). *Mind over Machine*. Oxford: Blackwell.

[44] Duarte, M. (2014). Formative assessment in b-learning: Effectively monitoring students learning. TEEM'14 Proceedings of the Second International Conference on Technological Ecosystems for Enhancing Multiculturality, New York.

[45] Finch, C. R., & Crunkilton, J. R. (1993). *Curriculum Development in Vocational and Technical Education: Planning, Content, and Implementation*(4th ed.). Boston, MA: Allyn and Bacon.

[46] Fodor, J. A. (1983). *The Modularity of Mind*. Cambridge, MA: MIT Press.

[47] Foster, P. N. (1997). Lessons from history: Industrial arts/technology education as a case. *Journal of Vocational and Technical Education*, 13(02), 12.

[48] Foundation Education. (2012). Summary of AQTF or VET quality framework audit information.

[49] Fuchs, H. W., & Reuter, L. R. (2004). Education and schooling in East Germany. *International Journal of Educational Development*, 24(05), 529-537.

[50] Gadotti, M. (2009). Adult education and competence development: From a criticalthinking perspective. In K. Illeris (Ed.), *International Perspectives on Competence Development: Developing Skills and Capabilities* (pp. 18-33). New York, NY: Routledge.

[51] Gopher, D., Weil, M., & Siegel, D. (1989). Practice under changing priorities: An approach to the training of complex skills. *Acta Psychologica*, 71(01-03), 147-177.

[52] Gordon, H. R. D. (2008). *The History and Growth of Career and Technical Education in America* (3rd ed.). Prospect Heights, IL: Waveland.

[53] Gray, K. C., & Herr, E. L. (1998). *Workforce Education: The Basics.* Boston: Allyn and Bacon.

[54] Hager, P., & Beckett, D. (1995). Philosophical underpinnings of the integrated conception of competence. *Educational Philosophy and Theory*, 27(01), 1-24.

[55] Halinen, I., & Holappa, A. (2013). Curricular balance based on dialogue, cooperation and trust: The case of Finland. In W. Kuiper, & J. Berkvens (Eds.), *Balancing Curriculum Regulation and Freedom across Europe.* CIDREE Yearbook, Enschede, the Netherland: SLO.

[56] Hall, B. H., & Marsh, R. J. (2003). *Legal Issues in Career and Technical Education.* Homewood IL: American Technical Publishers.

[57] Halász, G., & Michel, A. (2011). Key competences in Europe: Interpretation, policy formulation and implementation. *European Journal of Education*, 46(03), 289-306.

[58] Han, S. (2009). Competence: Commodification of human ability. In K. Illeris (Ed.), *International Perspectives on Competence Development: Developing Skills and Capabilities* (pp. 56-68). New York, NY: Routledge.

[59] Harden, R. E. (2001). Curriculum mapping: A tool for transparent and authentic teaching and learning. *Medical Teacher*, 23(02), 123-137.

[60] Hativa, N. (1997). Teaching in a research university: Professors' conceptions, practices, and disciplinary differences (An unpublished report). Tel Aviv: Tel Aviv University.

[61] Hativa, N. (2000). *Teaching for Effective Learning in Higher Education.* Dordrecht, The Netherlands: Kluwer Academic Publishers.

[62] Higher Level Group on the Modernization of Higher Education. (2013). *Report to the European Commission on Improving the Quality of Teaching and Learning in Europe's Higher Education Institutions.* Luxembourg: Publication Office of European Union.

[63] Hodge, S. (2007). The origins of competency-based training. *Australian Journal of Adult Learning*, 47(02), 179-208.

[64] Hoffmann, T. (1999). The meanings of competency. *Journal of Eueopean Industrial Training*, 23(06), 275-285.

[65] Hsu, C, C. (2007). The Delphi technique: Making sense of consensus. Practical Assessment. *Research and Evaluation*, 12(10), 1-8.

[66] Huggins, R., & Sturt, H. (2004). The skills economy and workforce development: A regional approach to policy intervention. *European Journal of Education*, 39(01), 47-68.

[67] Hyland, T. (2006). Reductionist trends in education and training for work: Skills, competences and work-based learning. *Peter Lang*, 129-146.

[68] Illeris, K. (2009). Competence, learning and education: How can competences be learned, and how can they be developed in formal education? In K. Illeris (Ed.), *International Perspectives on Competence Development: Developing Skills and Capabilities* (pp. 83-98). New York: Routledge.

[69] Industry Skills Councils (ISCs). (2011). Education, employment and workplace relations references committee: The Senate industry skills council's final report.

[70] Industry Skills Councils (ISCs). (2013). Quality in VET-A national imperative.

[71] Industry Skills Councils (ISCs). (2014). Shared responsibilities, shared solutions: Analysis of the training package continuous improvement process for the industry skills councils forum.

[72] Javidan, M. (1998). Core competence: What does it mean in practice? *Long Range Planning*, 31(01), 60-71.

[73] Kang, S., & Bishop, J. (1989), Vocational and academic education in high school: Complements or substitutes? *Economics of Education Review*, 8(02), 133-148.

[74] Kells, H. R. (1983). *Self-study Process: A Guide for Post-secondary Institution* (2nd ed.). New York: Macmillan Publishing.

[75] Kember, D. (1997). A reconceptualisation of the research into university academics' conception of teaching. *Learning and Instruction*, 7 (03), 255-275.

[76] Kember, D., & Kwan, K. P. (1999). Lectures' approaches to teaching and their relationship to conceptions of good teaching. In N. Hativa, & P. Goodyear (Eds.), *Teacher Thinking, Beliefs and Knowledge in Higher Education*. Dordrecht, the Netherlands: Kluwer Academic Publishers.

[77] Kessinger, T. A. (2011). Efforts toward educational reform in the united states since 1958: A review of seven major initiatives. *American Educational History Journal*, 38(02), 263-276.

[78] Kincheloe, J. L. (1999). *How Do We Tell the Workers? The Socioeconomic Foundations of Work and Vocational Education*. Boulder, Colorado: Westview Press.

[79] Klein, J. (2010). *Creating Interdisciplinary Campus Cultures: A Model for Strength and Sustainability*. San Francisco: Jossey Bass and Association of American Colleges and Universities.

[80] Knowles, M. S. (1970). *The Modern Practice of Adult Education: A Systematic Approach to Education*. New York: Holt, Rinehart, & Winston.

[81] Kuhn, T. S. (1970). *The Structure of Scientific Revolutions* (2nd ed.). Enlarged, Chicago: The University of Chicago Press.

[82] Kun, Y. -W., Wang, H. -S., & Chang, S. -H. (2015). A Study on the current developments and strategies of vocational education and training in Singapore. *Journal of Technological and Vocational Education*, 6(02), 17-42

[83] Laanan, F. S., Compton, J. I., & Friedel, J. N. (2006). The role of career and technical education in Iowa community colleges. *Community College Journal of Research and Practice*, (30), 293-310.

[84] Law, S. S. (2011). Case study on national policies linking TVET with economic expansion: Lessons from Singapore. Paper presented at the meeting of experts for the 2012 education for all global monitoring report 34, Germany.

[85] Le, C., Wolfe, R., & Steinberg, A. (2014). The past and the promise: Today's competency education movement. Students at the Center: Competency Education Research Series. Boston, MA: Jobs for the Future.

[86] Lee, J.-P., & Jung, T.-H. (2005). Vocational education for national competitiveness. In J.-H. Kim (Ed.), *New Paradigm of Human Resources Development* (pp. 61–78). Seoul: KRIVET.

[87] Levesque, K., Laird, J., Hensley, E., Choy, S. P., Cataldi, E. F., & Hudson, L. (2008). Career and technical education in the United States: 1990 to 2005 (NCES 2008–035). Washington, DC: National Center for Education Statistics, Institute of Education Sciences, U. S. Department of Education.

[88] Levine, T. (2002). Stability and change in curriculum evaluation. *Studies in Educational Evaluation*, (28), 1–33.

[89] Lewis, E. G. (1998). Disciplinary breadth and interdisciplinary knowledge production. *Knowledge, Technology & Policy*, (01), 4–15.

[90] Light, A. (1998). Estimating returns to schooling: When does the career begin? *Economics of Education Review*, 17(01), 31–45.

[91] Lum, G. (2004). On the non-discursive nature of competence. *Educational Philosophy and Theory*, 3(05), 485–496.

[92] Mansfield, B. (1989). Competence and standards. In J. W. Burke (Ed.), *Competency based Education and Training* (pp. 26–38). London, UK: Falmer Press.

[93] Mcalpine, L. (2004). Designing learning as well as teaching: A research-based model for instruction that emphasizes learner practice. *Active Learning in Higher Education*, 5(02), 119–134.

[94] McClelland, D. C. (1998). Identifying competencies with behavioral-event interviews. *Psychological Science*, 9(05), 331–339.

[95] McTighe, J., & Thomas, R. S. (2003). Backward design for forward action. *Educational Leadership*, 60(05), 52–55.

[96] Mead, G. H. (1967). *Mind, Self and Social: From the Standpoint of a Social Behaviorist*. Chicago, IL: University of Chicago Press.

[97] Mesjasz, C. (2010). Complexity of Social Systems. *Acta Physica Polonica A*, (04), 706–715.

[98] Mobley, M. D. (1964). A review of federal vocational-education legislation 1862–1963. *Theory into Practice*, 3(05), 167–170.

[99] Molgat, M., Deschenaux, F., & LeBlanc, P. (2011). Vocational education in Canada: Do policy directions and youth trajectories always meet? *Journal of Vocational Education and Training*, 63(04), 505–524.

[100] Moore, L. (2007). Preaching the word: Career and technical education. *Techniques: Connecting Education & Careers*, 82(03), 48-51.

[101] Mulder, Y. G., Lazonder, A. W., & de Jong, T. (2011). Comparing two types of model progression in an inquiry learning environment with modelling facilities. *Learning & Instruction*, 21(05), 614-624.

[102] Na, S. I. (2009). The present state and the future challenges of vocational education in the Republic of Korea. *Bulletin of National Institute of Education Resources and Research*, (43), 167-98.

[103] Nadler, D. A., & Tushman, M. (1999). The organization of the future: Strategic imperatives and core competencies for the 21st century. *Organizational Dynamics*, 27(01), 45-58.

[104] Nieto, S. (2005). *Why We Teach*. Chicago: Teacher College Press.

[105] Noddings, N. (2004). *Philosophy of Education*. Boulder, Colo.: Westview Press.

[106] Norton, R. E. (2009). Competency-based education via the DACUM and SCID process: An overview. Center on education and training for employment, college of education and human ecology.

[107] OECD. (2009). 21ST century skills and competences for new millennium learners in OECD countries.

[108] Oyao, S. G. Holbrook, J., Rannikmäe, M., & Pagunsan, M. M. (2015). A competence based science learning framework illustrated through the study of natural hazards and disaster risk reduction. *International Journal of Science Education*, 37(14), 2237-2263.

[109] Perfettop, G. A., Bransford, J. D., & Franks, J. J. (1983). Constraints on access in a problem solving context. *Memory and Cognition*, (11), 24-31.

[110] Petersen, W., & Jepsen, M. (2015). Report. German approach and experience of development of occupational standards, Flensburg.

[111] Polanyi, M, & Grene, M. (1969). *Knowing and Being: Essays by Michael Polanyi*. Chicago: University of Chicago Press.

[112] Polanyi, M. (1966). *The Tacit Dimension*. New York: Doubleday.

[113] QCA. (2004). New thinking for reform.

[114] QCA. (2006a). QCA for england education.

[115] QCA. (2006b). The national qualifications framework sheet.

[116] Ramsaroop, E V. (2001). Vocational and technical education changes that are potential contributors to the economic development of Trinidad and Tobago, Virginia Tech.

[117] Rauner, F., & Maclean, R. (2008). Vocational education and training research: An introduction. In F. Rauner, & R. Maclean (Eds.), *Handbook of Technical and Vocational Education and Training Research* (p. 279). Amsterdam: Springer Netherlands.

[118] Raven, J. (2001). The conceptualisation of competence. In J. Raven, & J. Stephenson (Eds.), *Competence in the Learning Society* (pp. 253-274). New York, NY: Peter Lang.

[119] Reid, T. (2003). Overview of DACUM job analysis process. NIC academy division.

[120] Reigeluth, C. M., & Rodgers, C. A. (1980). The elaboration theory of instruction: Prescriptions for task analysis and design. *NSPI Journal*, 19(01), 16-26.

[121] Reigeluth, C. M., & Stein, F. S. (1983). The elaboration theory of instruction. In C. M. Reigeluth, (Ed.), *Instructional-design Models: An Overview of the Current Status*. Hillsdale, N. J.: Erlbaum.

[122] Rogers, G. E. (1995). Technology education curricular content: A trade and industrial education perspective. *Journal of Industrial Teacher Education*, 32(03), 59-74.

[123] Rojewski, J. W. (2002). Preparing the workforce of tomorrow: A conceptual frame for career and technical education. *Journal of Vocational Education Research*, 27(01), 7-34.

[124] Rumberger, R., & Daymont, T. N. (1984). Economic value of high-school vocational training acquired in high-school. In M. E. Borus (Ed.), *Youth and the Labor Market: Analyses of the National Longitudinal Survey* (pp. 158-166). Kalamazoo, MI: W. E. Upjohn Institute for Employment Research.

[125] Ruth, D. (2006). Frameworks of managerial competence: Limits, problems and suggestions. *Journal of European Industrial Training*, 30(03), 206-226.

[126] Rychen, D. S., & Salganik, L. H. (2003). A holistic model of competence. In D. S. Rychen, & L. H. Salganik (Eds.), *Key Competencies: For a Successful Life and a Well-functioning Society* (pp. 41-62). Göttingen, Germany: Hogrefe & Huber.

[127] Sanches-Nielsen, E. (2013). Producing multimedia pills to stimulate student learning and engagement. ITiCSE' 13 Proceedings of the 18th ACM conference on Innovation and technology in computer science education, New York.

[128] Sawardekar, N. (2002). *Assessment Centres: Identifying Potential and Developing Competency*. Thousand Oaks, CA: Sage Publication.

[129] Schilling, J. F., & Kötting, J. R. (2010). Underpinnings of competency-based education. *Athletic Training Education Journal*, 5(04), 165-169.

[130] Schulze, U., Kanwischer, D., & Reudenbach, C. (2011). Competence dimensions in a Bologna-oriented GIS education. In T. Jekel, A. Koller, K. Donert, & R. Vogler (Eds.), *Learning with GI 2011, Implementing Digital Earth in Education* (pp. 108-117). Heidelberg, Germany: Herbert Wichmann Verlag.

[131] Schwab, J. J. (1970). *The Practical: A language for Curriculum*. Washington, DC: National Educational Association.

[132] Scriven, M. (1999). The nature of evaluation (part I): Relation to psychology. Practical Assessment, Research & Evaluation, 6(11), 1149-1156.

[133] Shadish, W. (1998). Some evaluation questions. *Practical Assessment Research & Evaluation*, 6(August), N/A.

[134] Shen, S. S. (2009). The relation of secondary school's education and vocational school's training in

Australia. *Bulletin of Educational Data: Technical and Vocational Education of Various Countries*, (43), 199–219.

[135] Singapore Workforce Development Agency (SWDA). (2012). There are 33 Singapore Workforce Skills Qualifications (WSQ) frameworks. Each framework is recognized by the respective industry.

[136] Singapore Workforce Skills Qualification (WSQ). (2017). Interpretation of WSQ competency standards for training and assessment.

[137] Smith, P, L., & Ragan, T. J. (2004). *Instructional Design*. New York: John Wiley & Sons.

[138] Stasz, C. (2000). *Assessing Skills for Work: Two Perspectives*. Oxford: Oxford Economic Papers.

[139] Stenhouse, L. (1975). An Introduction to Curriculum Research and Development. London: Heinemann.

[140] Stoll, L., & Fink, D. (1996). *Changing Our Schools: Linking School Effectiveness and School Improvement*. Buckingham: Open University Press.

[141] Stolz, S., & Gonon, P. (2012). *Challenges and Reforms in Vocational Education: Aspects of Inclusion and Exclusion. Studies in Vocational and Continuing Education, Volume 11*. New York: Peter Lang GmbH, Internationaler Verlag der Wissenschaften.

[142] Stout, B. L., & Smith, J. B. (1986). Competence-based education: A review of the movement and a look to the future. *Journal of Vocational Home Economic Education*, 4(02), 109–134.

[143] Stufflebeam, D. L. (2003), The CIPP model for evaluation. In T. Kellaghan, & D. L. Stufflebeam (Eds.), *International Handbook of Educational Evaluation* (pp. 31–62). Dordrecht: Springer.

[144] Ständigen Konferenz der Kultusminister der Länder in der Bundesrepublik Deutschland. (2017). Grundstruktur des Bildungswesens in der Bundesrepublik Deutschland Diagramm.

[145] TAFE Directors Australia. (2014). About us.

[146] Tang, J.-L., & Huang, S.-F. (2013). Department-based practical curriculum design for vocational and technical university: The case of department of mechanical engineering at China University of Science and Technology. *Journal of China University of Science and Technology*, 55(04), 153–179.

[147] Tariq, V. N., Scott, E. M., Cochrane, A. C., Lee, M., & Ryles, L. (2004). Auditing and mapping key skills within university curricula. *Quality Assurance in Education*, 12(02), 70–81.

[148] Task Force on Future of MIT. (2014). Institute-wide task force on the future of MIT education final report.

[149] Tchibozo, G. (2010). Emergence and outlook of competence-based education in European education system: An overview. *Education Knowledge & Economy*, 4(03), 193–205.

[150] Thielens, W., Jr. (1987). The disciplines and undergraduate lecturing. Paper presented at the annual meeting of the American Educational Research Association, Washington: D. C.

[151] Tseng, M. S. & Lee, Y. -F. (2014). A study on the current status and development issues of the tech-

nical high schools in Japan. *Journal of Technological and Vocational Education*, 5 (03), 55-76.

[152] U. S. Department of Education Office of Vocational and Adult Education. (2012). Aligning secondary and postsecondary education: Experiences from career and technical education.

[153] U. S. Department of Education.(2001). No child left behind act.

[154] UNESCO. (1982). Curriculum development in technical and vocational education: A methodology guide.

[155] Vargas Zuñiga, F. (2004). 40 questions on labour competency.

[156] Weick, K. E., & Robert, K. H. (1993). Collective mind in organizations: Heedful interrelating on flight decks. *Administrative Science Quarterly*, (38), 357-381.

[157] Willbergh, I. (2015). The problems of 'competence' and alternatives from the Scandinavian perspective of Bildung. *Journal of Curriculum Studies*, 47(03), 334-354.

[158] Wolf, A. (1989). Can competence and knowledge mix? In J. W. Burke (Ed.), *Competency based Education and Training* (pp. 39-53). London, UK: Falmer Press.

[159] Wu, M.-H., Li, K.-Y., & Huang, W.-C. (2011). Competence for Taiwan Students of Technological and Vocational Education:The Example of Career and Technical Education in the U. S. A. *Bulletin of Educational Data: Technical and Vocational Education of Various Countries*, (51), 69-88.

[160] Wu, P. C. (2018). Reflecting on the perspective transformation of competency-based education. *Journal of Educational Research and Development*, 14(02), 35-64.

[161] Yu, C.-P. (2016). Discussion and reflection on the vocational education and training and it's quality assurance in Australia. *Journal of Educational Research and Development*, 12(02), 31-64.

[162] Yung, C.-S. (2010). Historical background, current status and development trends of vocational and technical education in the United States. *Bulletin of Educational Data: Technical and Vocational Education of Various Countries*, (47), 135-164.

[163] Zirkle, C. (1998). Perceptions of vocational educators and human resource/Training and development professionals regarding skill dimensions of school-to-work transition programs. *Journal of Vocational and Technical Education*, 15(01), 305-411.

[164] 〔德〕费利克斯·劳耐尔,赵志群,吉利.(2010).职业能力与职业能力测评:KOMET理论基础与方案.北京:清华大学出版社.

[165] 〔德〕乔·凯兴斯泰纳.(2005).职业教育思想与《劳作学校要义》等选读.北京师联教育科学研究所编译.北京:中国环境科学出版社.

[166] 〔荷兰〕杰罗姆·范梅里恩伯尔,保尔·基尔希.(2015).综合学习设计(第二版)——四元素十步骤系统方法.盛群力,陈丽,王文智,毛伟,等译.福州:福建教育出版社.

[167] 〔美〕彼特·德鲁克.(2014).卓有成效的个人管理.杨剑译.北京:机械工业出版社.

[168] 〔美〕罗伯特·加涅,等.(1999).教学设计原理.皮连生译.上海:华东师范大学出版社.

[169]〔美〕洛林·安德森,等.(2009).布卢姆教育目标分类学:分类学视野下的学与教及其测评(完整版).蒋小平,等译.北京:外语教学与研究出版社.

[170]〔美〕洛林·安德森.(2008).学习、教学和评估的分类学:布卢姆教育目标分类学修订版(简缩本).皮连生主译.上海:华东师范大学出版社.

[171]〔美〕沃尔特·迪克,卢·凯瑞,等.(2007).系统化教学设计.6版.庞维国,等译.上海:华东师范大学出版社.

[172]〔美〕伊曼纽·华勒斯坦.(1997).开放社会科学.刘峰译.北京:生活·读书·新知三联书店.

[173]〔美〕约翰·杜威.(2016).民主主义与教育.王承绪译.北京:中国轻工业出版社.

[174]〔美〕约翰·杜威.(2005).我们怎样思维·经验与教育.姜文闵译.北京:人民教育出版社.

[175]〔日〕竹内弘高,野中郁次郎.(2006).知识创造的螺旋:知识管理理论与案例研究.李萌译.北京:知识产权出版社.

[176]〔英〕丹尼斯·劳顿,等.(1985).课程研究的理论与实践.张渭城,环惜吾,黄明皖,等译.北京:人民教育出版社.

[177]〔英〕路易丝·斯托尔,〔加〕迪安·芬克.(2010).未来的学校变革的目标与路径.柳国辉译.北京:北京大学出版社.

[178]白汉刚.(2011)."十一五"期间我国职业教育发展情况分析.中国职业技术教育.(31),63—67.

[179]曹晖,伊晓婷,李澍松,沈君华.(2018).基于多元学习需求的英国开放大学课程建设研究.成人教育,38(03),89—93.

[180]曹井新,张丽平,陈宝军.(2008).终身教育理论的产生发展过程与本质特征.哈尔滨职业技术学院学报,(05),38—39.

[181]曹叔亮.(2016).近十年来我国职业教育研究发展实证分析——基于"十一五""十二五"期间教育部人文社会科学研究一般项目.职业技术教育,37(07),26—30.

[182]曹阳艳.(2015).教学设计与岗位工作任务相结合——《市政工程计量与计价》教学设计研究.吉林教育,(01),148—135.

[183]柴福洪,陈年友.(2012).高等职业教育名词研究.北京:高等教育出版社.

[184]陈军.(2007).本科层次职业技术人才培养模式研究.东北师范大学.

[185]陈明.(2012).本科教育教学:从"教"到"学"的转型——"'以学生为中心'的本科教育变革"国际学术研讨会综述.嘉应学院学报(哲学社会科学版),(12),83—87.

[186]陈智敏,吕巾娇,刘美凤.(2016).不同层级学习者分析要素体系修订.教师教育学报,3(01),71—77.

[187]程宜康,吴倩.(2014).高职教育课程体系构建的课程决策.职教论坛,(27),4—9.

[188]程宜康.(2011).高职教育标准化建设思考.高等职业教育(天津职业大学学报),20(01),11—15.

[189]崔志钰.(2018).职业教育——不设限 天地宽.中国教育报,09-11.

[190] 邓宏宝.(2015).高职院校职业生涯辅导课程开发研究.南京师范大学.

[191] 窦争妍.(2016).中国制造业转型升级背景下的人力资本积累研究.上海社会科学院.

[192] 范敏,刘永凤.(2017).斯腾豪斯对课程开发"过程模式"的诠释.外国教育研究,44(06),108—117.

[193] 范树花.(2008).改革开放以来我国职业教育政策走向研究.陕西师范大学.

[194] 方明.(2004).缄默知识论.合肥：安徽教育出版社.

[195] 冯克诚.(2005).凯兴斯泰纳职业教育思想与《劳作学校要义》选读.北京：中国环境科学出版社.

[196] 高林,等.(2006).应用性本科教育导论.北京：科学出版社.

[197] 高志敏,朱敏,傅蕾,陶孟祝.(2017).中国学习型社会与终身教育体系建设："知"与"行"的重温与再探.开放教育研究,23(04),50—64.

[198] 龚春蕾.(2010).职业教育体系特色的国际比较研究.职教论坛,(18),7—11.

[199] 关晶,李进.(2014).现代职业教育体系研究的边界与维度.中国高教研究,(01),90—93.

[200] 关晶.(2013).职业主义与能力本位：两种职业教育范式的比较.外国教育研究,40(10),21—29.

[201] 郝克明.(2012).终身学习与"学分银行"的教育管理模式.开放教育研究,18(01),12—15.

[202] 郝天聪,石伟平.(2018).全面深化改革语境下的职业教育研究——近年中国职业教育研究热点问题分析.教育研究,39(04),80-89.

[203] 何力.(2015).基于"五个对接"的现代学徒制模式构建.教育现代化,(09),42—44.

[204] 和震.(2009).我国职业教育政策三十年回顾.教育发展研究,29(03),32—37.

[205] 黄碧珠.(2015).职业教育体现终身教育理念的三种实践模式,生成机理与问题应对.中国职业技术教育,(33),23—26.

[206] 黄华,赵淑桐.(2009).高职课堂教学质量评价指标体系研究.三门峡职业技术学院学报,(02),25—31.

[207] 黄惠敏.(2018).以学生习为中心之校教育与课程探究.台湾教育评论月刊,7(01),178—181.

[208] 黄克孝,郭扬,石伟平,严雪怡.(2004).构建21世纪的职业技术教育体系.职教论坛,(01),9—12.

[209] 黄克孝.(2002).论高职课程改革的目标界定.河南职技师院学报(职业教育版),(06),55—56.

[210] 黄艳,袁维红,俞英娜.(2017).对接职业标准的"建筑结构"课程建设探究.岳阳职业技术学院学报,32(02),44—46.

[211] 黄中阳,陈飞霞.(2005).论社会培训机构的角色定位.成人教育,(11),27—29.

[212] 贾晓霞.(2018).基于知识图谱的我国高等职业教育研究进展可视化分析.江苏师范大学.

[213] 姜大源.(2002).论行动体系及其特征——关于职业教育课程体系的思考.教育发展研究,(12),70—75.

[214] 姜大源.(2006).学科体系的解构与行动体系的重构——职业教育课程内容序化的教育学解读.

中国职业技术育，(07)，53—57.

[215] 姜大源.(2007).当代德国职业教育主流教学思想研究.北京：清华大学出版社.

[216] 姜大源.(2008).职业教育：经验与策略辨.中国职业技术教育，(16)，1.

[217] 姜大源.(2009).基于需求的问题与项目导向的职业教育合作——中国教育部和德国继续教育与发展协会20年合作纪事及其启示.中国职业技术教育，(32)，5—8.

[218] 姜大源.(2014).工作过程系统化,中国特色的现代职业教育课程开发.顺德职业技术学院学报，12(03)，1—11.

[219] 姜大源.(2018).完善体系的现状、愿景与当务.中国教育报，01-02.

[220] 姜大源.(2009).论高等职业教育课程的系统化设计——关于工作过程系统化课程开发的解读.中国高教研究,(04),66—70.

[221] 姜大源.(2017).工作过程系统化课程的结构逻辑.教育与职业,(13),5—12.

[222] 姜闽虹,李兰巧.(2013).文科实训——一种高职实训模式的探索.上海：上海交通大学出版社.

[223] 蒋莉.(2006).职业教育主要思潮简述.成人教育，(03)，15—17.

[224] 焦磊.(2018).国外知名大学跨学科建制趋势探析.高等工程教育研究，(03)，124—129.

[225] 赖春金,李隆盛.(2011).职能分析的方法与选择.T&D飞讯，(18)，8—32.

[226] 李保强,蔡运荃,吴笛.(2016).我国高等职业教育研究学术群体知识图谱构建——基于作者共被引分析的视角.高等教育研究，37(08)，40—47.

[227] 李超.(2016).高职课堂教学质量评价研究——以Y职业学院为例.厦门大学.

[228] 李德勇,吴婷,陈谦明.(2013).基于"经济人"理论的人力资源管理效率研究.河南社会科学，21(02),63—65.

[229] 李弟财.(2016).生态战略视野下的校企协同研究.当代职业教育，(01)，83—87.

[230] 李怀康.(2007).职业核心能力开发报告.高等职业教育(天津职业大学学报)，16(02)，4—8.

[231] 李继中.(2016).工学结合教学的有效性探索.北京：清华大学出版社.

[232] 李继中.(2016).工学结合教学有效性探索.北京：清华大学出版社.

[233] 李金奇,袁小鹏.(2015).教育民生论.北京：教育科学出版社.

[234] 李隆盛.(2001).能力本位课程、教学与评量.第一届提升中等学校教师专业知能研讨会,教育改革与教学创新的期许会议手册暨论文汇编，19—35.

[235] 李雄杰.(2010).高职理论实践一体化课程规划与设计.高等工程教育研究,(02),88—92.

[236] 李宇红.(2014).职业教育分级制研究：职业教育分级框架与分级标准建构研究(修订本).北京：中国财富出版社.

[237] 李宇红.(2016).职业教育中、高、本衔接的教学标准建构研究.中国职业教育，(16)，11.

[238] 李志刚.(2013).高职教育规模与经济发展水平的相关性研究——基于产业结构调整的视角.职教论坛，(07)，30—33.

[239] 列宁.(1990).黑格尔(逻辑学)一书摘要,列宁文选，第55卷.北京：人民出版社.

[240] 林俊彦,王聪荣,罗文基,许全守,蔡铭修.(2007).职业学校课程基础研究案之子计划：先进国家技职教育课程改革方向之研究期末报告.台北科技大学技术与职业教育研究所.

[241] 刘斌,邹吉权.(2017).从十九大报告看我国职业教育发展的方向和重点.高等职业教育（天津职业大学学报）,26(05),3—10.

[242] 刘冰,闫智勇,吴全全.(2018).职业教育课程开发模式的源流与趋势.中国职业技术教育,(33),5—11.

[243] 刘海燕,常桐善.(2018).模块化、灵活化、全球化：基于信息技术的大学"学习范式"转型——基于麻省理工学院的案例探讨.开放教育研究,24(03),19—26.

[244] 刘献君.(2012).论以学生为中心.高等教育研究,33(08),1—6.

[245] 刘晓,周明星,GAO Han.(2016).现代职业教育理论体系：认识论、本体论与方法论构建.大学教育学,(05),101—104.

[246] 刘新华,王冬琳,王利明,蒋从根.(2013).我国职业教育层次结构与生产力发展水平关系的实证研究.中国高教研究,(04),93—98.

[247] 刘尧.(2018).教育困境源于教育质量迷失.教育科学研究,(05),15—19+45.

[248] 刘义光.(2006).关于教育标准的思考.中国远程教育,(01),28—29

[249] 刘毅,王邦勇.(2012)."以学生为中心"的人才培养模式的更新与超越.教育探索,(06),14—15.

[250] 刘志华.(2010).教学系统设计与实践.北京：清华大学出版社.

[251] 鲁昕.(2012).推动教育结构科学调整让每个孩子都成为有用之才.中国教育报,11-27.

[252] 路宝利.(2016).美国中等职业教育发展的职业主义与民主主义之争："普杜之辩"研究.职业教育研究,(03),2.

[253] 路宝利.(2017).美国中等职业教育启鉴："普杜之辩"研究.全球教育展望,46(10),115—128.

[254] 罗笑.(2015).高职院校特殊教育专业学生职业能力的构成——基于职业岗位分析.职教通讯,(16),70—73.

[255] 马成荣,等.(2014).我国现代职业教育学制改革的路径探析.中国职业技术教育,(31),40—44.

[256] 马丁,郑兰琴.(2011).培训课程设计与开发.北京：中国铁道出版社.

[257] 马树超.(2004).完善职业教育体系条件保障的思考.中国职业技术教育,(02),9—11

[258] 孟庆国.(2009).现代职业教育教学论.北京：北京师范大学出版集团.

[259] 米靖.(2004).中国职业教育史研究.上海：上海教育出版社.

[260] 南海.(2012).职业教育的逻辑.太原：山西人民出版社.

[261] 欧阳河,等.(2009).中国职业教育体系的形成与演进.职教论坛,(07),43.

[262] 欧阳河.(2009).职业教育体系论.中国职业技术教育,(30),5—8.

[263] 潘金林.(2010).高校分类：高等教育多样性发展的重要导向.教育发展研究,(01),34—37.

[264] 潘懋元,王伟廉.(1995).高等教育学.福州:福建教育出版社.

[265] 皮连生,王小明,胡谊.(2009).教学设计.2版.北京:高等教育出版社.

[266] 平和光,李孝更.(2017).中国特色现代职业教育体系建设报告.职业技术教育,(24),37—44.

[267] 邱乐路,马渝华,武海燕.(2002).建立多层次、开放性高等职业教育体系的探讨.重庆工业高等专科学校学报,(01),86—87.

[268] 曲佳,何朝峰.(2009).建构主义视野下的缄默知识探究.安庆师范学院学报(社会科学版),28(12),28—31.

[269] 冉云芳.(2017).我国企业参与职业教育办学研究综述.教育学术月刊,(01),25—33.

[270] 任江春,赵文涛,王勇军,徐明,付绍静.(2016).以学生为中心的教学模式研究与实践——记信息安全导论小班教学改革.计算机教育,(09),106—110.

[271] 盛群力.(2008).21世纪教育目标新分类.杭州:浙江教育出版社.

[272] 师冬松.(2008).我国现代职业教育体系的构想.阜阳师范学院学报(社会科学版),(03),135—137.

[273] 石凌.(2009).职业教育与经济增长的关系研究——以柳州市为例.华中科技大学.

[274] 石伟平.(1997).职业能力与职业标准.外国教育资料,(03),59—64.

[275] 石伟平.(2001).比较职业技术教育.上海:华东师范大学出版社.

[276] 石学云,祁占勇.(2010).中国职业教育改革发展的政策走向分析——1995—2008年中国职业教育政策文本的定量分析.职业技术教育,31(34),5—11.

[277] 石中英.(2001).知识转型与教育改革.北京:教育科学出版社.

[278] 宋明娟,甄晓兰.(2011).重建大学课程的意义与策略初探:来自建构大学系所学生专业能力的经验反思.当代教育研究,19(01),55—100.

[279] 苏春林.(2017).能力本位课程的要素及实施途径.北京教育,(05),80—83.

[280] 孙琳,徐桂庭.(2015).我国中等职业教育教学改革发展的脉络与变迁——基于教学政策文件的分析.职教论坛,(03),4—15.

[281] 孙善学.(2011)."回到逻辑起点"思考职业教育.中国教育报,09-17.

[282] 孙善学.(2011).从职业出发的教育.教育与职业,(22),45—47.

[283] 孙善学.(2011).职业教育分级制度基本问题.教育与职业,(22),97.

[284] 谭光鼎,王丽云.(2009).教育社会学:人物与思想.上海:华东师范大学出版社.

[285] 汤进.(2016).基于职业(行业)标准的课程与教学内容建设——以高职棉花加工与经营管理专业为例.辽宁高职学报,(09),46—48.

[286] 汤霓,石伟平.(2016).我国职业资格证书课程体系构建的逻辑起点、核心要素与制度保障.中国高教研究,(08),102—106.

[287] 唐虔.(1993).CBE及其对中国职教改革的意义.中国职业技术教育,(01),34—35.

[288] 陶秋燕.(2004).高等技术与职业教育——以澳大利亚为个案的研究.北京:科学出版社.

[289] 陶中.(2016).中国转型时期大学生基层就业问题研究.长春:吉林人民出版社.

[290] 滕大春.(2001).美国教育史.北京:人民教育出版社.

[291] 田庆锋,常镇宇.(2006).基于生态范式的知识管理架构研究.科学管理研究,24(06),65—73.

[292] 汪宝明.(2002).能力本位学习的技职教育课程发展.内湖高工学报,(13),1—8.

[293] 汪琼.(2017).信息化视角下全球高教发展趋势.中国教育报,05-20.

[294] 王策三.(2005).教学论稿.第2版.北京:人民教育出版社.

[295] 王艳霞.(2017).终身学习背景下的职业教育——以职业变迁为视角.职业教育,06(01),30—33.

[296] 王永林,王战军.(2014).高等职业教育评估的价值取向研究——基于评估方案的文本分析.教育研究,(02),104—111.

[297] 文部科学省. A synopsis of objectives for schools at all levels as per stipulated in school education law.

[298] 文部科学省.(2018). The objectives of high schools.

[299] 文部科学省.(2018). System for the revitalization of industrial education.

[300] 文部科学省.(2018).The basic orientation of career and vocational education development.

[301] 乌美娜.(1994).教学设计.北京:高等教育出版社.

[302] 吴晓义.(2005).波兰尼的缄默知识理论对职业能力开发的启示.中国职业技术教育,(23),32—33+35.

[303] 吴晓义.(2005).国外缄默知识研究述评.外国教育研究,(09),16—20.

[304] 吴晓义.(2006)."情境—达标"式职业能力开发模式研究.东北师范大学.

[305] 吴雪萍,郝人缘.(2017).中国职业教育的转型:从数量扩张到质量提升.中国高教研究,03,92—96.

[306] 谢莉花.(2017).德国职业教育的"教育职业标准":职业教育条例的开发内容、路径与经验.外国教育研究,(08),28—40.

[307] 谢良才,和震.(2016).论现阶段的普职比波动.教育科学,32(06),72—80.

[308] 谢珍珍.(2018).改革开放40年职业教育立法与政策回顾.中国职业技术教育,(31),14—21.

[309] 徐国庆,李政.(2017).职业教育国家专业教学标准开发理论与方法.上海:华东师范大学出版社.

[310] 徐国庆.(2007).职业教育原理.上海:上海教育出版社.

[311] 徐国庆.(2007).职业能力的本质及其学习模式.职教通讯,(01),24—28.

[312] 徐国庆.(2008).职业教育课程论.上海:华东师范大学出版社.

[313] 徐国庆.(2008).职业教育项目课程的内涵、原理与开发.职业技术教育,29(19),5—11.

[314] 徐国庆.(2009).当前高职课程改革关键概念辨析.江苏高教,(06),130—132.

[315] 徐国庆.(2010).职业能力现实化视野中的我国职教课程改革基本命题.职教论坛,(12),4—9.

[316] 徐国庆.(2014).课程衔接体系:现代职业教育体系构建的基石.中国职业技术教育,(21),187—191.

[317] 徐国庆.(2006).职业知识论与职业教育课程内容设计.职教通讯,(07),11—15.

[318] 许薇,管连,梁建花.(2018).校企合作育人模式下计算机应用型人才培养模式创新与实践.教育进展,8(04),399—406.

[319] 薛滩,王军红.(2008).职业教育与学科教育的相互融合与发展.职业技术教育,29(10),10—12.

[320] 闫寒冰,张屹.(2008).试论教育技术的范式转换.教育技术学报,2(03),9—12.

[321] 严中华.(2009).职业教育与课程开发与实施.北京:清华大学出版社.

[322] 杨桂青.(2016).构建充满现代精神的教育体系——访北京教育科学研究院副院长褚宏启教授.中国教育报,07-07.

[323] 杨金土,孟广平,严雪怡,等.(2010).高等职业教育的标准、特点和发展途径.理论经纬,(07),18—20.

[324] 杨林.(2008).韩国职业教育的历史进程及启示.中国民族教育,(11),41—43.

[325] 杨现民,田雪松.(2018).中国基础教育大数据2016—2017:走向数据驱动的精准教学.北京:科学出版社.

[326] 杨艳.(2014).构建与行业标准相衔接的高职嵌入式技术专业课程体系.软件,35(01),159—160.

[327] 臧亮.(2010).我国职业教育政策演变研究(1978—2008).浙江师范大学.

[328] 张健,周智君.(2011).缄默知识理论视阈下的"实践育人"观.辽宁教育行政学院学报,28(02),38—41.

[329] 张伦.(2009).德国职教教学设计案例分析.中国现代教育装备,(16),100—103.

[330] 张敏,李崇軓.(2015).高职课程建设对接职业岗位群和职业生涯发展的研究——以湖南邮电职业技术学院移动通信技术专业为例.湖南邮电职业技术学院学报,(02),42—45.

[331] 张新民,罗志.(2016).高职专业群建设的机理、理论、动力和机制.职教论坛,(27),5—9.

[332] 张新民.(2011).高等职业教育理论构建.长沙:湖南人民出版社.

[333] 张永林.(2016).高等职业教育专业课程设计研究.天津大学.

[334] 章建丽.(2008).论"教育标准"——一个批判性的视角.贵阳学院学报(社会科学版),(01),92—95.

[335] 赵志群.(2003).职业教育与培训学习新概念.北京:科学教育出版社.

[336] 赵志群.(2008).对工学结合课程一些基本概念的认识.中国职业技术教育,(33),50—51+63.

[337] 赵志群.(2009).职业教育工学结合一体化课程开发指南.北京:清华大学出版社.

[338] 赵志群.(2018).我国职业教育课程模式的发展.职教论坛,(01),52—57.

[339] 赵志群.(2004).论职业教育工作过程导向的综合性课程开发.职教论坛,(06),5—8.

[340] 中国职业技术教育学会课题组.(2016).从职教大国迈向职教强国——中国职业教育2030研究报告.职业技术教育,37(06),10—13.

[341] 中华人民共和国教育部.(2018).2017年全国教育事业发展统计公报.

[342] 钟启泉.(2000)."学校知识"与课程标准.教育研究,(11),50—54.

[343] 周茂东,张福堂,杨军,谢金生.(2013).高职电子商务专业教学标准构建研究.武汉：华中师范大学出版社.

[344] 周正.(2006).从巴洛夫到福斯特——世界职业教育主导思想的转向及启示.湖南师范大学教育科学学报,5(01),84—89.

[345] 朱益明.(1999).从国际发展看我国的职业技术教育前景.教育发展研究,(08),54—57.